신 령 한 생 활 의 안 내 서

영에 속한 사람

1

워치만 니 지음
정동섭 옮김

생명의말씀사

THE SPIRITUAL MAN VOL. 1
by Watchman Nee

Copyright ⓒ 1968 Christian Fellowship Publishers, Inc.
All rights reserved.

Korean Edition published by Word of Life Press, Seoul, 1972, 1999.
Translated and published by permission.
Printed in Korea.

영에 속한 사람 1

ⓒ 생명의말씀사 1972, 1999

1972년 7월 5일 1판 1쇄 발행
1998년 7월 20일   31쇄 발행
1999년 5월 5일 2판 1쇄 발행
2025년 1월 9일   30쇄 발행

펴낸이 l 김창영
펴낸곳 l 생명의말씀사

등록 l 1962. 1. 10. No.300-1962-1
주소 l 서울시 종로구 경희궁1길 6 (03176)
전화 l 02)738-6555(본사) · 02)3159-7979(영업)
팩스 l 02)739-3824(본사) · 080-022-8585(영업)

디자인 l 최윤창
인쇄 l 영진문원
제본 l 보경문화사

ISBN 978-89-04-15364-0 (04230)
ISBN 89-04-18072-4 (세트)

저작권자의 허락 없이 이 책의 일부 또는 전체를
무단 복제, 전재, 발췌하면 저작권법에 의해 처벌을 받습니다.

역자 서문

영에 속한 사람은 워치만 니(중국 이름은 예탁성-倪柝聲이다) 자신이 직접 집필한 방대한 저서이다. 이 책이 집필되고 있을 당시 저자는 이 책이 그가 교회에 바치는 마지막 기고가 되리라고 생각했었다. 그러나 하나님께서는 그의 생각을 뒤엎으시고 그의 생명을 은혜롭게 연장시켜 주셨다. 이 책이 처음으로 중국에서 출간되어(1927) 널리 읽혀지고 있을 때, 워치만 니는 본서가 "각 주제를 너무나 자세하게 다루고 있기 때문에, 독자들에게 원리 원칙을 제시하는 편람에 그칠 뿐, 경험으로서의 안내서가 되지는 못할 것 같다"는 의사를 밝히며 본서를 더 이상 재판하지 말아 달라고 당부했다고 한다. 그러나 하나님의 자녀들에게 "신령한 생활과 영적 투쟁"에 대한 도움이 절실히 요청되고 있다는 현실에 비추어 볼 때, 또 그가 하나님의 길을 향하며, 자기에게 주어진 모든 것으로 하나님의 백성 섬기기를 갈망하는 형제임을 우리는 알고 있기 때문에, 본서가 한글로 출판되는 것을 그가 쾌히 승락하리라 믿어 본서를 번역하기에 이르렀다.

S P I R I T U A L

영에 속한 사람은 1968년에 미국 크리스천 펠로우십(Christian Fellowship) 출판사에서 영문으로 번역 출판한 The Spiritual Man을 옮긴 것으로, 전 3권으로 출간할 예정이다. 원래의 뜻을 그대로 전하기 위해 적절한 표현을 찾기 힘들 때가 적지 않았으나 역자 나름대로 최선을 다하였다.

끝으로 본서의 번역을 권고해 주신 윌리엄 애덤즈(William Adams) 목사님께 특별한 사의를 표하며 번역을 도와주신 여러분께도 감사를 드린다. 이 책에 담긴 귀한 진리가 독자들의 생활 가운데 경험되어지기를 바란다.

정 동 섭

• 인용한 성경

Amplified – Amplified Old Testament(의역 성경)
ASV – American Standard Version(1901)
AV – Authorized Version(King James, 흠정역)
Darby – J.N. Darby, The Holy Scriptures, a New Translation(다비역)
Young's – Young's Literal Translation

서문

내가 섬기는 주님께 충심으로 감사를 드린다. 주님께서 나에게 이 책을 쓰는 특권을 허락하셨기 때문이다. 나는 항상 나보다 더 유능한 형제가 이 일을 맡아 주기를 바랐다. 그러나 주님께서는 자신의 기뻐하시는 뜻을 따라 나에게 이 일을 맡기셨다.

만일 그 선택권이 나에게 있었다면 이 책에 손을 대지 않았을 것이다. 왜냐하면 이 책을 쓰고 싶다는 욕망이 나에게는 없었기 때문이다.

내가 주지하는 것은 책임을 회피하려는 것이 아니라, 영적 생활의 좌표와 영적 싸움의 전략을 다루는 책을 쓴다는 것은 주님을 만나는 경험을 한 지 10년도 되지 않은 나에게는 분명히 지나친 일임을 깨달았기 때문이다. 성경은 신자가 자기의 경험을 상세히 다른 성도들에게 이야기하는 것을 허용하고 있다. 성령께서 친히 이를 인도하신다. 그러나 "셋째 하늘에 이끌려간" 경험 같은 것은 "14년" 후에 언급된다면 더욱 좋을 것이다. 그런데 나는 "셋째 하늘"의 경험을 한 적도, 큰 계시를 받은 적도 없다. 그러나 주님의 은혜

SPIRITUAL

    로 말미암아 그날 그날의 작은 일들에서 주님을 따르는 것을 배웠다. 따라서 이 책을 쓰면서 내가 시도하는 바는, 내가 주님으로부터 받은 것을 하나님의 자녀들에게 전해 주려는 것이다.
    내가 이와 같은 책을 써야겠다는 사명감을 느낀 것은 약 4년 전이었다. 그 당시 나는 병 때문에 강변에 있는 조그만 오두막집에서 말씀을 읽고 기도를 하면서 휴양을 하고 있었다. 나는 하나님의 자녀들에게 신령한 생활에 대한 확실한 깨달음을 가져다 줄 수 있는-하나님의 말씀과 경험에 기반을 둔-책을 써서, 성령께서 성도들을 인도하고 암흑 속에서 방황하는 심령들을 건져내는 데 사용하실 수 있도록 해야겠다는 절박한 필요성을 느꼈다. 이 일을 주님께서 나에게 위임하셨다는 사실을 안 것은 바로 그 때였다.
    나는 영(spirit)과 혼(soul)과 몸(body)의 차이점을 다룰 장들과 몸에 관해 논하는 장을 구성하고, 또 그 장의 전반은 혼적 생명을 다루기로 했다. 그러나 얼마가지 못해 집필을 중단했다. 이 일 외에도 시간을 요하는 일이 많았기 때문이다. 그러나 집필을 중단하게 된 주요 원인은 시간 부족이 아니었다. 왜냐하면 글을 쓸 기회가 전혀 없는 것이 아니었기 때문이다. 주된 원인은 그 당시 내가 이 책에서 다루고자 하는 많은 진리가 아직 나의 경험 가운데서 충분히 확증되지 않았다는 데 있었다. 이 점이 책의 가치와 힘을 저하시키리라는 것을 알고 있었다. 나는 좀더 주님 앞에서 배우면서 경험을 통해 주님의 진리를 확실히 증거하고 싶었다. 이 책 속에 담은 내용이 단순히 영적인 교리로 전해지기보다는 영적인 실재로 독자들에게 전달되기를 바랐다. 그래서 3년 동안 집필이 중단되었던 것이다.

　3년 동안 이 책은 하루도 내 마음속에서 떠난 적이 없었다. 그리고 나는 그 동안 주님의 손을 분명히 볼 수 있었다. 그 몇 년 동안에 이 책에 담긴 진리들, 특히 마지막 3권의 내용은 많은 사람들을 암흑의 권세에서 해방시켜 줌으로써 영적인 진리의 진실됨을 실증해 주었다.

　하나님의 특별한 은혜로 나는 새 사람과 옛 사람을 구분하는 가운데 하나님의 구속의 목적을 좀더 깨달을 수 있었다. 나는 이를 인하여 주님께 감사드린다. 주님께서는 또한 여러 차례에 걸쳐 여행을 하는 중에 하나님이 가장 귀하게 쓰시는 형제 자매들을 만나는 기회를 허락해 주셨다. 이로 인하여 관찰과 지식과 경험의 범위가 늘어났다. 많은 사람들과의 접촉을 통해 주님께서는 나에게 그의 자녀들 가운데 참으로 결핍되어 있는 것이 무엇인가를 보여 주셨을 뿐만 아니라 계시된 말씀 가운데 나타나 있는 치유책이 무엇인가도 보여주셨다. 따라서 이 책을 신령한 생활에 관한 지침서로서 소개하고 싶다. 각 장에 명시된 모든 진리는 얼마든지 경험을 통해서 확실히 증명될 수 있는 것들이다.

　이 몇 해 동안 겪어야 했던 특별한 육신적 경험으로 인하여 영원의 실재를 좀더 알 수 있게 되었으며, 또 하나님의 교회에 내가 얼마나 큰 빚을 지고 있는가를 알게 되었다. 따라서 나는 단시일 내에 이 책을 완성시키기 원했다.

　하나님 아버지와 주님 안에 있는 몇몇 친구들 덕택으로 휴식하면서 글을 쓸 수 있는 조용한 장소가 주어졌다. 몇 개월 안에 나는

S P I R I T U A L

1부에서 5부까지를 완성했다. 비록 다른 부분은 아직 시작도 못했지만, 하나님께서 필요한 시간에 필요한 은혜를 허락해 주시리라고 확신한다.

전 3권으로 엮어질 이 책은 설교체나 주해 형식으로 쓰여지지 않았다. 또한 독자들은 각 주제를 다룬 분량에 차이가 있다는 것에 유념해야 한다. 각 권이 영적 생활과 영적 싸움을 다루고 있지만, 어떤 부분은 영적 **생활**을 강조했고 다른 부분은 영적 **싸움**을 중점적으로 다루었다. 이 책은 본래 독자들에게 안내서 역할을 하도록 마련된 책이다. 따라서 사람들을 설득하여 이 길로 행하라고 강권하기보다는 그와 같은 길로 행할 수 있는 방법을 중점적으로 다루었다. 본서는 사람들을 권하여 신령한 길을 추구하도록 하는 데 목적을 두었다기보다는 신령한 길을 **알려고 노력하는** 사람들을 돕고자 하는 의도에서 쓰여졌다. 마음을 주님께로 향하고 있는 모든 사람들이 이 책에서 도움을 발견하기를 바란다.

이 책을 읽는 독자들의 영적 생활에 엄청난 차이가 있으리라는 것을 나는 잘 알고 있다. 따라서 읽는 도중에 이해하기 어려운 점이 있다고 해서 진리가 아니라고 거절하지도 말고, 또 지적으로 받아들이려고 노력하지도 말라고 당부해 두고 싶다. 그러한 진리는 좀더 성숙한 생활을 통하여 깨달아질 때까지 보류해야 한다. 그 어려운 부분을 후에(예를 들어 2주일이나 한 달 후에) 다시 읽으면, 아마 훨씬 깊이 이해할 수 있을 것이다.

그렇지만 이 책은 처음부터 끝까지 경험으로서의 "신령한 생활"을 다루고 있다. 달리는 이해될 수 없다. 처음 읽을 때 무미건조하게 보이던 내용이 나중에 가장 귀한 진리로 다가올 때도 있을 것이다. 당신이 그러한 단계에 도달하면 깨닫게 될 것이다. 그러나 깨닫기 전에 그러한 단계에 도달할 때까지 기다릴 필요가 있을까? 만일 그렇다면 이 책이 무슨 소용이 있겠는가?

굉장히 큰 신비가 신자의 영적 경험을 감싸고 있다. 주님께서는 언제나 우리를 깊은 경험 속으로 인도하시기 전에 더 깊은 생활의 윤곽을 미리 맛보게 하신다. 많은 신도들이 주님께서 깊은 경지의 문턱으로 막 인도하기 시작했다는 사실을 깨닫지 못하고, 조금 맛본 것을 충만한 생활로 오해하고 있다. 이 책 속의 교훈이 이와 같이 맛만 보고 충분히 마시지 못하고 있는 이들의 필요를 채워 줄 것이다.

한 가지 경계해야 할 것이 있다면, 이 책에서 얻은 새로운 지식을 우리 자신을 분석하는 데 사용해서는 안 된다는 것이다. 만일 우리가 하나님의 빛 가운데서 빛을 본다면 주님 안에서의 자유를 상실하지 않고 우리 자신을 알 수 있을 것이다. 그러나 하루 종일 우리 자신을 분석하고 우리의 생각과 감정을 분해한다면, 이는 우리 자신을 그리스도 안에서 상실하는 데 방해가 될 것이다. 우리 자신이 주님으로부터 깊은 교훈을 받지 못한다면 스스로를 알 수 없을 것이다. 자기 반성과 자아 의식은 신령한 생활에 해가 된다.

하나님의 구속의 목적이 무엇인가를 묵상해 보는 것은 바람직한 일이다. 하나님의 목적은 거듭나는 순간에 우리에게 주어진 새 생명을 통해서 우리를 (1) 죄와 (2) 육적인 힘과 (3) 초자연적인, 다시 말해서 보이지 않는 세계의 사탄의 힘, 악령의 권세로부터 우리를

SPIRITUAL

건져내는 데 있다. 이 3단계의 구속은 모두 필요한 것으로, 한 가지도 생략할 수 없다. 만약에 그리스도인이 단순히 죄를 극복하는 것만으로 하나님의 구속의 목적을 제한한다면, 그는 하나님의 목적에서 멀리 떨어져 있는 것이다.

육적인 생명(선한 자아)은 극복되어야 한다. 죄를 극복하는 것은 물론 좋은 일이지만, 보잘것없는 자아와 초자연적인 악의 세력이 정복되지 않은 채로 있다면 불완전한 것이다. 십자가가 이와 같은 승리를 약속하고 있다. 하나님의 은혜로, 앞으로 내가 이러한 점들을 강조할 수 있기를 바란다.

마지막 3권의 몸을 논하는 끝부분을 제외하면, 이 책은 가히 "성서 심리학"이라 불러도 좋을 것이다. 모든 것을 성서에 근거를 두고 모든 진리를 영적 체험으로 증명한다. 말씀을 상고하는 중에, 그리고 경험을 통하여 발견한 것은, 모든 영적 경험(예를 들면 중생)에는 우리 속 사람에 특별한 변화가 있다는 것이다. 성서가 인간을 영, 혼, 몸의 세 부분으로 나누고 있다는 것을 우리는 인정한다. (저자는 인간 본성을 영과 혼과 몸으로 나누는 삼분설을 근거로하여 자신의 논제를 다루어 나가고 있다. 따라서 저자의 이러한 인간 본성의 이해는 때로는 독자들에게 혼란을 줄 수도 있다. 삼분설은 신학적으로 볼 때 받아들여지고 있는 신학사상이며 복음주의 일부 신학자, 목회자들도 삼분설을 채택하고 있다. 또 다른 많은 복음주의 계열의 신학자들과 목회자들은 영과 혼의 차이를 뚜렷하게 구분하지 않고 인간 본성을 영혼과 몸으로 나누는 이분설을 따르고 있다. 따라서 독자들은 저자의 이러한 독특한 신학적

배경을 염두에 두고 본서 전체를 이해하기를 바란다 - 편집자 주). 좀더 나아가 이 세 부분의 기능과 영역이 어떻게 다른가를 이 책에서 보게 될 것이다.

이와 관련해서, 이 책 1권 1부에 대해 몇 마디 언급해야 할 것 같다. 영과 혼의 차이와 그 기능상의 차이점을 구분하는 것은 영적 생활의 성장을 갈구하는 사람들에게 필요한 지식이다. 영이 무엇이며, 영적인 것이 무엇인가를 안 후에야 영을 따라 행할 수 있다. 이와 같은 가르침이 많이 결핍되어 있기 때문에, 나는 이 책에서 될 수 있는 대로 자세한 설명을 하려고 했다. 영과 혼에 대한 약간의 예비 지식이라도 가지고 있는 신자들에게는 제 1부를 이해하는 데 별 어려움이 없을 것이다. 그러나 이러한 내용에 익숙지 않은 독자들은 결론만을 염두에 두고 2부로 넘어가도 좋다. 결국 1부에서는 영적 생활을 구체적으로 다루고 있지 않고, 다만 영적 생활에 기본이 되는 필수 지식만을 약간 제시했을 뿐이다. 책 전체를 통독한 후에 그 장을 다시 읽는디면 더 쉽게 이해가 되리라 믿는다.

나는 영과 혼을 구분하는 가르침을 처음으로 주창한 사람이 아니다. 앤드류 머리(Andrew Murray)는 교회와 개인이 함께 두려워해야 할 것은, 혼이 이성과 의지를 가지고 무질서한 활동을 하는 것이라고 했다. 마이어(F. B. Meyer)는, 자기가 영과 혼의 차이를 몰랐더라면 그의 영적 생활이 어떻게 되었을지 상상도 할 수 없다고 했다. 이 외에도 스토크메이어(Otto Stockmayer), 펜 루이스(Jessie Penn-Lewis), 로버츠(Evan Roberts), 귀용(Madame Guyon)과 같은 많은 사람들이 같은 주장을 했다. 본서에서 이들

S P I R I T U A L

의 글을 자유롭게 사용했다. 우리는 주님으로부터 같은 지상 과제를 위탁받았기 때문이다. 따라서 직접 인용한 부분에는 주를 달아 확인하도록 했다.

본서는 이와 같은 신자들을 위해 쓰여졌을 뿐 아니라 주님을 섬기는 일에 있어서 나보다 어린 사람들을 돕는 목적으로 쓰여졌다. 다른 이들의 영적 생활에 책임이 있는 우리는 그들을 어디서부터 어디로 인도하는지를 알아야 한다. 우리는 사람들이 죄를 짓지 않도록 도와주고, 또 적극적으로 열심을 내도록 도와준다. 이것이 주님께서 우리들에게 기대하시는 전부일까? 아니면, 그보다 더 깊은 무엇이 있는 걸까? 나 개인적으로는 성경이 극히 명확한 해답을 제시하고 있다고 믿는다. 하나님의 계획은, 자녀들이 옛 사람에게서 완전히 해방되어 온전히 새 사람이 되게 하는 것이다. 옛 사람이 인간의 눈에 어떻게 보이건 간에 그것은 하나님의 정죄 아래 있는 것이다. 주님의 일꾼인 우리가 파해야 할 것이 무엇이고 세워야 할 것이 무엇인지를 분명히 안다면, 적어도 우리는 소경을 인도하는 소경이 아니다.

중생—하나님의 생명을 받는 것—은 모든 영적 생활의 출발점이다. 우리의 모든 권고나 설득이나 논쟁이나 설명이나 연구의 결과가 지성에 약간의 이해를 주고, 의지에 어떤 각오를 다짐하게 하고, 감정에 약간의 느낌을 불러일으키는 것으로 끝난다면 그것이 무슨 유익이 있겠는가? 그것은 사람들로 하여금 하나님의 생명을 그들의 영 안에 받아들이도록 하는 데 도움을 주지 못한다. 복음을 전할 책임이 있는 우리가, 사람들이 자신의 존재의 깊은 곳에 하나님의 생명을 받아들이지 않는 한 우리의 일은 아무 유익이 없다는 것을 깨닫는다면, 우리의 사역에 얼마나 큰 변혁이 있겠는가? 이러한 사실을 안다면 주 예수를 믿는다고 주장하는 많은 사람들이 실제로 주님을 참으로 영접한 경험이 없다는 사실을 깨닫게 될 것이다. 눈물, 참회, 개선, 열심, 노력, 이런 것들이 그리스도인의 증표가 될 수는 없다. 우리들의 책임이 사람들을 하나님의 생명으로 인도하는 것이라는 사실을 안다면 우리는 참으로 행복하지 않겠는가?

마지막 3권에 담긴 진리를 배우지 못하도록 사탄이 얼마나 많은 방해를 가했는지를 회상해 볼 때, 나는 사람들이 책을 가지고 있으면서도 사탄의 방해로 읽지 못하는 일이 있을까 염려스럽다. 비록 읽는다 해도 사탄은 독자로 하여금 읽은 것을 곧 망각하도록 만들 것이다. 그러므로 나는 독자들에게, 사탄의 방해로 이 책을 읽는 일이 중단되지 않도록 사탄의 역사로부터 자신을 지켜 달라는 간구가 필요하다는 것을 미리 말해 둔다. 읽으면서 기도하고, 또 읽은 것을 기도로 옮겨라. 읽는 것을 잊어버린다든가 수다한 이론으로 머리 속을 채우는 데 그치지 않도록, 하나님께 구원의 투구로 지켜 달라고 기도하라.

이 책에 담긴 진리를 이미 소유하고 있는 이들에게 몇 마디 덧붙인다. 하나님께서 은혜롭게 당신을 육과 어둠의 권세에서 해방시켜 주셨다면 당신은 마땅히 이 진리를 다른 이들과 나누어야 한다. 그러므로 이 책을 철저히 소화하여 진리가 자신의 것이 되었을 때, 몇 명의 성도들을 모아 놓고 귀중한 진리를 가르쳐 주도록 하라.

S P I R I T U A L

책 전체를 다루는 것이 벅차다 싶으면 한두 부분만을 써도 좋을 것이다. 바라기는, 이 책에 담긴 진리가 아무에게도 가볍게 취급되거나 주목되지 않는 일이 없기를 바란다. 다른 사람에게 이 책을 빌려주어 읽게 하는 것도 유익한 일일 것이다.

  이제 이 조그만 논문이 주님의 손에 놓였다. 주님께서 기뻐하신다면 이를 축복하사 많은 형제 자매들의 생활 속에 영적 성장과 영적 승리를 이루어 주실 줄로 확신한다.

     하나님의 뜻이 이루어지이다.
     주님의 적이 패배를 당할지어다.
     우리 주 예수여 어서 오시옵소서. 아멘.

상하이에서
워치만 니

두번째 서문

오늘 나는 무척 행복하다. 이 책의 마지막 부분을 완성시켰기 때문이다. 내가 처음 서문을 쓸 때는, 처음 4부까지를 마쳤던 것으로 기억한다. 이제 나머지 여섯 부를 마치고 나니 독자들과 나누고 싶은 것이 더 많아졌다. 그래서 이 두번째 서문을 쓰게 되었다.

본서의 후반부를 쓰기 시작한 지 여러 달이 흘렀다. 그 동안 이 책이 매일 내 마음에 부담이 되었다. 사탄이 하나님의 진리가 퍼지는 것을 싫어하는 것은 당연한 일이다. 따라서 니는 끊임없는 공격과 습격을 당하였다. 하나님께 감사할 것은, 지금까지 주님의 은혜가 나를 지켜 주었다는 것이다. 나의 영에 가해지는 압력이 너무나 크고 또 몸의 기력이 너무나 약해졌기 때문에, 종종 이 책을 끝까지 써 나가는 것이 불가능하다고 생각했다. 심지어 생명 자체에 위협을 느끼기도 했다. 그러나 절망할 때마다 주님의 약속대로, 또 많은 이들의 기도를 인하여 내가 섬기는 하나님으로부터 힘을 얻었다. 오늘 그 일이 끝나고, 나는 짐을 벗었다. 지금은 얼마나 큰 평안을 누리고 있는지 모른다!

S P I R I T U A L

　　오늘 겸손하게 이 책을 하나님께 바친다. 주님께서 시작하신 일을 주님께서 이루어 주셨다. 주님 앞에 드리는 나의 기도는, 주님께서 이 책을 축복하사 하나님이 주신 사명을 완수하도록 해주시기를 바라는 것이다. 나는 하나님께서 모든 독자들을 축복하사 그들이 정로를 발견하여 온전히 주님을 따르는 방법을 배우게 되기를 기도하고 있다. 이제 나의 영은 나의 기도와 함께 세상으로 나가는 본 작품을 따라간다. 하나님께서 그의 가장 귀한 뜻대로 본서를 사용해 주시기를 기원한다.

　　형제들이여, 작가가 자기가 쓴 작품에 대하여 너무 많은 열의를 보이지 않는 것이 현명한 것으로 간주되는 줄 알고 있지만, 나는 이 인간적인 관습을 도외시할 생각이다. 이는 내가 이 책을 썼기 때문이 아니고, 이 책에 내포된 진리의 본질 때문이다. 이 책이 다른 사람에 의하여 쓰여졌다면 본서에 사람들의 주의를 끄는 일에 더욱 자유로웠으리라 생각한다. 고로 "제 정신을 잃은 나를 이해해 달라"고 독자들의 양해를 구한다. 나는 이 책에 포함된 진리의 중요성을 알고 있다. 그리고 내가 알고 있는 하나님의 거룩한 뜻에 따라 본서가 이 시대의 절박한 필요에 응해 주리라고 믿는다. 내가 잘못 알고 있는지도 모르지만, 나 자신이 이러한 책을 쓸 의도가 조금도 없었다는 것만은 확실하다. 다만 주님으로부터 이 책을 쓰라는 위임을 받았기 때문에 썼을 뿐이다. 이 책에 담긴 진리는 나의 것이 아니다. 진리는 하나님으로부터 나에게 주어진 것이다. 집필 중에도 하나님은 많은 새로운 축복으로 나를 축복해 주셨다.

　　이 책은 결코 영적 생활과 영적 싸움에 대한 학설을 주장하는 논문으로 간주되어서는 안 된다는 것을 독자들이 분명히 이해해 주기를 바란다. 내 자신이 간증할 수 있는 것은, 고통과 시련과 실패를 통하여 본서의 진리를 습득했다는 것이다. 여기에 담긴 가르침 하나 하나는 불시험을 거쳤다고 해도 과언이 아닐 것이다. 그리고 이런 말은 가볍게 하는 말이 아니다. 이러한 표현은 나의 마음속 깊은 데서 나오는 것이다. 이 진리들이 어디서 온 것인지 하나님께서 잘 알고 계신다.

각 권을 구성할 때 나는 비슷하고 연관된 원리들을 함께 모으려고 시도하지 않았다. 단순히 필요에 따라 그들을 언급했을 뿐이다. 지극히 중요하다고 생각될 때에는 같은, 또는 비슷한 진리를 여러 차례 언급하여 하나님의 자녀들이 이를 더 잘 기억할 수 있도록 심혈을 기울였다. 진리는 반복을 통해서만 기억에 남게 되며, 그것을 재음미함으로써 습득되는 것이다. "여호와께서 그들에게 말씀하시되 경계에 경계를 더하며 경계에 경계를 더하며 교훈에 교훈을 더하며 교훈에 교훈을 더하고 여기서도 조금 저기시도 조금 하사"(사 28:13).

나는 독자들이 이 책을 읽는 가운데 적지 않은 이론상의 모순을 발견하리라고 믿는다. 그러나 독자는 이러한 불일치가 눈에 드러나 보일 뿐 실재하는 것이 아니라는 것을 기억해야 한다. 본서는 영적 세계를 다루고 있기 때문에, 어쩔 수 없이 이론상의 모순이 있게 마련이다. 영적인 일은 종종 모순처럼 보이는 수가 있다(고후 4:8, 9). 그러나 이 모든 것들은 경험을 통하여 완전한 조화를 발견하게 된다. 그러므로 이해가 잘 가지 않는 곳이 있더라도 이해하

S P I R I T U A L

려고 최선을 다하라는 것이 나의 부탁이다. 누구든지 오해하려고 하면 내가 의도하는 바와 다르게 이 책을 읽을 수도 있다.

단 한 부류의 사람들만 이 책을 실제로 이해하리라는 것을 절감하고 있다. 나의 본래의 목적은 많은 신자들의 필요를 충족시키자는 것이었다. 그러나 분명히 필요를 느끼는 사람들만이 이 책의 진가를 알 수 있을 것이다. 이런 사람들은 여기서 하나의 지침서를 발견하게 되리라. 다른 사람들은 이 책에 담긴 진리를 하나의 이상으로 보거나 부적당한 이론이라고 비난할 것이다. 독자가 필요를 느끼는 정도에 따라 이 책의 내용을 이해하는 정도도 다를 것이다. 독자가 개인적인 필요를 느끼지 못한다면 이 책을 통하여 아무런 문제의 해결점도 발견할 수 없을 것이다. 독자가 경계해야 할 것이 바로 이것이다.

진리가 심오하면 심오할수록 그것은 이론적이기가 쉽다. 성령의 역사를 떠나서는 아무도 깊은 진리에 도달할 수 없다. 따라서 어떤 이들은 이 원칙들을 일종의 이상으로 간주할 것이다. 그렇기 때문에 우리는 이 책의 가르침을 머리로만 받아들이고 이미 그 진리를 소유했다고 생각함으로 자신을 기만하는 일이 없도록 각별히 주의해야 할 것이다. 이것은 가장 위험스러운 것이다. 육과 악령에서 비롯되는 기만이 날로 늘어갈 것이기 때문이다.

독자는 또한 이 책에서 습득한 지식을 남을 판단하는 데 오용하지 않도록 특별히 경계해야 할 것이다. 우리는 어떤 것이 육신에 속한 것이고 어떤 것이 영에 속한 것이라고 말하기는 아주 쉽다. 그러나 우리 자신도 예외가 아니라는 사실을 알지 못하는가? 진리는 사람들을 자유하게 하도록 주어진 것이지 남의 흠을 찾아내라고 주어진 것이 아니다. 우리는 비판을 함으로써 우리 자신이 비판을 받는 사람보다 조금도 덜 혼적이거나 덜 육신적이지 않다는 것을 증명하는 것이다. 위험성은 극히 심각하다. 따라서 우리는 늘 이에 대한 경계를 게을리 해서는 안 된다.

첫번째 서문에서 언급한 바 있거니와 그 중요성을 고려하여 재차 부연하기로 한다. 극히 중요한 사실은, 우리 자신을 분석하려고 해서는 안 된다는 것이다. 이와 같은 글을 읽고 무의식적으로 지나친 자기 분석에 빠지기가 쉽다. 내면 상태를 관찰함으로써 우리는 우리 속 사람의 생각과 느낌과 움직임을 지나치게 분석하려 들기 쉽다. 이렇게 함으로써 표면상의 진전은 많을지 모르나 사실은 자아의 생활을 처리하는 것을 더욱 곤란하게 만들 뿐이다. 우리가 자신의 내부를 계속 들여다본다면 평안을 완전히 상실하고 말 것이다. 왜냐하면 자신을 바라볼 때 우리는 언제나 자신의 기대와 실제 상태 사이에 존재하는 격차를 의식하게 되기 때문이다.

우리는 거룩함으로 충만하기를 기대한다. 그러나 거룩함이 결여된 자신을 발견하게 될 때 불안해진다. 하나님은 결코 우리에게 자아 분석을 요구하는 분이 아니시다. 지나친 자기 분석은 영적 침체의 주요 원인이다. 우리의 안식은 주님을 바라보는 데 있는 것이지, 우리 자신을 바라보는 데 있는 것이 아니다. 우리는 주님을 바라보는 만큼 자아에서 해방된다. 주 예수 그리스도께서 완전히 이루어 놓으신 일을 의지하는 것이지, 수시로 변하는 우리 자신의 경험을 의지하는 것이 아니다. 신령한 생활은 아침부터 저녁까지 우

SPIRITUAL

리의 감정과 생각을 살피는 데 달려 있지 않고 구주를 바라보는 데 달려 있다.

초자연적인 경험은 모두 거부해야 한다고 생각해서는 안 된다. 나의 목적은 단지 독자들에게 어떤 것이 하나님께 속한 것인지 아닌지를 시험할 필요성을 강조하려는 것이다. 나는 많은 초자연적 경험이 하나님으로부터 온다고 믿고 있다. 이러한 것을 많이 목격했다. 그러나 오늘날 우리가 목격하는 많은 신비스러운 경험이 거짓된 기만이라는 것을 인정하지 않을 수 없다. 나는 초자연적인 것은 무조건 거부하라고 독자들을 설득할 마음이 조금도 없다. 다만 이 책에서 이 두 가지 현상의 원리상의 근본적인 차이점을 지적했을 따름이다. 성경을 믿는 성도로서 신비스러운 현상을 직면할 때에는 이를 인정하거나 부인하기 전에 우선 성경에 제시된 원칙에 따라 주의 깊게 검토해 보아야 할 것이다.

혼의 문제에 관해서는, 나는 대부분의 그리스도인들이 이 극단에서 저 극단까지를 왕래하고 있다고 생각한다. 한편으로 우리는 보통 감정을 혼적(魂的)인 것으로 본다. 따라서 쉽게 감동을 받고 흥분하는 사람을 보통 혼적인 사람으로 분류한다. 또 한편으로 우리는 이성적인 것이 조금도 우리를 더 신령한 사람으로 만들어 주지 않는다는 사실을 잊고 있다. 이와 같이 이성적인 생활을 신령한 생활로 보는 잘못된 판단은 지나치게 감정적인 생활을 신령한 생활로 오산하는 것과 마찬가지로 경계해야 한다. 한걸음 더 나아가서 볼 때 우리는 혼의 기능을 약화시켜 죽은 듯이 무기력하게 만들려 해서도 안 된다. 이전에 알지 못하던 때에는 우리의 혼적인 기분과 흥분을 별 관심 없이 보았고 그에 따라 행했다. 그러나 나중에 우리의 잘못을 깨닫게 되고 이러한 감정을 전적으로 억압하게 된다. 이러한 태도가 아주 좋아 보일지 모르지만, 이것은 우리를 조금도 더 신령한 사람으로 만들어 주지 않는다.

독자가 이 점에서 오해한다면, 비록 그 오해가 미미한 것일지라도, 나는 그의 생활이 "죽은" 생활이 될 것을 안다. 왜 그런가? 이는 그의 영이 자신을 나타낼 기회를 얻지 못하고 죽은 감정에 의하여 갇힌 바 되기 때문이다. 그리고 이렇게 되면 더 큰 위험성이 따르게 된다. 즉 지나치게 감정을 억제하는 중에 신자는 결국 신령한 사람이 아닌 이성적인 사람으로 변하게 마련이다. 따라서 또 다른 형태이긴 하지만 그는 여전히 혼적인 상태를 벗어나지 못한다. 그러나 혼의 흥분 상태가 영의 기분을 표현하는 것이라면 이는 극히 귀중한 것이다. 그리고 혼의 생각이 영의 마음을 표출하는 것이라면 매우 유익할 수 있다.

본서의 마지막 부분에 몇 가지 덧붙이고 싶은 것이 있다. 내 육신의 연약함을 고려할 때, 이런 문제에 대하여 글을 쓸 자격이 전혀 없는 것처럼 보일 수도 있다. 그러나 이 약함 자체가 나에게 더 깊은 통찰을 가능케 했는지도 모른다. 왜냐하면 보통 사람들보다 더 심한 병과 고통과 괴로움을 겪었기 때문이다. 용기를 잃은 적도 한두 번이 아니다. 그러나 주님께서는 감사하게도 이 마지막 부분을 끝낼 수 있도록 허락해 주셨다. 이 지구상에서 나와 비슷한 경험을 한 사람들이 나의 기록을 내가 지나온 어둠으로부터 빛을 제시하는 것으로 받아주기를 바란다. 이것은 이론이 아닌 경험이기

S P I R I T U A L

때문이다. 신유에 대하여 수다한 논란이 있었던 것은 당연한 일이다. 이 책은 주로 원칙을 다루고 있으므로 다른 신도들과의 논쟁을 피하고 있다. 이 책에서 주님이 인도하시는 대로 말할 것을 말했다. 독자들에게 요청하고픈 것은, 병이 있을 때는 그것이 하나님으로부터 온 것인지 자신으로부터 오는 것인지를 분별하고 구분하라는 것이다.

이 책에 미비한 점이 많은 것을 고백한다. 그러나 나름대로 최선을 다했기 때문에 그저 나의 최선을 당신에게 바친다. 이 속에 담긴 메시지의 중대함을 알기 때문에 처음부터 끝까지 주님께서 이 일을 인도해 달라고 두려움과 떨림으로 구했다. 나의 기록을 하나님의 자녀들의 양심에 ― 나의 말을 심사숙고해 보도록 ― 맡긴다.

본서는 마귀의 간계를 파헤치려는 의도로 쓰여진 책이니 만큼 어둠의 권세의 반발과 많은 사람들의 반대를 불러일으킬 것이 틀림없다. 어떤 사람의 인정을 받으려는 생각으로 이 책을 쓴 것이 아니다. 그러므로 이러한 반대를 별로 대수롭게 생각하지 않는다. 또한 주님의 자녀들이 이 책에서 도움을 받으면 필요 이상으로 많이 나를 생각하리라는 것도 알고 있다.

나는 모든 사람들 가운데 가장 약한 하나의 인간에 지나지 않는다는 것을 솔직히 고백한다. 이 책의 교훈들은 나의 약함에 대한 경험들을 드러내는 것이다.

이제 책이 독자의 손에 놓이게 되었다. 이것은 전적으로 하나님의 은혜다. 만일 독자가 1부를 읽고 다른 부분까지도 통독할 용기와 끈기가 있다면 아마 하나님께서 진리로 그를 축복해 주실 것이다. 만일 이 책을 이미 통독했다면 얼마간의 시간이 흐른 후에 다시 한 번 읽으라고 권하고 싶다.

사랑하는 형제 자매여, 다시 한번 아버지 하나님께 우리의 마음을 돌리고 믿음으로 주님의 품에 자신을 맡기고 주님의 생명을 받자. 우리는 빈약하나 주님은 부하시며, 우리에겐 아무것도 없지만 주님은 모든 것을 소유하고 계심을 다시 한번 고백하자. 우리에게 은혜가 허락되지 않았다면 우리는 오갈 데 없는 죄인들에 불과하다. 우리 충심으로 주님께 감사를 드리자. 주 예수님께서 우리에게 은혜를 주셨다.

"거룩하신 아버지, 아버지께서 저에게 맡기신 것이 이제 이 책 속에 있습니다. 이것이 주님 보시기에 좋다면 이를 축복하여 주옵소서. 주님이여, 이 마지막 시대에 사는 주님의 자녀들을 타락한 육신과 사악한 악령들에게서 건져 주옵소서. 하나님의 아들의 몸(교회)을 세우시고, 아들의 원수를 멸하시고, 아들의 나라가 하루 속히 임하게 하옵소서! 아버지 하나님, 저는 주님을 바라봅니다. 주님께 나 자신을 맡깁니다. 주님을 갈망합니다."

상하이에서
워치만 니

차례

역자 서문	3
서문	5
두번째 서문	15

제1부 영, 혼, 몸

1. 영과 혼과 몸	29
2. 영과 혼	43
3. 인간의 타락	61
4. 구원	77

제2부 육신

1. 육신과 구원	99
2. 육에 속한 그리스도인	119
3. 십자가와 성령	135
4. 육신의 자랑들	155
5. 육신에 대한 신자의 궁극적인 태도	171

제3부 혼

1. 죄로부터의 구원과 혼적 생명	193
2. 혼적인 신자의 경험	221
3. 혼적인 생활의 위험	241
4. 십자가와 혼	257
5. 영적 신자들과 혼	279

SPIRITUAL

제 **1** 부

영, 혼, 몸

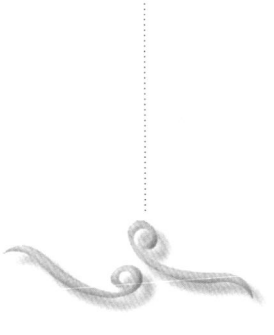

제1장
영과 혼과 몸

인간의 구성에 대한 일반적인 개념은 2원적인 것으로, 인간이 혼과 육으로 구성되어 있다고 생각한다. 이 개념에 의하면 혼(soul)은 내면의 보이지 않는 정신적 부분이고, 몸(body)은 가시적인 외부의 신체를 가리킨다. 이러한 개념에도 일리가 없는 것은 아니지만, 정확한 개념은 아니다. 이러한 이견은 사람에서 나온 것이지 하나님으로부터 온 것이 아니다. 하나님의 계시를 떠나서는 어떠한 개념도 믿을 수 없다. 육이 인간의 외적인 부분을 가리킨다는 것은 의심할 여지가 없는 것이지만 성경은 영과 혼이 하나인 것처럼 혼동해서 말하고 있지 않는 것으로 보여진다. 하나님의 말씀은 인간을 혼과 육의 두 부분으로만 분리하고 있지 않다. 오히려 성경은 인간을 세 부분, 즉 영(spirit)과 혼(soul)과 몸(body)으로 나누고 있는 것으로 받아들여진다.

데살로니가전서 5:23은 "평강의 하나님이 친히 너희로 온전히 거룩하게 하시고 또 너희 온 영과 혼과 몸이 우리 주 예수 그리스도 강림하실 때에 흠 없게 보전되기를 원하노라"고 기록되어 있다. 이 구절은 온전한 인간이 세 부분으로 구분된다는 사실을 분명히 보여주고 있다. 사도 바울은 여기서 믿는 사람들의 완전한 성화에 대하여 "너희로 **온전히** 거룩하게 하시고"라는 표현을 쓰고 있다. 사도 바울의 말에 의하면 사람은 어떻게 온전히 거룩하게 되는가? 그의 영과 혼과 몸이 보전됨으로써 그렇게 된다. 여기서 우리는 **온전한** 사람이 세 부분으로 되어 있다는 것을 쉽게 이해할 수 있다. 이 구절은 또한 사람의 영을 혼과 명확하게 분리시키고 있다. 그렇지 않았다면, 바울은 단지 "너희 혼"이라고 말했을 것이다. 하나님께서 인간의 영을 인간의 혼과 구분하셨기 때문에 우리는 인간이 둘이 아닌 세 부분, 영과 혼과 몸으로 구성되어 있다고 단정짓는다.

 영과 혼을 분리하는 것이 그처럼 중요한 문제인가? 영혼의 분류 여부는 신자의 영적 생활을 엄청나게 좌우하기 때문에 이는 극히 중요한 문제가 아닐 수 없다. 영의 영역의 한도를 알지 못한다면 어떻게 영적 생활을 이해할 수 있겠는가? 이러한 이해가 없이 어떻게 영적 성장이 가능하겠는가? 영과 혼을 분별하지 못하는 것은 영적 성장에 치명적인 영향을 끼친다. 그리스도인은 종종 혼적인 것을 영적인 것으로 생각한다. 그래서 그들은 혼적인 상태에 머무른 채 진짜 영적인 것은 찾지 않는다. 하나님께서 분리해 놓으신 것을 우리가 혼미하게 만든다면 손해는 누구에게 돌아오겠는가?

 영적 지식은 영적 생활에 매우 중요하다. 그러나 성령의 가르침을 기꺼이 받으려는 태도와 겸손은 성도의 생활에서 영적 지식 못지 않게 중요하다는 것을 덧붙여 둔다. 그런 태도를 갖고 있으면 성도가 영과 혼에 대한 지식이 별로 많지 않더라도 영과 혼을 분리하는 경험을 성령께서 허락하실 것이다. 한편으로는 영과 혼의 분리에 대하여 아는 바가 전혀 없는 아주 무식한 성도라도 실제 생활에서 이를 경험할 수 있다. 반면에 영과 혼에 관한 진리에 정통한 아주 유식한 성도라도 실제 경험이 없을 수가 있는 것이다. 가장 좋은 것은 역시 경험과 지식을 겸해서 지니고 있는 사람이다. 그러나 대부분의 사람들은 이러한 경험을 갖지 못하고 있다. 따라서 우선 이런 사람들이 영과 혼의 기능상의 차이점을 알 수 있도록 이끌어주고, 후에 그들로 하여금 영적인 것을 추구하도록 권고하는 것이 좋을 것이다.

성경의 다른 부분에서도 영과 혼을 이와 같이 구분하고 있다. "하나님의 말씀은 살았고 운동력이 있어 좌우에 날선 어떤 검보다도 예리하여 혼과 영과 및 관절과 골수를 찔러 쪼개기까지 하며 또 마음의 생각과 뜻을 감찰하나니"(히 4:12). 이 구절에서 저자는 인간의 비육체적인 부분을 "혼과 영"으로 분리하고 있다. 여기서 육체적인 부분은 동작과 감각의 기관, 즉 "관절과 골수"를 포함하는 것으로 언급되어 있다. 제사장이 칼을 들어 제물을 자르고 해부할 때, 내부의 어떤 것도 숨길 수 없는 것이다. 심지어 관절과 골수까지도 분리된다. 이와 같은 식으로 주 예수께서는 자기 백성에게 하나님의 말씀을 사용하여 영적인 것과 혼적인 것과 육적인 것을 찔러 쪼개기까지 하여 완전히 분리시키는 일을 하고 계신다. 이처럼 영과 혼은 **분리될** 수 있으므로, 그들은 본질상 서로 달라야 한다. 따라서 인간이 세 부분으로 구성되어 있다고 받아들일 수 있다.

영과 혼과 몸

인간의 창조

"여호와 하나님이 흙으로 사람을 지으시고 생기를 그 코에 불어 넣으시니 사람이 생령이 된지라"(창 2:7). 하나님이 처음 인간을 창조하실 때, 땅의 흙을 가지고 사람을 지으시고, 생기를 그 코에 불어 넣으셨다. 인간의 영으로 변한 생기가 인간의 몸과 접했을 때, 혼이 생겨났다. 따라서 혼은 인간의 몸과 영의 결합이다. 그러므로 성서는 인간을 "생령"(생혼, living soul, ASV)이라고 부르고 있다. 생기가 인간의 영, 다시 말해서 사람 속에 있는 생명의 원리가 되었다. 주님께서는 "살리는 것은 영"(요 6:63)이라고 말씀하셨다. 이 생기는 창조주로부터 오는 것이다. 그러나 **인간의 영과 하나님의 성령을 혼동해서 생각해서는 안 된다.** 성령은 인간의 영과 다르다. 로마서 8:16은 "성령이 친히 우리 영으로 **더불어** 우리가 하나님의 자녀인 것을 증거하시나니"라고 말함으로써 이 사실을 증명해 준다. "생기"(Breath of life)라는 말 중에 "생명"(life)이라는 말의 원어는 chay라는 낱말로 **복수형**이다. 이것은 하나님께서 불어넣으신 기운이 이중적 생명, 곧 혼적인 생명과 영적 생명을 생겨나게 했다는 사실을 가리키는 것인지도 모른다.

하나님의 기운이 인간의 몸에 들어왔을 때 그것은 사람의 영이 되었다. 그러나 이 영이 몸과 반응했을 때 혼이 생겨났다. 이것이 우리의 영적 생명과 혼적 생명의 원천을 설명해 준다. 그렇지만 이 영이 하나님 **자신의** 생명이 아니라는 것을 우리는 알아야 한다. 이는 "전능자의 기운이 나를 살리시기" 때문이다(욥 33:4). 인간의 영은 스스로 존재하는 하나님의 생명이 인간에게 들어온 것도 아니요, 우리가 거듭날 때 받은 하나님의 생명도 아니다. 우리가 거듭날 때 받는 새 생명은 생명나무로 표현된 하나님 자신의 생명이다. 그러나 우리의 영은 영원히 존재하기는 하지만 "영원한 생명"을 가지고 있지는 않다.

"흙으로 사람을 지으시고"라는 말은 인간의 몸을 가리키는 말이요, "생기를 그 코에 불어넣으시니"라는 말은 하나님으로부터 온 인간의 영을 가리키는 것이요, "사람이 생령(생혼)이 된지라"는 말은 몸이 영에 의해 소생하여 자아를 의식하는 산 사람이 되었을 때 인간의 혼을 가리키는 말이다. 완전한 사람은 영과 혼과 몸이 혼합된 삼위일체이다. 창세기 2:7에 의하면, 사람은 두 개의 독립된 요소, 즉 육적 요소와 영적 요소로 이루어졌다. 그러나 하나님께서 흙으로 만든 인간의 모형 속에 영을 넣으셨을 때에 혼이 생겨났다. 사람의 영이 죽은 몸과 만났을 때 혼이 생겨난 것이다. 영을 떠나 있는 몸은 죽은 것이었다. 그러나 영이 주어짐으로 사람은 생혼으로 살아났다. 이와 같이 생기를 얻은 기관은 혼이라고 불렸다.

"사람이 생령(생혼)이 되었다"는 말은 영과 몸이 결합함으로 혼이 생겨났다는 사실을 나타내 줄 뿐만 아니라, 이 혼 안에서 영과 몸이 완전히 이 혼 안에서 병합되었다는 것을 시사해 주는 것이다. "타락하기 전 아담은 우리가 매일 체험하는 영과 육의 끊임없는 투쟁을 전혀 모르고 살았다. 그 때에는 세 가지 성격이 하나로 완전히 **융합되어** 있었으며, 융화시키는 매개체로서의 혼은 그의 개성의 원인이 되었고 또 그의 존재를 특별하게 만들어 주는 요인이 되었다"(Pember의 *Earth's Earliest Age*). 인간은 생혼이라고 명명되었다. 이는 혼에서 영과 몸이 만나고, 혼을 통해 그의 개성이 알려졌기 때문이다.

다음과 같은 불완전한 예화를 들 수 있다. 한 컵의 물에 물감을

S P I R I T U A L

타면, 물감과 물이 혼합되어 잉크라는 제 3의 물질로 바뀐다. 비슷한 방법으로 영과 몸이라는 독립된 두 개의 요소가 화합되어 생혼이 되는 것이다(영과 몸이 결합함으로 생겨난 혼은 영이나 몸과 마찬가지로 독립적이며 분해될 수 없는 요소가 된다는 것을 설명하는 데는 부적합한 비유임).

하나님께서는 인간의 혼을 특이한 것으로 취급하셨다. 천사들이 영으로 창조되었듯이, 사람은 생혼으로 창조된 것이다. 사람은 생기를 지닌 몸을 가졌을 뿐 아니라, 동시에 살아 있는 혼, 곧 생혼이 된 것이다. 이와 같이 우리는 종종 성경에서 하나님이 인간을 "혼"으로 지칭하는 것을 발견한다. 왜 그런가? 그 이유는 사람의 됨됨이가 그 혼의 상태에 달려있기 때문이다. 즉 사람의 혼은 그 사람을 대표하고 그의 개성을 표현해 주기 때문이다. 혼은 인간의 자유의지의 기관으로서, 영과 몸이 완전히 융합되는 기관이다. 인간의 혼이 하나님께 순종하기를 원한다면, 혼은 하나님께서 지시하는 대로 영으로 하여금 그 사람을 지배하도록 할 것이다. 또한 혼이 원한다면 영을 억압하고 인간의 주인으로서 다른 기쁨을 취할 수도 있다.

이 영과 혼과 몸의 삼위일체는 백열 전구에 의해 부분적으로 설명될 수 있다. 전 인간을 대표할 수 있는 전구 속에는 전기와 빛과 전선이 있다. 영은 전기와 같고, 혼은 빛과 같으며, 몸은 전선에 해당한다고 할 수 있다. 전기는 빛의 원인이며, 빛은 전기로 인해 나타나는 결과이다. 전선은 전기를 전달하는 물체일 뿐 아니라 빛을 발산하는 매개체다. 영과 몸의 화합이 혼을 낳았다. 이것은 인간에게만 있는 특이한 일이다.

전선에 의하여 운반된 전기가 빛으로 표현되듯이 영이 혼에 작용하면 혼은 몸을 통하여 스스로를 나타낸다.

그러나 혼이 이생에서 우리 존재의 요소들이 교차하는 점인 데 반하여 영은 부활한 상태에서 우리를 지배하는 힘이 될 것임을 기억해야 한다. 성서가 "육의 몸으로 심고 신령한 몸으로 다시 사나니"(고전 15:44)라고 밝히고 있기 때문이다. 그런데 요점은 여기에 있다. 즉 부활한 주님과 연합한 우리들은 지금도 우리의 영으로 하여금 전 존재를 지배하게 할 수 있다는 것이다. 우리는 생혼으로 창조된 첫 아담과 연합된 것이 아니라 살려 주는 영인 마지막 아담과 연합된 것이다(고전 15:45 참고).

영, 혼, 몸의 각 기능

인간이 물질 세계와 접하는 것은 몸을 통해서다. 따라서 우리는 몸을 통하여 물질 세계와 연결되어 있다. 그러므로 우리는 몸을 세계에 대한 의식을 주는 부분이라고 말한다.

혼은 현 상태에서 우리를 도와주는 지성과 감각에서 오는 감정으로 구성되어 있다. 혼은 인간의 자아에 속하며 그의 인격을 나타내므로, **자아 의식**의 부분이라고 한다.

영은 하나님과 교제하는 부분으로서, 영을 통해서만 하나님을 이해하고 경배할 수 있다. 영은 하나님과 우리의 관계를 말해 주기 때문에 **하나님 의식**의 요소라고 한다. 하나님은 영 안에 거하시고, 자아는 혼 안에 거하며, 감각은 몸 안에 거한다.

앞에서 언급했듯이 혼은 영과 몸의 교차점으로서, 그 안에서 영과 몸이 융합된다. 사람은 영을 통해 영적 세계를 접하고 하나님과 교제하며, 영적인 영역에 속한 힘과 생명을 받고 표현한다. 인간은 몸을 통해 외부의 감각 세계와 접촉하며 영향을 주고받는다. 혼은 이 두 세계 사이에 있으면서 동시에 둘 다에 속한다. 혼은 영을 통해 영적 세계와 연결되어 있고, 몸을 통해 물질 세계와 연결되어 있다. 혼은 또한 자유 의지의 능력을 소유하고 있어서 환경으로부터 선택할 자유를 가지고 있다. 영은 직접적으로 몸에 힘을 행사할 수가 없다. 거기에는 중재자가 필요한데, 그 중재자가 바로 영과 몸이 접촉함으로서 생겨난 혼이다. 그러므로 혼은 영과 몸의 중간에서 이 두 가지를 함께 묶고 있는 것이다. 영은 혼을 매개로 하여 몸을 복종하게 함으로써 하나님께 복종하도록 만들 수 있다. 마찬가지로 몸은 혼을 통하여 영으로 하여금 세상을 사랑하도록 만들 수도 있는 것이다.

  이 세 가지 요소 중 영이 가장 고상한 것은 영이 하나님과 연합하기 때문이다. 몸이 가장 저급하다고 하는 것은 물질과 접촉하기 때문이다. 이들 사이에 놓여 있는 혼은 두 가지를 함께 화합시키기도 하고 이들의 특성을 자신의 것으로 취하기도 한다. 혼은 영과 몸의 교제와 협조를 가능하게 한다. 혼이 하는 일은 이 둘을 제자리에 유지시킴으로써 그들 사이의 올바른 상호관계를 상실하지 않도록 하는 것이다. 다시 말해서 가장 낮은 위치에 있는 몸이 영에 복종하고 가장 높은 영이 혼을 통하여 몸을 지배하도록 하는 것이다. 인간의 가장 중요한 요소는 틀림없이 혼이다. 혼은 영이 성령으로부터 받은 것을 전달해 주기를 기대한다. 그래서 일단 완전하게 된 후에는 자신이 획득한 것을 몸에 전달해 준다. 그러면 몸도 성령의 완전케 하심에 참여하여 신령한 몸이 되는 것이다.

  영은 인간의 가장 고상한 부분으로서 인간 존재의 가장 깊은 곳에 있다. 몸은 가장 낮은 것으로 사람의 가장 바깥 부분을 차지하고 있다. 그리고 이 둘 사이에 혼이 거하여 그들의 매개체로 일하고 있는 것이다. 몸은 혼의 외곽이며, 혼은 영의 외곽이다. 영은 그 생각을 혼에 전달하고 혼은 몸으로 하여금 영의 명령에 복종하도록 한다. 이것이 매개체로서의 혼의 의미이다. 인간의 타락 이전에는 영이 혼을 통하여 전 인간을 지배하였다.

혼의 능력은 가장 기본적인 것이다. 영과 몸이 혼에서 융화되며, 사람의 인격과 영향력의 본거지가 바로 이 곳이기 때문이다. 인간이 죄를 범하기 전에는 혼의 힘이 완전히 영의 지배하에 있었다. 따라서 혼의 능력은 바로 영의 힘이었다. 영은 스스로 몸에 영향력을 행사할 수 없고, 오직 혼이라는 매개체를 통해서만 그것이 가능하다. 이 사실을 누가복음 1:46, 47에서 볼 수 있다. "내 혼(영혼, King James)이 주를 찬양하며 내 영(마음, King James)이 하나님 내 구주를 기뻐하였음은"(Darby). "여기서 시제의 변화를 보면 영이 먼저 하나님을 기뻐했으며, 그리고 나서 혼과 교통하여 혼으로 하여금 몸의 기관을 통하여 감정으로 이를 표현하도록 했음을 알 수 있다"(Pember의 *Earth's Earliest Age*).

반복해서 말하자면, 혼은 인격이 머무는 곳이다. 인간의 의지와 지성과 감정이 혼에 있다. 영이 영의 세계와 교제하는 데 쓰이고 몸이 자연계(육의 세계)와 접촉하는 데 쓰이듯이, 혼은 영과 몸의 중간에 서서 영의 세계가 지배하게 할까 육의 세계가 지배하게 할까를 분별하고 결정하는 데 능력을 행사한다. 때때로 혼도 그 지성을 통하여 인간을 통제함으로써, 혼이 다스리는 관념의 세계(ideational world)를 만들어 내기도 한다. 영이 전 인간을 지배하려면 반드시 혼의 동의가 있어야 한다. 그렇지 않으면 영은 혼과 몸을 규제할 수가 없다. 결정은 혼에 달려 있다. 혼 안에 인간의 인격이 거하기 때문이다. 혼은 사실상 전 인격의 중추라고 할 수 있다. 인간의 의지가 혼에 속해 있기 때문이다. 영이 전 인간을 지배하는 것은 혼이 기꺼이 낮은 자리로 내려갈 때에만 가능한 것이다. 혼이 이러한 자리로 내려가는 것을 반대하면, 영은 사람을 다스릴 수 없다.

이것이 인간의 자유의지라는 말의 의미를 설명해 준다. 인간은 하나님의 뜻에 따라서 움직이는 자동 기계가 아니다. 오히려 인간은 스스로 결정할 수 있는 완전한 주권을 가지고 있다. 인간은 자신의 의지 기관을 소유하고 있다. 따라서 그는 하나님의 뜻을 따를지, 아니면 하나님을 대적하고 사탄의 뜻을 따를지를 스스로 결정할 수 있다. 하나님께서는 인간의 가장 고상한 부분인 영이 전 인간을 제어하기를 바라신다. 그러나 개인의 중요한 부분인 의지는 혼에 속해 있다. 영과 몸과 혼 가운데 어느 것으로 지배하게 할 것인가를 결정하는 것도 의지이다. 혼이 그러한 능력을 가지고 있고, 인간의 인격의 기관이라는 사실에 비추어 성경은 인간을 "생혼"이라고 부르는 것이다.

성전과 인간

"너희가 하나님의 성전인 것과 하나님의 성령이 너희 안에 거하시는 것을 알지 못하느뇨"(고전 3:16)라고 바울 사도는 기록했다. 그는 계시를 받은 대로 사람을 성전에 비유했다. 이전에 하나님께서 성전 안에 거하신 것처럼 오늘날에는 성령께서 인간 안에 내주하시는 것이다. 사람을 성전에 비유함으로써 우리는 사람의 세 가지 요소가 어떠한 모양으로 표출되는지를 알 수 있다.

우리는 성전이 세 부분으로 구분된다는 것을 잘 알고 있다. 첫째는 모든 사람이 볼 수 있고 모든 사람이 드나들 수 있는 바깥뜰이다. 모든 외적인 예배가 이곳에서 드려졌다. 좀더 들어가면 성소가 있는데, 이 곳은 제사장들만 들어가서 기름과 유향과 떡을 하나님께 바치는 곳이다. 제사장들은 하나님과 무척 가까웠지만 제일 가까운 것은 아니었다. 왜냐하면 그들은 아직 휘장 바깥에 있었고 따라서 하나님의 존전에는 설 수 없었기 때문이다. 하나님께서는 그 안 깊숙이 지성소에 거하시는데, 그 곳은 황홀한 빛이 비치고 있어 어둠이라곤 찾아볼 수 없으며 아무도 들어갈 수 없는 곳이었다. 비록 대제사장이 일 년에 한 번씩 들어가긴 하지만, 그것은 휘장이 갈라지기 전에는 지성소에 아무도 있을 수 없다는 것을 시사하는 것이었다.

인간도 하나님의 성전으로서 세 부분을 지니고 있다. 몸은 모든 사람이 볼 수 있는 생명을 가지고 바깥 부분을 차지하고 있으므로 바깥뜰에 비유할 수 있다. 여기서 인간은 하나님의 모든 명령에 복종해야 한다. 여기서 하나님의 아들이 대속물로서 인류를 위하여 목숨을 바친다. 그 안에는 인간의 내면 생활을 구성하며, 감정과 의지와 지성을 포함하는 혼이 있다. 거듭난 사람의 성소가 바로 이러한 곳이다. 왜냐하면 그의 사랑과 의지와 생각이 완전히 깨어서 옛날 제사장이 했던 것처럼 하나님을 섬길 수 있기 때문이다. 더 깊이 들어가면 휘장 뒤에 지성소가 있는데, 이 곳은 어떠한 인간의 빛도 침투한 적이 없고 어떠한 사람도 육안으로 이 곳을 꿰뚫어 본 적이 없다. 이 곳은 "가장 높은 분이 거하시는 은밀한 곳", 즉 하나님께서 거하시는 곳이다. 이 곳은 하나님 편에서 휘장을 가르시기 전에는 어떠한 사람도 미칠 수 없는 곳이다. 그것이 바로 인간의

영과 혼과 몸

영이다. 이 영은 인간의 자아 의식 너머에 존재하며 감각을 초월해 있다. 여기서 사람은 하나님과 연합하고 교제한다.

지성소는 하나님께서 친히 거하시는 곳이기 때문에 빛을 따로 준비해 둘 필요가 없다. 성소에는 일곱 개의 촛대에서 흘러나오는 빛이 있다. 바깥뜰에는 대낮의 밝은 빛이 비친다. 이 모든 것이 거듭난 그리스도인에겐 형상과 그림자 역할을 한다. 그의 영은 마치 하나님께서 거하시는 지성소와 같은 것이다. 거기서는 모든 것이 믿는 자의 시야나 감각이나 이해를 넘어, 믿음에 의하여 행해지기 때문이다. 혼은 성소와 같은 곳이다. 왜냐하면 이 곳은 많은 합리적인 사상과 교훈, 또는 관념 세계와 물질 세계에 관한 많은 지식과 이해로 충분히 깨어 있기 때문이다. 몸은 모든 사람이 분명히 볼 수 있는 바깥뜰에 비유할 수 있다. 몸의 움직임은 모든 사람이 볼 수 있는 것이다.

하나님께서 우리에게 제시하신 순서는 - "너희 영과 혼과 몸"(살전 5:23) - 정확한 것이다. 혼과 영과 몸도 아니고, 몸과 혼과 영도 아니다. 영은 가장 뛰어난 부분이므로 제일 먼저 언급되었다. 몸은 가장 낮은 것이므로 마지막에 언급되었다. 혼은 중간에 있기 때문에 둘 사이에 언급되었다. 하나님의 순서를 살펴본 우리는 사람을 성전에 비유한 성서의 지혜를 좀더 깊이 이해할 수 있을 것이다. 가치로 보나 순서로 보나 성전과 인간 사이에 존재하는 완전한 조화를 인식할 수 있다.

성전의 예식은 지성소내의 계시에 따라 행해진다. 성소나 바깥뜰에서의 모든 활동은 지성소에 계신 하나님에 의해 규제된다. 이 곳은 성전의 네 모퉁이가 만나는 곳으로 가장 성스러운 지점이다. 지성소 자체는 칠흑같이 어둡기 때문에 지성소 안에서는 아무 일도 행해지지 않는 것처럼 보인다. 모든 활동은 성소에서 행해지며 바깥뜰에서의 활동도 성소의 제사장들에 의하여 통제를 받는다. 그러나 실제로 성소의 모든 활동은 지성소의 완전한 정적과 평온함 속에 있는 계시에 의해 지배되는 것이다.

  이것이 영적으로 어떻게 적용되는가를 이해하는 것은 별로 어려운 일이 아니다. 우리 인격의 기관이라고 할 수 있는 혼은 지성과 의지와 감정으로 구성되어 있다. 혼은 마치 모든 행동의 주체인 것처럼 보인다. 몸이 혼의 지시를 따르기 때문이다. 그러나 인간의 타락 이전에는 혼이 여러 가지 활동을 했음에도 불구하고, 혼은 어디까지나 영의 지배를 받았다. 첫째는 영, 다음엔 혼, 그리고 마지막이 몸 – 하나님께서는 지금도 이러한 순서를 원하신다.

제2장
영과 혼

영

신자가 자기에게 영(spirit)이 있음을 아는 것은 당연한 일이다. (곧 알게 되겠지만) 하나님과 인간의 모든 교통이 바로 여기서 이루어지기 때문이다. 만일 신자가 자신의 영을 식별하지 못한다면, 그는 필히 영으로 하나님과 교통하는 방법을 모를 것이다. 그는 쉽게 혼의 생각과 감정을 영의 활동으로 착각하게 마련이다. 따라서 그는 자신을 외적인 영역에만 국한시켜, 영적 영역에는 이르지 못한다.

고린도전서 2:11은 "사람의 속에 있는 영"이라고 말한다.
고린도전서 5:4은 "내 영"이라고 말한다.
로마서 8:16은 "우리 영"이라고 말한다.

고린도전서 14:14은 "나의 영"이라는 말을 쓰고 있다.

고린도전서 14:32은 "예언하는 자들의 영"에 대해 말하고 있다.

잠언 25:28은 "자기 영"(Darby, 한글개역성경에는 자기 마음)에 대하여 언급한다.

히브리서 12:23은 "의인의 영들"에 대해 기록하고 있다.

스가랴 12:1은 "여호와 곧······사람 안에 심령을 지으신 자"라고 기술하고 있다.

이상의 성구만으로도 우리 인간이 인간의 영을 소유하고 있다는 사실을 충분히 증명해 준다.

이 영은 우리의 혼과 같은 것도 아니고, 성령과 같은 것도 아니다. 우리는 이 영 안에서 하나님을 예배하는 것이다.

성서의 가르침과 신자들의 경험에 의하면 인간의 영은 세 부분으로 구성되어 있다고 할 수 있다.

또는 달리 말하면 영은 세 가지 주요 기능을 지니고 있다고 말할 수 있다. 양심(conscience)과 직관(intuition)과 영교(communion)가 그것이다.

양심은 옳고 그른 것을 구분하는 분별 기관이다. 그러나 이러한 분별은 마음에 쌓아 놓은 지식의 힘으로 되는 것이 아니고 즉각적이고 직접적인 판단에 의한 것이다. 종종 이성은 양심이 판단하는 바를 정당화한다. 양심의 활동은 독립적이고 직접적인 것이다.

양심은 외부 의견에 굽히는 법이 없다. 만일 사람이 그릇 행하면 양심은 비난의 음성을 발할 것이다.

직관은 인간의 영에 속한 감각 기관이다. 이것은 육체적 감각이나 혼적 감각과는 전적으로 다르기 때문에 직관이라고 불린다. 직관은 외부의 영향과 무관하게 직접적으로 감지하는 것이다. 지성이나 감정이나 의지의 도움이 없이 우리에게로 오는 지식은 직관적으로 오는 것이다. 우리는 직관을 통하여 확실히 "안다." 반면에 우리의 지성은 단순히 "이해"를 도울 뿐이다. 하나님의 계시와 성령의 모든 활동은 직관을 통하여 신자에게 알려진다. 따라서 신자는 이 두 가지 요소, 양심의 소리와 직관의 가르침에 귀를 기울여야 한다.

영교는 하나님을 예배하는 것이다. 혼의 기관은 하나님을 예배하는 데 무력하다. 하나님은 우리의 생각이나 느낌이나 의도에 의해 이해될 수 없다. 왜냐하면 하나님은 오직 영으로만 **직접적으로** 알 수 있는 분이시기 때문이다.

우리가 하나님을 예배하는 것이나, 하나님이 우리와 교통하시는 것은 영 안에서만 있을 수 있는 일이다. 이와 같은 일들은 혼이나 겉 사람 안에서 이루어지는 것이 아니라 우리의 "속 사람" 안에서 행해지는 것이다.

여기서 우리는 양심, 직관, 영교의 세 요소가 깊은 상호관계를 맺고 있으며 조화롭게 기능 하고 있음을 알 수 있다. 양심과 직관의 관계는, 양심이 직관에 따라 판단하며 직관의 지시를 따르지 않는 모든 행위를 정죄하는 데 있다.

우리 인간은 하나님을 직관적으로 알 수 있으며, 주님의 뜻이 인간에게 직관적으로 계시되기 때문에 직관은 영교나 예배와 직접적인 관계가 있다. 어떠한 추론이나 기대도 우리에게 하나님에 대한 지식을 줄 수 없다.

다음에 열거한 세 그룹의 성경 구절에서 우리는 사람의 영이 양심의 기능(이 말은 영이 양심이라는 말이 아니다), 직관(영적 감각)의 기능, 영교(또는 예배)의 기능을 소유하고 있음을 쉽게 알 수 있다.

1. 사람의 영 속에 있는 양심의 기능

"너희 하나님 여호와께서 그 마음(영)을 **강퍅케 하셨음이라**"(신 2:30).
"여호와는 중심(영)에 **통회하는** 자를 구원하시는도다"(시34:18).
"내 안에 **정직한** 영을 새롭게 하소서"(시 51:10).
"예수께서 이 말씀을 하시고 심령(영)에 **민망하여**"(요 13:21).
"온 성에 우상이 가득한 것을 보고 마음(영)에 **분하여**"(행 17:16).
"성령이 친히 우리 영으로 더불어 우리가 하나님의 **자녀**인 것을 증거하시나니"(롬 8:16).
"내가 실로 몸으로는 떠나 있으나 영으로는 함께 있어서 거기 있는 것같이 이 일 행한 자를 이미 **판단하였노라**"(고전 5:3).
"내 심령(영)이 **편치 못하여**"(고후 2:13, AV).
"하나님이 우리에게 주신 것은 **두려워하는** 마음(영)이 아니요"(딤후 1:7).

2. 사람의 영 속에 있는 직관의 기능

"마음(영)에는 **원이로되**"(마 26:41).
"예수께서 곧 중심(영)에 **아시고**"(막 2:8).
"예수께서 마음(영)속에 깊이 **탄식하시며**"(막 8:12).
"예수께서 심령(영)에 **통분히** 여기시고"(요 11:33).

"바울(의 영)이 하나님의 말씀에 붙잡혀"(행 18:5).
"(영적) 열심으로"(행 18:25).
"이제 나는 심령(영)에 매임을 받아 예루살렘으로 가는데"(행 20:22).
"사람의 사정을 사람의 속에 있는 영 외에는 누가 알리요"(고전 2:11).
"저희가 나와 너희 마음(영)을 시원케 하였으니"(고전 16:18).
"그의 마음(영)이 너희 무리를 인하여 안심함을 얻었음이니라"(고후 7:13, AV).

3. 사람의 영 속에 있는 영교의 기능

"내 마음(영)이 하나님 내 구주를 기뻐하였음은"(눅 1:47).
"아버지께 참으로 예배하는 자들은 신령(영)과 진정으로 예배할 때가 오나니 곧 이 때라"(요 4:23).
"내 심령(영)으로 섬기는 하나님"(롬 1:9).
"우리가 영의 새로운 것으로 섬길 것이요"(롬 7:6).
"양자의 영을 받았으므로 아바 아버지라 부르짖느니라"(롬 8:15).
"성령이 친히 우리 영으로 더불어 우리가 하나님의 자녀인 것을 증거하시나니"(롬 8:16).
"주와 합하는 자는 한 영이니라"(고전 6:17).
"내가 영으로 찬미하고"(고전 14:15).
"네가 영으로 축복할 때에"(고전 14:16).
"성령으로 나를 데리고"(계 21:10).

이상의 성구에서 우리의 영이 적어도 이 세 가지 기능을 지니고 있음을 알 수 있다. 비록 거듭나지 못한 사람들은 아직 생명을 얻지 못했지만, 이러한 기능은 가지고 있다(그러나 이들은 악령들을 예배하고 있다). 어떤 사람은 이런 기능들을 더 표출하는가 하면, 사람에 따라 덜 표출하는 사람도 있다. 그러나 이것이 그들이 허물과 죄로 죽지 않았음을 뜻하는 것은 아니다. 신약성경은 민감한 양심과 예민한 직관과 영적 성향이나 흥미를 가지고 있는 사람들을 구원받은 사람으로 간주하지 않는다. 이러한 사람들은 다만 우리에게 혼의 지성과 감정과 의지 말고도, 영이 있다는 것을 증명해 줄 뿐이다. 거듭나기 전에 우리의 영은 하나님의 생명과 분리되어 있다. 오직 거듭난 후에야 하나님의 생명과 성령이 우리 영 안에 거하시는 것이다. 그 때 우리의 영은 소생하여 성령의 도구가 된다.

영의 의미를 연구하는 목적은 우리 인간이 하나의 독립된 영을 가지고 있음을 분명히 깨닫게 하는 데 있다. 이 영은 사람의 지성도 아니고 감정도 아니고 의지도 아니다. 반대로 우리의 영은 양심과 직관과 영교의 세 기능을 포함하고 있다. 하나님께서 우리를 거듭나게 하시고, 가르치시고, 또 우리를 주님의 안식으로 인도하시는 것은 바로 이 영에서 행해지는 것이다. 그러나 유감스럽게도 많은 그리스도인들이 혼의 노예가 되어 여러 해를 보냈기 때문에 영에 대하여는 거의 알지 못한다. 우리는 경험을 통하여 무엇이 영적인 것이고 무엇이 혼적인 것인지를 가르쳐 달라고 주님 앞에 떨리는 마음으로 기도해야 한다.

사람이 거듭나기 전에는 그의 영이 혼에 둘러싸여 침체되어 있기 때문에 어떤 것이 혼에서 나오는 것인지 영에서 나오는 것인지를 도저히 구분할 수가 없다. 영의 기능이 혼의 기능과 혼합되어 있다. 게다가 영은 하나님을 향한 가장 중요한 기능을 상실해 버렸다. 그 영이 하나님을 향해 죽어 있기 때문이다. 따라서 영은 혼의 부속품이 된 것처럼 보인다. 그리고 지성과 감정과 의지가 강해질수록 영의 기능은 약화되어 거의 나타나지 않게 된다. 신자가 거듭난 후에 영과 혼을 분리하지 않으면 안 되는 이유가 여기에 있다.

성경을 상고하다 보면 거듭나지 못한 영이 혼과 조금도 다름없는 기능을 발휘하고 있음을 보게 된다.

다음 성경 구절이 이를 명확히 해준다.

"그 마음(영)이 번민하여"(창 41:8).
"그들의 노(영)가 풀리니라"(사 8:3, Darby).
"마음(영)이 조급한 자는 어리석음을 나타내느니라"(잠 14:29, Darby).
"심령(영)의 근심은 뼈로 마르게 하느니라"(잠 17:22).
"마음(영)이 혼미하던 자도"(사 29:24).
"심령(영)이 상하므로 통곡할 것이며"(사 65:14).
"그가 뜻(영)이 강퍅하여"(단 5:20).

이상의 말씀들은 **거듭나지 않은** 영이 하는 일을 보여 주며, 그 영의 활동이 혼의 활동과 유사하다는 것을 시사해 준다. 혼을 언급하지 않고 영이라는 말을 쓴 것은 사람의 마음속 깊숙한 곳에서 일어난 일을 보여 주려는 것이다. 이것은 또한 사람의 영이 혼에 의하여 완전히 통제와 영향을 받았기 때문에 그 결과로 혼의 일을 나타낸다는 것도 아울러 보여 주는 것이다. 그렇지만 영이 존재하지 않는 것은 아니다. 이런 일들은 영에서 나오는 것이기 때문이다. 혼의 지배를 받으면서도 영은 하나의 독립된 기관으로서의 역할을 멈추지 않는다.

혼

하나님과 교제할 수 있게 해주는 영 외에도, 사람은 혼(Soul), 곧 자아의식을 가지고 있다. 사람은 그 혼의 작용에 의하여 자신의 존재를 의식하게 된다. 혼은 우리 인격이 거하는 곳이다. 우리를 인간적으로 만드는 요소들은 혼에 속한 것이다. 지성, 생각, 이상, 사랑, 감정, 분별, 선택, 결정 등은 혼의 여러 경험들에 불과한 것이다.

혼 안에서 영과 육이 융합되며, 혼은 우리의 인격의 기관을 형성하고 있다는 것은 이미 설명한 바가 있다. 성경이 때때로(마치 사람에게 혼의 요소밖에 없는 것처럼) 사람을 "혼"이라고 지칭하는 이유가 바로 여기에 있다. 예를 들어 창세기 12:5은 사람들을 "혼"이라고 부른다(ASV). 또 야곱이 그의 전 가족을 애굽으로 데리고 왔을 때 "야곱의 집 혼(사람)으로 애굽에 이른 자의 도합이 칠십 명이었더라"(창 46:27, ASV)고 기록되어 있다. 성서의 원어를 살펴보면 "사람" 대신에 "혼"을 쓴 곳이 무수히 많다. 이는 인격이 거하는 곳과 인격의 본질이 혼이기 때문이다. 사람의 인격을 이해하는 것은 그 사람을 이해하는 것이다. 인간의 존재와 특성과 생활이 모두 혼에 있다. 따라서 성경은 인간을 "혼"이라고 부른다.

사람의 인격을 구성하고 있는 것은 의지와 지성과 감정의 세 가지 주요 기능이다. 의지는 결정을 위한 기구로서 우리의 선택 능력을 보여 주는 것이다. 의지는 우리가 하고싶은 것과 하기 싫은 것을 표현한다. "하겠다" 또는 "안 하겠다"가 바로 그것이다. 만일 우리에게 이러한 자유 의지가 없다면 인간은 기계적으로 행동하는 동물에 불과할 것이다. 사고의 기구라고 할 수 있는 지성은 우리의 지적 능력을 나타낸다. 여기에서 지혜와 지식과 추리가 나온다. 이것이 부족할 때 사람은 어리석고 둔하게 되는 것이다. 좋아하고 싫어하는 것을 좌우하는 기구는 감정이다. 감정을 통하여 사랑과 증오를 표현하며, 기쁘고, 슬프고, 분하고, 행복한 것을 느끼는 것이다. 감정이 결여될 때 목석같이 둔감하게 된다.

성경을 주의 깊게 상고하다 보면 이 인격의 세 주요 기능이 혼에 속해 있다는 결론에 도달하게 된다. 이러한 것을 증명하고 뒷받침할 만한 구절이 너무 많기 때문에 몇 가지 성구만을 골라 열거해 본다.

1. 혼이 지니고 있는 의지의 기능

"내 생명을 내 대적의 뜻(원어, soul, "혼")에 맡기지 마소시 (시 27:12).

"주여 저를 그 원수의 뜻(원어, "혼")에 맡기지 마소서"(시 41:2).

"너를 미워하는 블레셋 여자 곧 네 더러운 행실을 부끄러워하는 자에게 너를 붙여 임의(원어, "혼")로 하게 하였거늘"(겔 16:27).

"그 마음(원어, "혼")대로 가게 하고"(신 21:14).

"아하 소원(원어, "혼") 성취하였다"(시 35:25).

"사람이 여호와께 서원하였거나 마음(원어, "혼")을 제어하기로

서약하였거든"(민 30:2).

"이제 너희는 마음과 정신(원어 "혼")을 진정하여 너희 하나님 여호와를 구하고"(대상 22:19).

"그 (혼이) 사모하여 돌아와서 거하려는"(렘 44:14, Amplified)

"이런 것을 만지기도 내 마음(혼)이 싫어하나니"(욥 6:7, Amplified)

"이러므로 내 마음(혼)에 숨이 막히기를 원하오니 뼈보다도 죽는 것이 나으니이다"(욥 7:15, Darby).

여기서 "뜻"이나 "마음"은 인간의 의지를 가리키는 것이다.

"마음을 진정하여", "사모하여", "싫어하나니", "원하오니"라는 말은 모두 의지의 활동을 나타내는 것으로서, 혼에 그 뿌리를 두고 있는 것이다.

2. 혼이 지니고 있는 지성의 기능

"그 마음의 간절히 생각하는 자녀를 제하는 날"(겔 24:25, Darby).

"지식 없는 소원(혼)은 선치 못하고"(잠 19:2, Darby).

"내가 종일토록 마음(혼)에 근심하기를 어느 때까지 하리이까"(시 13:2).

"주의 행사가 기이함을 내 영혼(혼)이 잘 아나이다"(시 139:14, Darby).

"내 심령(혼)이 그것을 기억하고"(애 3:20).

"지식이 네 영혼(혼)에 즐겁게 될 것이요"(잠 2:10).

"완전한 지혜와 근신을 지키고······그리하면 그것이 네 영혼의 생명이 되며"(잠 3:21, 22).
"지혜가 네 영혼(혼)에게 이와 같은 줄을 알라"(잠 24:14).

여기 인용된 "지식", "아나이다", "기억하고" 등은 사람의 지성이나 이성의 활동을 말하는 것이다. 성경은 이런 활동이 혼에 근원을 두고 있다는 것을 시사하고 있다.

3. 혼이 지니고 있는 감정의 기능

(1)애정의 감정들

"요나단의 마음(혼)이 다윗의 마음(혼)과 연락되어 요나단이 그를 자기 생명(혼)같이 사랑하니라"(삼상 18:1).
"내 마음(혼)에 사랑하는 자야"(아 1:7).
"내 영혼(혼)이 주를 찬양하며"(눅 1:46).
"그의 마음은 식물을 싫어하고 그의 혼은 별미를 싫어하며"(욥 33:20, Darby).
"다윗의 마음(혼)에 미워하는"(삼하 5:8).
"내 마음(혼)에 그들을 싫어하였고"(슥 11:8, Darby).
"너는 마음(혼)을 다하여 네 하나님 여호와를 사랑하라"(신 6:5).
"내 영혼(혼)이 살기에 곤비하니"(욥 10:1, Darby).
"저희 혼이 각종 식물을 싫어하여"(시 107:18, Darby).

(2)욕망의 감정들

"무릇 네 마음(혼)에 좋아하는 것을······무릇 네 마음(혼)에 원하는 것을 구하고"(신 14:26, Darby).
"네 마음(혼)의 소원이 무엇이든지"(삼상 20:4, Darby).
"내 마음(혼)이 주의 궁정을 사모하여 쇠약함이여"(시 84:2).
"너희 마음(혼)에 아낌(갈망)이 되거니와"(겔 24:21, Darby).
"내 영혼(혼)이 주를 찾기에 갈급하나이다"(시 42:1).
"밤에 내 혼이 주를 사모하였사온즉"(사 26:9).
"내 마음(혼)에 기뻐하는 바"(마 12:18).

(3) 느낌 또는 감각의 감정들
"또 칼이 네 마음(혼)을 찌르듯 하리라"(눅 2:35).
"백성이 각기 마음(혼)이 슬퍼서"(삼상 30:6).
"그 중심(혼)에 괴로움이 있다마는"(왕하 4:27).
"여호와(의 혼)께서 이스라엘의 곤고를 인하여 근심하시니라"(삿 10:16, Darby).
"너희가 내 마음(혼)을 번뇌케 하며 말로 꺾기를 어느 때까지 하겠느냐"(욥 19:2, Darby).
"내 영혼(혼)이 나의 하나님으로 인하여 즐거워하리니"(사 61:10).
"주여 내 영혼(혼)을 기쁘게 하소서"(시 86:4).
"그 영혼(혼)이 속에서 피곤하였도다"(시 107:5).
"내 영혼(혼)아 네가 어찌하여 낙망하며"(시 42:5).
"내 영혼(혼)아 네 평안함에 돌아갈지어다"(시 116:7).
"사모함으로 내 영혼(혼)이 상하나이다"(시 119:20).
"마음(혼)에 달고"(잠 16:24).
"너희 마음(혼)이 기름진 것으로 즐거움을 얻으리라"(사 55:2).

"내 영혼(혼)이 내 속에서 **피곤할 때에**"(욘 2:7).
"내 마음(혼)이 심히 **고민하여**"(마 26:38).
"지금 내 마음이 **민망하니**"(요 12:27).
"이 의인이 그 의로운 심령(혼)을 **상하니라**"(벧후 2:8).

사람의 여러 가지 감정을 기술하고 있는 위의 성경 구절에 우리는 사람의 혼이 사랑하고, 미워하고, 싫어하고, 갈구하고, 갈망하고, 느끼고, 감각하는 기능을 가지고 있다는 것을 발견할 수 있다.

이상의 간단한 성경 연구를 통해 사람의 혼에는 의지라 알려진 부분과 지성으로 알려진 부분과 감정으로 알려진 부분이 있다는 사실이 명백해진다.

혼적 생명

어떤 성서 학자들은 "생명"을 나타내는 데 헬라어로 세 가지 다른 용어가 쓰이고 있음을 지적하고 있다. (1) bios(바이오스) (2) psuche(푸쉬케) (3)zoe(조에)가 그것이다. 이들은 모두 생명을 나타내지만 서로 다른 의미를 전달하고 있다. Bios(바이오스)는 생명이나 생활의 수단과 관계가 있다. 우리 주 예수께서는 성전 연보궤에 생활비 전부를 넣은 여인을 칭찬하실 때 이 말을 쓰셨다. Zoe(조에)는 가장 고차원의 생명, 영적 생명을 말한다. 성경에서 영생을 말할 때마다 이 단어를 쓰고 있다. Psuche(푸쉬케)는 사람의 목숨, 육에 속한 자연적 생명, 또는 혼적 생명을 지칭한다. 성경은 인간의 생명을 묘사할 때 이 낱말을 쓰고 있다.

여기서 주목할 것은 성서에 나오는 "혼"과 "혼적 생명"이 원문에서는 똑같은 말로 표기되어 있다는 점이다. 구약성서에서는 "혼"에 대한 히브리어-*nephesh*(네페쉬)-가 "혼적 생명"을 나타내는 말과 똑같이 쓰이고 있다. 따라서 신약성경은 헬라어 *Psuche*(푸쉬케)를 "혼"과 "혼적 생명"이라는 의미로 쓰고 있다. 이상에서 우리는 "혼"이 사람의 세 요소 가운데 하나일 뿐 아니라 사람의 생명, 즉 자연적 생명을 뜻한다는 것을 알 수 있다. 성경의 여러 곳에서 "혼"은 "생명"으로 번역되었다.

"그러나 고기를 그 생명 되는 피채 먹지 말 것이니라"(창 9:4, 5).
"육체의 생명은 피에 있음이라"(레 17:11).
"아기의 목숨을 찾던 자들이 죽었느니라"(마 2:20).
"안식일에 생명을 구하는 것과 멸하는 것 어느 것이 옳으냐"(눅 6:9).
"우리 주 예수 그리스도의 이름을 위하여 생명을 아끼지 아니하는 자"(행 15:26).
"나의 생명을 조금도 귀한 것으로 여기지 아니하노라"(행 20:24).
"자기 목숨을 많은 사람의 대속물로 주려함이라"(마 20:28).
"선한 목자는 양들을 위하여 목숨을 버리거니와"(요 10:11, 15:17).

이 구절 가운데 "생명" 또는 "목숨"이라는 낱말은 원문에서는 "혼"이다. 달리는 이해하기가 좀 어렵기 때문에, 목숨이나 생명으로 번역된 것이다. 혼은 사실 인간의 생명 바로 그 자체다.

앞에서 언급한 대로 "혼"은 인간의 세 요소 가운데 하나다. "혼적 생명"이라는 말은 인간의 자연적 생명, 즉 인간의 생존을 가능케 하고 생기를 주는 그 생명을 말하는 것이다. 오늘날 사람들은 이 생명으로 인하여 살고 있으며, 그 생명의 힘으로 "현재의 나"가 된다. 성경이 *Nephesh*(네페쉬)와 *Psuche*(푸쉬케)를 혼과 사람의 생명을 나타내는 데 다 사용하고 있기 때문에, 이 둘은 구별할 수는 있어도 분리시킬 수는 없다는 것이 명백해졌다. (예를 들어) 어떤 곳에서는 *psuche*(푸쉬케)가 "혼" 또는 "생명"으로 번역되어야 하기 때문에 구별이 가능하다. 번역된 것은 서로 바꿀 수가 없다. 예를 들어 누가복음 12:19-23과 마가복음 3:4에 나오는 "영혼"과 "생명"은 원어로는 같은 말이다. 그러나 이들을 같은 단어로 번역하는 것은 의미가 없을 것이다. 하지만 이들은 사람 안에 완전히 융합되어 있는 것이기 때문에 도저히 분리시킬 수가 없다.

혼이 없는 사람은 살아 있는 사람이 아니다. 성서는 자연인이 "혼" 외에 다른 생명을 지니고 있다는 것을 말해 주지 않는다. 사람의 생명은 몸에 침투해 있는 혼에 지나지 않는 것이다. 혼이 몸에 연합될 때 그것은 사람의 생명이 된다. 생명은 혼의 현상이다. 성서는 현재 우리가 지니고 있는 몸을 "혼적인 몸"(soulish body, 고전 15:44, 개역성경에는 "육의 몸")으로 간주한다. 이는 현재 우리 몸의 생명이 혼적인 생명이기 때문이다. 따라서 사람의 생명은 사람의 정신적, 감정적, 의지적 힘을 그저 종합적으로 표현한 것에 불과하다. 자연계에서 말하는 "인격"은 혼이 가지고 있는 이 세 부분을 말하는 것이다. 혼적인 생명은 사람의 육적 생명을 지칭한다.

혼이 인간의 생명이라는 것은 우리가 인식해야 할 매우 중요한 사실이다. 왜냐하면 이것은 우리가 어떤 종류의 그리스도인 - 영적인 그리스도인, 혼적인 그리스도인 - 이 되느냐에 큰 영향을 미치기 때문이다. 이에 대해서는 앞으로 좀더 설명하겠다.

혼과 인간의 자아

혼이 어떻게 우리 인격이 거하는 곳으로서 의지와 육적 생명의 기관이 되는가를 지금까지 보아왔다. 이에 혼이 또한 "참된 나", 즉 나 자신임을 쉽게 인정할 수 있다. 우리의 자아는 곧 혼이다. 이 사실 역시 성경이 증명하고 있다. 민수기 30장에 보면 "스스로 제어한다", "마음을 제어한다"는 말이 10번 나온다. 원문에는 이것이 "그 혼을 제어한다"로 표현되어 있다. 여기서 우리는 혼이 자아임을 이해할 수 있다. 이 외에도 성경의 여러 구절에서 "혼"이 "자아"(자신)로 번역된 것을 볼 수 있다.

예를 들면 다음과 같다.

"그것을 인하여 스스로 더럽혀 부정하게 되게 말라"(레 11:43).
"스스로 더럽히지 말라"(레 11:44).
"자기와 자기 자손을 위하여"(에 9:31).
"너 분하여 스스로 찢는 자야"(욥 18:4).
"하나님보다 자기가 의롭다 함이요"(욥 32:2).
"자기도 잡혀 갔느니라"(사 46:2).
"이 두 날에는 아무 일도 하지 말고 각인(원문에는 "각혼")의 식물만 너희가 갖출 것이니라"(출 12:16).
"그릇 살인한 자"(원문에는 "혼을 죽인 자", 민 35:11, 15).
"나(원문에는 "내 혼")는 의인의 죽음같이 죽기를 원하며"(민 23:10).
"누구든지(원문에는 "어느 혼이든지") 소제의 예물을 여호와께 드리려거든"(레 2:1).

"실로 내가 내 심령으로 고요하고 평온케 하기를"(시 131:2, AV).

"너는 왕궁에 있으니 모든 유다인 중에 홀로(원문에는 "네 혼만") 면하리라 생각지 말라"(에 4:13).

"주 여호와가 자기(원문에는 "자기 혼")를 가리켜 맹세하였노라"(암 6:8).

이상에 인용된 구약성경 구절들은 혼이 사람의 자아와 동일하다는 것을 여러 모양으로 알려 주고 있다.

신약성서 역시 같은 내용을 전하고 있다. 베드로전서 3:20의 "여덟 명과" 사도행전 27:37의 "이백 칠십 육 인"은 모두 원문에 "혼들"로 표현되어 있다. "악을 행하는 각 사람"으로 번역된 로마서 2:9의 원문상 표현은 "악을 행한 각 사람의 혼"이다. 따라서 악을 행하는 사람의 혼에 대한 경고가 곧 악한 사람에 대한 경고가 된다. 야고보서 5:20에는 영혼을 구원하는 것이 곧 죄인을 구원하는 것으로 간주되고 있다. 그리고 누가복음 12:19에는 어리석은 부자가 자기 혼에게 위로의 말을 히는 것을 사신에게 말하는 것과 동일시하고 있다. 이로 보건대 성경 전체가 사람의 혼이나 혼적 생명을 그 사람 자신으로 보고 있는 것이 분명하다.

이에 대한 확증은 두 복음서에 기록된 우리 주님의 말씀에서 찾아볼 수 있다. 마태복음 16:26은 "사람이 만일 온 천하를 얻고도 제 **목숨**(*psuche*, 푸쉬케)을 잃으면 무엇이 유익하리요 사람이 무엇을 주고 제 **목숨**(*psuche*, 푸쉬케)을 바꾸겠느냐"라고 말한다. 반면에 누가복음 9:25은 "사람이 만일 온 천하를 얻고도 **자기**(*eautov*, 자기 자신)를 잃든지 빼앗기든지 하면 무엇이 유익하리

영과 혼

SPIRITUAL

요"라고 말한다. 두 복음서 기자가 같은 말을 기록하고 있지만, 하나는 "목숨"(또는 "혼")이라는 말을 쓰고 있고, 또 하나는 "자기"라는 말을 쓰고 있다. 이것은 성령께서 마태를 사용하여 누가복음의 "자기"의 뜻을 설명하게 했고, 또 누가로 하여금 마태복음의 "목숨"의 의미를 설명하게 했음을 뜻한다. 사람의 혼이나 목숨은 곧 그 사람 자신이며, 이 반대의 경우도 마찬가지다.

　이상의 연구를 통해 우리는, 사람이 사람이기 위해서는 사람의 혼에 내포되어 있는 것을 함께 지녀야 한다는 결론을 내릴 수 있다. 모든 자연인은 이 요소와 이 요소에 포함된 것을 가지고 있다. 이는 모든 사람이 공통적으로 이 혼을 지니고 있기 때문이다. 거듭나기 전에는 생명에 포함된 모든 것-자아, 생명, 힘, 능력, 선택, 사고, 의견, 사랑, 느낌 등-이 혼에 관련된 것이다. 다시 말해서 혼적 생명은 태어날 때 물려받는 것이다. 이 생명이 소유하고 있는 것과 그 안에 포함되어 있는 가능성은 혼의 영역에 속하는 것이다. 혼에 속한 것이 무엇인가를 분명히 인식한다면 후에 영적인 것이 무엇인가를 쉽게 이해할 수 있을 것이다. 그렇게 되면 혼적인 것과 영적인 것을 분리시킬 수 있을 것이다.

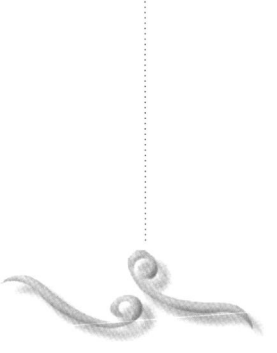

제3장
인간의 타락

하나님의 형상대로 지음을 받은 인간은 다른 피조물과 달랐다. 인간은 천사의 영과 비슷한 영을 지니고 있었으며, 동시에 다른 동물의 혼과 유사한 혼을 가지고 있었다. 하나님께서 사람을 창조하실 때 인간에게 완전한 자유를 주셨다. 하나님께서는 사람을 하나님의 뜻에 따라 자동적으로 움직이는 기계로 만들지 않으셨다. 이것은 하나님께서 최초의 인간에게 무슨 과일을 먹고 무슨 과일을 먹지 말라고 훈계하시던 창세기 2장의 기록을 보아도 명백하다. 하나님이 창조하신 인간은 하나님이 조정하는 기계가 아니었다. 오히려 그에게는 완전한 선택의 자유가 주어졌다. 그가 하나님께 복종하려면 복종할 수 있었고 배반하려면 배반할 수 있었다. 인간은 순종이나 불순종을 선택하는 데 있어서 자기의 의지를 행사할 수 있는 주권을 가지고 있었다.

이것은 매우 중요한 사실이다. 영적 생활에서 하나님이 결코 우리의 자유를 짓밟거나 강탈해 가시지 않는다는 사실을 깨달아야 한다. 우리가 적극적으로 협조하지 않는 이상 하나님께서는 어떠한 일도 우리를 위해 행하시지 않는다. 하나님도 마귀도 먼저 우리의 동의를 얻지 않고는 아무 일도 할 수가 없는 것이다. 왜냐하면 인간의 의지는 자유롭기 때문이다.

인간의 영은 본래 인간의 전 존재 중에 가장 고상한 부분으로서 혼과 몸은 영의 수하에 있었다. 정상적인 상태에서는 영이 주인과 같은 존재며, 혼은 청지기와 같으며, 몸은 종과 같은 것이다. 주인이 청지기에게 일을 맡기면 청지기는 다시 종에게 일을 수행하도록 명령한다. 주인은 청지기에게 개인적으로 명령한다. 그러면 청지기가 이를 받아서 공공연하게 종에게 명령한다. 청지기는 일반 사람들에게 모든 것의 주인인 것처럼 보인다. 그러나 사실은 모든 것의 주인은 그 청지기의 주인이다. 불행히도 인간은 타락하고 말았다. 그는 패배를 맛보았으며 죄를 범하고 말았다. 결국 영과 혼과 몸의 본래의 순서가 흐트러졌다.

하나님은 인간에게 주권적 능력을 주셨고 인간의 혼에 여러 가지 자질들을 부여하셨다. 사고와 의지, 또는 지성과 의도는 두드러진 자질들에 속한다. 하나님의 본래의 목적은 인간의 혼으로 하여금 하나님의 영적 생활의 진리와 본질을 받아서 흡수하도록 하는 데 있었다. 하나님께서 여러 자질들을 주신 것은 인간으로 하여금 하나님의 지식과 의지를 자신의 것으로 삼게 하려는 것이었다. 만일 인간의 영과 혼이 창조될 때의 완전함과 건전함과 생기를 그대로 지니고 있었다면 우리의 몸은 변함없이 영원을 향유할 수 있었을 것이다. 만일 인간이 자기 의지를 행사하여 생명나무의 과일을 따먹었다면, 틀림없이 하나님 자신의 생명이 그의 영에 들어가고 혼에 침투하여 그의 속 사람을 전부 변화시켰을 것이며, 그의 몸을 불후의 상태로 변화시켰을 것이다. 그 때 인간은 문자 그대로 "영생"을 소유했을 것이다. 이럴 경우 인간의 혼적 생명은 완전히 영적 생명으로 충만했을 것이며, 그의 전 존재는 영적인 것으로 변화되었을 것이다. 반면에 영과 혼의 순서가 뒤바뀌었을 경우, 사람은 암흑 속으로 들어갔을 것이며 인간의 몸은 오래 지속되지 못하고 곧 부패했을 것이다.

우리는 어떻게 해서 인간의 혼이 생명나무 대신 선악을 알게 하는 나무를 택했는가를 알고 있다. 그러나 아담을 향한 하나님의 뜻은 생명나무의 열매를 먹는 것이었다는 사실은 명백하지 않은가? 왜냐하면 하나님께서 아담에게 선악과를 따먹지 말라고 하시고 먹는 날에는 정녕 죽으리라고 경계하시기 전에(창 2:17) 먼저 동산에 있는 나무의 실과를 자유롭게 따먹으라고 명하시고 동산 중앙에 있는 생명나무를 일부러 언급해 주셨기 때문이다. 이것이 그렇지 않다고 누가 반박할 수 있겠는가?

"선악을 알게 하는 나무"는 인간의 혼을 높이고 영을 억압했다. 하나님께서 이 과일을 먹지 말라고 하신 것은 단순히 인간을 시험하려는 것이 아니었다. 하나님께서는 인간이 이 과일을 먹음으로써 혼적 생명이 너무나 고조되어 영적 생명이 질식될 것을 아셨기 때문에 이를 금하셨던 것이다. 이것은 인간이 하나님에 대한 참된 지식을 상실하고 하나님에 대하여 죽는 것을 의미한다. 하나님께서 금하는 것은 하나님의 사랑을 나타낸다. 이 세상에서의 선과 악에 대한 지식은 그 자체가 악한 것이다. 이러한 지식은 인간의 혼에 속한 지성으로부터 나오는 것이다. 그것은 혼적 생명을 부풀리고 그 결과 영적 생명을 수축시켜, 하나님에 대한 지식을 상실하고

인간의 타락

죽은 것과 다름없는 상태에까지 이르게 하는 것이다.

많은 하나님의 종들이 이 생명나무를 하나님께서 그 아들 주 예수 그리스도 안에서 세상에 부여하시는 생명으로 보고 있다. 이것이 영생이고, 하나님의 속성이며, 하나님의 창조되지 않은 생명이다. 따라서 우리는 두 개의 나무를 가지고 있다. 하나는 영적 생명을 성장시키고 또 하나는 혼적 생명을 발달시킨다. 본래의 상태에서 인간은 죄인도 아니고 의인도 아니다. 인간은 둘 사이에 서있다. 사람은 하나님의 생명을 받아 신령한 사람이 되어 하나님의 성품에 참예할 수도 있고, 그의 피조된 생명을 부풀려서 혼적인 사람이 됨으로써 결과적으로 그의 영에 죽음의 고통을 가할 수도 있다. 하나님은 인간의 세 부분에 완전한 균형을 부여하셨다. 한 부분이 지나치게 발달하면 다른 부분이 고통을 당하게 된다.

우리가 혼의 기원과 그 생명의 원리를 이해한다면 영적 생활에 크게 도움이 될 것이다. 우리의 영은 하나님으로부터 직접적으로 오는 것이다. 왜냐하면 영은 하나님이 주신 것이기 때문이다(민 16:22). 우리의 혼은 이와 같이 직접적으로 주어진 것이 아니다. 그것은 영이 몸에 들어온 후에 생겨난 것이다. 따라서 혼은 피조된 존재와 관련되어 있다는 것이 그 특징이다. 혼은 창조된 생명, 즉 육적 생명이다. 혼이 청지기로서의 자기 위치를 잘 지키고 영을 주인으로 모신다면, 아주 유용하게 쓰일 수 있다. 그렇게 될 때 사람은 하나님의 생명을 받을 수 있고 생명 안에서 하나님과 관계를 맺을 수 있는 것이다. 그러나 혼의 영역이 지나치게 팽창하면 그에 따라 영은 억압을 당하게 된다. 사람의 모든 행동은 피조물의 자연적 영역에 국한되며, 하나님의 초자연적 생명, 즉 창조되지 않은 생명과는 연합될 수가 없게 된다. 최초의 인간은 선과 악을 알게 하는 나무의 실과를 따먹고 비정상적으로 그의 혼적 생명을 발달시킴으로써 죽음의 권세에 굴하고 말았다.

사탄은 한 가지 질문으로 하와를 유혹했다. 사탄은 그의 질문이 그 여인의 생각을 자극하리라는 것을 알고 있었다. 하와가 완전히 영의 지배하에 있었다면 그러한 질문에 대답하기를 거절했을 것이다. 질문에 대답하려 함으로써 그녀는 영의 지시에 불복하고 그녀의 지성을 발휘했던 것이다. 사탄의 질문이 오류로 가득 차 있었다는 것은 의심할 여지가 없다. 왜냐하면 사탄이 질문을 던진 첫째 동기는 단순히 하와의 정신적 활동을 자극하려는 것이었다. 사탄은 하와가 사탄의 말을 정정하리라고 기대했을 것이다. 그러나 하와는 원통하게도 사탄과의 대화에서 하나님의 말씀을 감히 변동시키려 했다. 이에 원수(사탄)는 더욱 담대함을 얻어 과일을 먹으면 그녀의 눈이 열려 선악을 아는 일에 하나님과 같이 될 것이라고 넌지시 하와를 유혹했다. "여자가 그 나무를 본즉 먹음직도 하고 보암직도 하고 지혜롭게 할 만큼 탐스럽기도 한 나무인지라 여자가 그 실과를 따먹고"(창 3:6). 하와는 문제를 그와 같이 보았던 것이다. 사탄은 먼저 그녀의 혼의 생각을 충동시킨 후에 한 걸음 더 나아가 의지를 포착했다. 그 결과 그녀는 죄를 범했다.

사탄은 언제나 우리의 육신적 필요를 첫번째 공격 목표로 이용한다. 사탄은 하와에게 단지 전적으로 육신적 문제인 과일을 먹을 것에 관해 언급했을 뿐이다. 그 다음에 한 걸음 더 나아가 사탄은 그것을 먹게 되면 그녀의 눈이 밝아져 선악을 알게 될 것이라고 말함으로써 하와의 혼을 자극했다. 비록 이와 같은 지식의 추구는 완전히 정당한 것이었지만, 그 결과는 그녀의 영으로 하여금 하나님을 배반하도록 만들었다. 하와는 하나님께서 선악과를 금하신 것이

인간의 타락

좋지 못한 의도에서 나온 것이라고 오해를 했기 때문이다. 사탄의 유혹은 먼저 몸에, 다음에는 혼에, 마지막엔 영에 미치는 것이다.

유혹을 받은 하와는 자신의 의견을 제시했다. 우선은 "나무가 먹음직스럽다"는 것이었다. 이것은 "육신의 정욕"이다. 처음으로 자극을 받은 것은 하와의 육신이었다. 둘째로는 "보암직하다"는 것이었다. 이것은 "안목의 정욕"이다. 이제 그녀는 몸과 혼이 둘 다 유혹을 받았다. 셋째로 "나무가 지혜롭게 할 만큼 탐스러웠다." 이것은 "이생의 자랑"이다. 이러한 탐욕은 그녀의 감정과 의지의 동요를 나타낸다. 그녀의 혼이 이제 더 이상 억제할 수 없을 정도로 흥분되었다. 혼은 더 이상 방관자로서 서있는 것이 아니라 과일에 대한 탐심으로 가득 찼다. 인간의 감정이라는 것은 얼마나 위험한 주인인가!

왜 하와는 그 과일을 탐해야 했던가? 그것은 단순히 "육신의 정욕"과 "안목의 정욕" 때문만이 아니었다. 거기에는 지혜를 향한 호기심의 충동이 있었다. 지혜와 지식을 추구하는 데 있어서(소위 말하는 "영적인 지식"도 마찬가지다) 혼의 활동이 자주 발견된다. 사람이 하나님을 바라고 성령의 인도를 갈구함이 없이 그 지식을 쌓기 위하여 여러 권의 책을 읽으며 지적 단련을 하려 할 때, 그의 혼은 가장 왕성하게 활동을 개시하는 것이다. 이런 상태는 그의 영적 생명을 고갈시킨다. 인간의 타락이 지식을 추구하는 데서 야기되었기 때문에, 하나님께서는 "지혜 있는 자들의 지혜를 멸하는 데" 십자가의 미련함을 사용하신다. 지성이 타락의 주요 원인이었다.

그러므로 구원을 받기 위해서는 자기의 지성에 의존하기보다는 십자가의 도의 미련함을 믿어야 한다. 지식의 나무는 사람을 타락시켰다. 그러므로 하나님께서 혼을 구원하기 위해 미련함의 나무

(벧전 2:24)를 사용하신다. "너희 중에 누구든지 이 세상에서 지혜 있는 줄로 생각하거든 미련한 자가 되어라 그리하여야 지혜로운 자가 되리라 이 세상 지혜는 하나님께 미련한 것이니"(고린도전서 3:18-20, 또한 1:18-25을 보라).

 인간 타락의 역사를 주의 깊게 살펴본 결과 아담과 하와가 하나님을 배반함으로써 그들의 혼을 발전시켜 영의 자리를 대신하게 하고 스스로를 어둠 속으로 몰아 넣었음을 알 수 있었다. 혼의 주요 부분은 인간의 지성과 의지와 감정이다. 의지는 결정의 기관으로서 인간의 주체이다. 지성은 사고의 기관이며 감정은 애정의 기관이다. 바울 사도는 "아담이 꾀임을 보지 아니하고"라고 씀으로서 그 운명의 날에 아담의 마음이 혼란 상태에 있지 않았음을 시사하고 있다. 마음이 연약했던 것은 하와였다. "아담이 꾀임을 보지 아니하고 여자가 꾀임을 보아 죄에 빠졌음이니라"(딤전 2:14). 창세기의 기록에 의하면 "여자가 가로되 뱀이 나를 꾀므로 내가 먹었나이다"(창 3:12)라고 되어있다. 그러나 남자(아담)는 "여자가 그 나무 실과를 내게 주므로(꾄 것이 아니고) 내가 먹었나이다"라고 대답했다. 아담은 분명히 꾀임을 당한 것이 아니었다. 그의 지성은 명석했고, 그 과일이 금지된 나무에서 딴 것임을 알고 있었다. 아담은 여인에 대한 애정 때문에 과일을 받아 먹었다. 아담은 뱀이 말한 것이 원수의 기만에 지나지 않는다는 것을 알고 있었다. 사도 바울의 말에서 우리는 아담이 고의로 죄를 범했음을 알 수 있다. 그는 하와를 자기 자신보다 더 사랑했다. 그는 하와를 자기의 우상으로 만들었으며, 그녀를 위해서라면 창조주 하나님의 명령도 거역하려 했던 것이다. 그 지성이 감정에 정복당하고 그 이성이 애정에 정복당했다는 것은 얼마나 안타까운 일인가? 왜 사람들은 "진리를 믿지 않았을까?" 그 이유는 그들이 "불의를 좋아했기 때문이다"(살후 2:12). 문제는 진리가 비합리적인 것이 아니라 사람들에게 사랑을 받지 못한다는 데 있다. 따라서 사람이 참으로 주님을 향해 돌아설 때는 "마음(지성이 아니라)으로 믿어 의에 이르는"(롬 10:10) 것이다.

  사탄은 하와의 어두워진 지성을 통하여 그녀의 의지를 사로잡음으로써 죄를 범하게 한 반면에, 아담의 경우에는 그의 감정을 통하여 의지를 사로잡음으로써 죄를 범하도록 만들었다. 사람의 의지와 지성과 감정이 뱀에 의하여 독을 먹고, 하나님을 좇는 대신 사탄을 좇았을 때, 하나님과 교제할 수 있었던 사람의 영은 심한 타격을 받았다.

  여기서 우리는 사탄의 일을 지배하고 있는 법칙을 보게 된다. 사탄은 사람의 혼을 죄로 유인하는 데 육신의 일(과일을 먹는 것)을 이용한다. 혼이 죄를 범하자마자 영은 완전한 어둠 속으로 떨어진다. 사탄이 하는 일의 순서는 언제나 밖에서 안으로 들어오는 것이다. 몸에서 시작하지 않을 때는, 사람의 의지를 잡기 위해 지성이나 감정을 자극함으로써 시작한다. 사람의 의지가 사탄에게 굴복하는 순간 사탄은 그 사람의 전 인격을 소유하게 되며 그의 영은 죽음에 이르는 것이다. 그러나 하나님의 일은 이와 반대다. 하나님의 일은 언제나 안에서부터 밖으로 이루어진다. 하나님은 사람의 영에서 일을 시작하여, 그의 지성을 비추고, 감정을 자극하며, 그 몸에 의지를 행사하도록 함으로써 하나님의 뜻을 행하도록 하신다. 사탄의 일은 모두 밖에서 안으로 행해지고, 하나님의 일은 모두 안에서 밖으로 행해진다. 우리는 이런 식으로 어느 것이 하나님으로부터 오고 어느 것이 사탄으로부터 오는 것인가를 분별할 수 있다. 게다가 이 모든 것에서 우리는 사탄이 일단 인간의 의지를 장악하면 그 사람은 사탄의 통제하에 놓이게 된다는 것을 배울 수 있다.

여기서 인간이 자유의지를 나타내고 자신의 지배권을 발휘하는 곳이 혼이라는 것을 주목해야 한다. 따라서 성경은 종종 죄를 범하는 것이 혼이라고 기록하고 있다. 예를 들어 미가서 6:7에는 "내 영혼(혼)의 죄"라고 했고, 에스겔 18:4, 20에는 "범죄하는 그 영혼(혼)"이라고 기록되어 있다. 또한 레위기와 민수기에 보면, 영혼이 죄를 범한다는 사실이 자주 언급되어 있다. 왜 그런가? 죄를 짓기로 선택하는 것이 혼이기 때문이다. 죄에 대한 우리의 해석은 "의지가 유혹에 동조하는 것"이다. 죄를 범하는 것은 혼의 의지에 관한 문제인 것이다. 따라서 대속은 혼을 위해서 이루어져야 한다. "너희의 생명(혼)을 속하기 위하여 여호와께 드릴 때에"(출 30:15, Darby). "육체의 생명(혼)은 피에 있음이라 내가 이 피를 너희에게 주어 단에 뿌려 너희의 생명(혼)을 위하여 속하게 하였나니 생명(혼)이 피에 있음으로 피가 죄를 속하느니라"(레 17:11, Darby). "우리의 생명(혼)을 위하여 여호와 앞에 속죄하려고"(민 31:50, Darby). 범죄하는 것이 **혼**이므로 속죄가 필요한 것도 **혼**이다. 그리고 그것은 혼에 의해서만 속죄될 수 있다.

"여호와께서 그로 상함을 받게 하시기를 원하사 질고를 당케 하셨은 즉……그 영혼(혼)을 속건제물로 드리기에 이르면……그가 자기 영혼(혼)의 수고한 것을 보고 만족히 여길 것이라……그가 자기 영혼(혼)을 버려 사망에 이르게 하며 범죄자 중 하나로 헤아림을 입었음이라 그러나 실상은 그가 많은 사람의 죄를 지며 범죄자를 위하여 기도하였느니라"(사 53:10-12, Darby).

아담의 죄의 성격(본질)을 검토함에 있어 배반이라는 요소 외에도 일종의 독립심이 있음을 발견하게 된다. 여기서 자유의지를 간과해서는 안 된다. 한편으로 생명나무는 **의존**의 의미를 내포하고 있다. 그 당시 인간은 하나님의 성품을 지니고 있지 않았다. 그러나 아담이 생명나무의 열매를 따먹었다면 그는 하나님의 생명을 소유할 수 있었을 것이다. 사람은 그의 정상, 곧 하나님의 생명을 소유하는 지점에 도달할 수 있었다. 이것이 의존이다. 반면에 선악을 알게 하는 나무는 **독립**을 의미한다. 왜냐하면 인간은 약속되지 않은 지식을 얻기 위해 자기의 의지를 발휘함으로써 하나님께서 허락지 않으신 것을 쟁취하려 했기 때문이다. 아담의 배반이 그의 독립을 선언했다. 하나님을 배반함으로써 그는 하나님을 의지할 필요가 없게 된 것이다.

선악에 대한 지식을 추구한 것 또한 그의 독립심을 보여 주고 있다. 그는 하나님께서 이미 주신 것으로 만족하지 못하고 있었던 것이다. 영적인 것과 혼적인 것의 차이는 너무나 분명하다. 영적인 사람은 하나님께서 주신 것에 완전히 만족하여 하나님을 전적으로 의지한다. 반면에 혼적인 사람은 하나님을 이끌려 하고 하나님이 허락지 않으신 것, 특히 "지식"을 탐낸다. 독립심은 혼적인 사람의 특별한 표시이다. 아무리 선한 것 – 심지어 하나님을 예배하는 것 – 도 하나님을 완전히 의존하지 않고 대신 자신의 힘을 의지할 것을 요구한다면, 그것은 의심할 여지없이 혼에 속한 것이다. 생명나무와 지식의 나무는 우리 안에서 함께 자랄 수가 없다. 배반과 독립심은 죄인과 성도가 범하는 모든 죄를 설명해 준다.

타락 이후의 영, 혼, 몸

아담은 생기가 그 안에 들어와 영이 됨으로써 살았다. 영에 의하여 그는 하나님을 느꼈고, 하나님의 음성을 알았고, 하나님과 영교했다. 그는 하나님을 매우 예민하게 감지했다. 그러나 타락한 후에 그의 영은 죽고 말았다.

하나님께서 처음 아담에게 말씀하셨을 때 "네가 그것을 먹는 날에는 정녕 죽으리라"(창 2:17)고 했다. 그럼에도 불구하고 아담과 하와는 금단의 과일을 먹은 후에도 수백 년을 향수하였다. 이에 우리는 하나님께서 예고하신 죽음이 몸의 죽음만을 뜻하는 것이 아니었다는 것을 알 수 있다. 아담의 죽음은 그의 영에서 시작되었다.

무엇이 진짜 죽음인가? 과학적 정의에 의하면 죽음은 "환경과의 교통이 중단되는 것"이다. 영의 죽음은 하나님과의 교통이 중단되는 것이다. 몸의 죽음은 영과 몸의 교통이 끊어지는 것이다. 그러므로 우리 영이 죽었다고 말할 때는 더 이상 영이 존재하지 않는다는 말이 아니라, 단지 영이 하나님에 대한 감수성을 잃고 하나님에 대하여 죽은 것을 말한다. 정확한 상황을 말하자면 영이 무능해져서 하나님과 영교할 수 없는 것을 의미한다. 예를 들어, 벙어리는 입이 있고 폐가 있지만 성대에 이상이 있어서 말을 하지 못한다. 인간의 언어에 관한 한, 그의 입은 죽은 것으로 간주된다. 마찬가지로 아담의 영은 하나님께 불순종했기 때문에 죽었다. 아담은 여전히 영을 소유하고 있었으나 그 영은 영적 기능을 상실했기 때문에 하나님에 대해 죽은 것이다. 죄는 영이 가지고 있던 하나님에 대한 직관적인 지식을 파괴시켰으며 사람을 영적으로 죽게 만들었다. 사람은 종교적이고, 도덕적이고, 교양 있고, 유능하고, 지혜롭고, 튼튼하다 할지라도, 하나님에 대하여 죽어 있다. 그 사람이 심지어 하나님에 대하여 이야기하고, 변증하고, 설교한다 할지라도 하나님에 대하여 죽어 있다. 사람은 하나님의 영의 음성을 들을 수도, 감각할 수도 없다. 신약성경에서 하나님이 종종 육신 안에서 생활하고 있는 사람들을 죽은 것으로 지칭하는 이유가 여기에 있다.

우리 조상의 영에서 시작된 죽음은 차츰 퍼져서 그의 몸에까지 미치게 되었다. 아담은 그의 영이 죽은 후에도 여러 해를 더 살았지만, 죽음은 끊임없이 그 안에 역사하여 그의 영과 혼과 몸이 모두 죽음에 이르렀다. 변화되어 영광스럽게 될 수 있었던 그의 몸이 흙으로 돌아갔다. 그의 속 사람이 타락하여 혼돈에 빠졌기 때문에 그의 육체도 죽어 멸함을 당해야 되는 것이다.

따라서 아담의 영은(그의 모든 후손의 영들과 마찬가지로) 혼의 압제하에 놓이게 되어 서서히 혼과 융합되어 갔고, 결국 이 두 부분은 아주 긴밀하게 연합되었다. 히브리서 저자는 4:12에서 하나님의 말씀이 우리의 혼과 영을 찔러 쪼갠다고 말했다. 영과 혼이 하나가 되었기 때문에 이 둘을 분리시키는 일이 필요한 것이다. 이 둘이 밀접하게 결합되어 있는 동안에는 그것들이 사람을 정신적 세계로 몰아넣는다. 모든 것이 지성이나 감정의 지시에 따라 행해진다. 영은 마치 깊은 잠이라도 든 것처럼 그 능력과 감각을 상실했다. 하나님을 알고 섬기는 영의 기능이 전적으로 마비되었다. 영은 존재하지도 않는 것처럼 혼수상태에 빠져 있다. 이것이 바로 유다서 19절 – "육에 속한 자며, 성령(영)은 없는 자" – 의 의미이다. 이 말은 인간의 영이 더 이상 존재하지 않음을 뜻하는 것이 아니다. 민수기 16:22에서 하나님이 "모든 육체의 생명(영)의 하나님"
이심을 명백히 말하고 있기 때문이다. 비록 영이 죄로 인해 어두워
지고 하나님과 영교할 수 없을지라도 사람은 누구나 영을 지니고
있다.

영이 비록 하나님에 대하여 죽어 있다 해도 마음이나 몸만큼 활
동적일 수가 있다. 하나님께는 죽은 것으로 간주되나 다른 면에서
는 아직도 적극적으로 활동하고 있는 것이다. 타락한 인간의 영은
때때로 그의 혼이나 몸보다 강하게 나타나 그의 전 존재를 지배하
는 수도 있다. 대부분의 사람들이 혼적이거나 육적인 것처럼 이러
한 사람들은 "영적"이다. 왜냐하면 이들의 영은 보통 사람들의 영
보다 크기 때문이다. 무당과 마법사가 바로 이러한 사람들이다. 이
들은 분명히 영적 세계와의 접촉을 유지하고 있으나, 성령에 의해
서가 아니라 악령을 통해 하는 것이다. 타락한 인간의 영은 사탄과
그의 악령들과 연합되어 있다. 그 영은 하나님에 대해서는 죽어 있
으나 사탄에 대해서는 살아서 적극적으로 활동하며, 지금 그 안에
서 역사하는 악한 영을 따르고 있다.

혼은 정욕과 욕망의 요구에 굴함으로써 몸의 노예가 된다. 이렇
게 되면 성령은 그 사람 안에서 하나님이 좌정하실 자리를 찾을 수
가 없음을 알게 된다. 따라서 성경은 "나의 신(영)이 영원히 사람과
함께하지 아니하리니 이는 그들이 육체가 됨이라"(창 6:3, Darby)
고 했다. 성경이 육체를 언급할 때는 거듭나지 못한 혼과 육인 생
활의 결정체를 말할 때가 있고, 종종 몸 안에 있는 "죄"를 말할 때
도 있다. 일단 사람이 완전히 육신의 지배하에 놓이게 되면 그는
자신을 해방시킬 가망이 없다. 혼이 영의 권위를 짓밟고 들어선 것
이다. 모든 것이 독자적으로 이루어지며 그 마음(혼)의 지시에 따

인간의 타락

라 행해진다. 심지어 종교적인 문제들이나 하나님을 추구하는 일에 있어서도 모든 것이 성령의 계시 없이 사람의 혼의 힘과 의지에 따라 행해진다. 혼은 영으로부터 독립해 있을 뿐 아니라, 게다가 몸의 지배하에 놓여 있다. 혼은 이제 몸의 욕구에 순종하고 정욕과 욕망을 충족시키도록 강요를 당한다. 따라서 아담의 자손은 누구나 영적으로 죽어 있을 뿐 아니라 "땅에서 난, 흙에 속한 사람"(고전 15:47)이다. 타락한 사람은 완전히 육신의 지배를 받으므로 자신의 혼적 생명과 육적 욕망이 원하는 바를 행한다. 이러한 사람은 하나님과의 영교가 불가능하다. 때때로 그들은 지성을 과시하고 어떤 때는 그 정욕을 드러낸다. 그리고 대부분의 경우에는 지성과 정욕을 함께 과시한다. 아무런 방해도 받지 않고 육신은 전 인간을 단단히 손아귀에 쥐고 있는 것이다.

이것이 바로 유다서 18, 19절 - "경건치 않은 정욕을 따라 행하며 기롱하는 자들이 있으리라……이 사람들은 당을 짓는 자며 육에 속한 자며 성령(영)은 없는 자니라"(Darby) - 이 의미하는 바이다. 혼적인 것은 영적인 것과 상반된다. 우리의 가장 고상한 부분으로서 하나님과 연합될 수 있고 또 혼과 몸을 지배해야 하는 영이, 이제 그 동기나 목적에 있어서 세상적 혼의 지배하에 놓인 것이다. 영은 본연의 위치를 강탈당하고 말았다. 사람의 현 상태는 비정상적이다. 그래서 "영이 없는 자"라고 묘사되는 것이다. 혼적 생활의 결과는 경건치 않은 정욕을 쫓고 당을 지으며 기롱하는 자가 되는 것이다.

고린도전서 2:14은 이와 같이 거듭나지 않은 사람들을 지적하여 다음과 같이 말하고 있다. "육에 속한 사람은 하나님의 성령의 일을 받지 아니하나니 저희에게는 미련하게 보임이요 또 깨닫지도 못하나니 이런 일은 영적으로라야 분변함이니라." 영은 억압을 당한 채 혼의 통제를 받는 이와 같은 이들은 영적인 사람들과 직접적인 대조를 이룬다. 이런 이들은 극히 유식하여 대단한 사상과 이론을 펼 수 있을지 몰라도 하나님의 성령의 일에는 동의하지 않는다. 그들은 성령의 계시를 받기에 적합하지 않다. 성령의 계시는 인간의 사상과는 전적으로 다르다. 사람은 그의 지성과 이성이 전능하다고 생각할지 모른다. 그리고 인간의 두뇌가 세상의 모든 진리를 이해할 수 있다고 생각할지 모른다. 그러나 하나님의 말씀은 이에 대해서 "헛되고 헛되니 모든 것이 헛되다"라는 판결을 내린다.

사람은 혼적인 상태에 빠져 있는 동안 종종 이 시대의 불안함을 느끼고 오는 시대의 영원한 삶을 추구한다. 그러나 그렇게 한다 해도, 많은 인간의 사상과 이론으로는 생명의 말씀을 절대 이해할 수 없다. 인간의 생각이란 얼마나 신빙성이 없는지! 우리는 아주 영리하고 지능적인 사람들이 서로 다른 의견 때문에 충돌하는 것을 자주 목도하지 않는가! 이론은 우리를 쉽게 오류에 빠지게 한다. 많은 이론이 공중에 있는 누각과 같이, 우리를 영원한 어둠 속에 가둔다.

성령의 인도를 받지 않은 상태에서 사람의 지성은 신뢰할 수 없을 뿐만 아니라 극히 위험하다는 것은 참으로 지당한 말이다. 사람의 지성은 옳고 그른 것을 잘 분별하지 못하는 경우가 많기 때문이다. 약간의 부주의는 잠정적인 손해를 끼칠 뿐만 아니라 영원한 손해를 가져오기도 한다. 사람의 어두워진 마음은 흔히 그를 영원한 죽음으로 끌고 가는 것이다. 거듭나지 못한 혼들이 이 사실을 알 수 있다면 얼마나 복된 일일까!

육에 속한 사람은 그저 혼에 의해서만 통제를 받는 게 아니라 몸의 지배를 받기도 한다. 왜냐하면 혼과 몸은 밀접하게 얽혀 있기 때문이다. 죄의 몸은 욕망과 정욕으로 가득하기 때문에, 사람은 가장 흉악한 죄를 범할 수도 있다. 사람의 몸은 흙으로 지어졌기 때문에 몸은 언제나 땅을 향하는 경향이 있다. 뱀의 독이 인간의 몸에 들어옴으로써 몸의 모든 정당한 욕구들이 욕정으로 변해 버렸다. 하나님께 불순종함으로써 일단 몸에 굴복한 혼이 매번 굴복하지 않으면 안 되는 자신을 발견한다. 따라서 몸의 속된 욕망들이 종종 혼을 통하여 표현되기도 한다. 몸의 힘이 너무나 비대해져서 혼이 순종하는 노예가 될 수밖에 없는 것이다.

하나님의 생각은 영이 으뜸이 되어 우리의 혼을 지배하는 것이다. 그러나 사람이 일단 육적인 상태로 기울어지면 영은 혼의 노예로 전락하고 만다. 나아가 "육적"인(육에 속한) 사람이 될 때 그는 더욱더 타락하게 된다. 이는 가장 낮은 몸이 주권을 잡기 때문이다. 이 때 사람은 "영의 통치"에서 "혼의 통치"로, 그리고 "혼의 통치"에서 "몸의 통치"로 한 계단씩 내려간다. 그는 점점 더 깊은 심연으로 빠져 들어가는 것이다. 육신이 지배권을 쟁취하도록 허용하는 것은 얼마나 애석한 일인가?

죄는 영을 살해했다. 영적 죽음은 모든 사람에게 미치게 되었다. 모든 사람이 죄와 허물로 죽었기 때문이다. 죄는 혼을 독립적인 고집쟁이로 만들었다. 따라서 혼적인 생활은 이기적이고 제멋대로다. 결국 죄는 몸에게 권력을 부여했다. 그래서 죄성이 몸을 통해 다스리게 된 것이다.

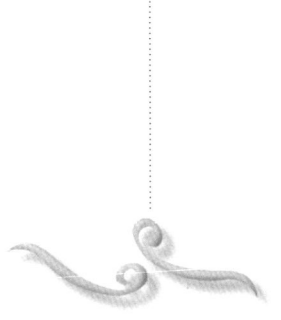

제4장
구원

갈보리의 심판

  죽음은 인간의 타락을 통로 삼아 세상에 들어왔다. 여기서 말하는 죽음은 사람과 하나님 사이를 분리시키는 영적인 죽음이다. 애초부터 죽음은 죄를 통하여 왔고 그 후로도 계속 같은 경로를 거쳐 들어왔다. 죽음은 언제나 죄를 통해서 온다. 로마서 5:12이 이 문제에 대하여 무엇을 말해 주는지 주목해 보자.

  첫째, "한 사람으로 말미암아 죄가 세상에 들어왔다." 아담이 죄를 범했고, 죄를 세상에 들여왔다.

  둘째, "죄로 말미암아 사망이 왔다." 죽음은 변치 않는 죄의 결과이다.

  그리고 끝으로 이와 같이 "모든 사람이 죄를 지었으므로 사망이 모든 사람에게 이르렀다." 죽음이 모든 사람에게 이르렀을 뿐만 아니라 문자 그대로 죽음이 모든 사람을 통과했다. 죽음이 전 인류의 영과 혼과 몸을 침투했다. 사람의 어느 부분도 죽음이 통과하지 않은 곳이 없다. 따라서 사람이 하나님의 생명을 받는 것은 불가피한 일이다. 구원의 길은 인간 개조에 있지 않다. 왜냐하면 "죽음"은 개조가 불가능하기 때문이다. 죄는 죽음으로부터 구조되기 전에 심판을 받아야 한다. 바로 이것이 주 예수 그리스도의 구원에 의하여 이루어진 것이다.

죄를 범하는 사람은 죽어야 한다. 성경이 그렇게 선언하고 있다. 어떠한 동물이나 천사도 사람 대신 죄의 대가를 치를 수 없다. 죄를 범하는 것은 인간의 삼위일체적 본성이다. 따라서 죽어야 할 존재는 인간이다. 죄가 그 인간성 안에 있기 때문에 사람은 자신의 죽음으로 속죄를 받을 수 없다. 그래서 주 예수 그리스도께서 오셔서 인간의 성품을 입으시고 인간 대신에 심판을 받으신 것이다. 죄에 물들지 않은 그의 거룩한 인간성은 죽음을 통하여 죄로 물든 인류를 구속할 수 있었다. 주님은 대속물로 죽으심으로 모든 죄의 대가를 치르시고, 그의 생명을 많은 사람을 위한 대속물로 바치셨다. 그래서 그를 믿는 자는 심판을 받지 않는 것이다(요 5:24).

말씀이 육신이 되었을 때 모든 육체는 그 안에 들어 있었다. 한 사람 아담의 행동이 전 인류의 행동을 대표하듯이, 한 사람 그리스도의 일은 모든 사람의 일을 대표하는 것이다. 구속이 무엇인가를 이해하기 전에 그리스도가 얼마나 많은 것을 포함하고 있는가를 알아야 한다. 한 사람 아담의 죄가 과거에나 현재에나 모든 사람들의 죄로 판단되는 것은 무엇 때문인가? 그것은 아담이 인류의 머리로써, 아담으로 인하여 모든 사람이 세상에 태어났기 때문이다. 이와 마찬가지로 한 사람 그리스도의 순종은 과거에나 현재에나 많은 이들의 의가 된다. 그리스도께서는 중생을 통하여 태어난 "새로운 인류"(교회)의 머리가 되시기 때문이다.

히브리서 7장에 나오는 한 사례가 이 점을 잘 예증해 줄 것이다. 저자는 멜기세덱의 제사장직이 레위의 제사장직보다 크다는 것을 증명하기 위하여, 아브라함이 노략물의 십분의 일을 멜기세덱에게 바치고 그에게서 축복을 받았음을 독자들에게 상기시키고, 아브라함의 십일조와 축복이 레위의 것이었음을 인증하고 있다. 어떻게 그렇게 되는가? 이는 "멜기세덱이 아브라함을 만날 때에 레위는 아직 자기 조상(아브라함)의 허리에 있었기" 때문이다(10절). 우리는 아브라함이 이삭을 낳고, 이삭이 야곱을 낳고, 야곱이 레위를 낳았다는 것을 알고 있다. 레위는 아브라함의 증손자였다. 아브라함이 십일조를 바치고 축복을 받았을 때, 레위는 아직 태어나지도 않았고 그의 아버지도 할아버지도 아직 나지 않았다. 그러나 성경은 아브라함의 십일조와 축복을 레위의 것으로 취급하고 있다. 아브라함이 멜기세덱보다 낮은 사람이라면, 레위 역시 멜기세덱보다 낮은 자이다. 이 사례는 어떻게 아담의 죄가 모든 인류의 죄로 해석되며, 그리스도가 받은 심판이 모든 사람을 위한 심판으로 간주되는가를 이해하는 데 도움이 된다. 그것은 단순히 아담이 죄를 범했을 때 모든 사람들이 그의 허리에 있었기 때문이다. 마찬가지로 그리스도가 심판을 받으셨을 때 중생할 모든 사람들은 그리스도 안에 있었던 것이다. 따라서 그가 받은 심판은 그들이 받은 심판으로 간주되고, 지금까지 그리스도를 믿은 모든 이들은 더 이상 심판을 받지 않는다.

인류는 심판을 받아야 하기 때문에, 하나님의 아들 사람이신 예수 그리스도께서 세상의 죄를 위하여 십자가상에서 그의 영과 혼과 몸에 고통을 받으신 것이다.

　우선 우리 주님이 받으신 육신적 고통을 생각해 보자. 사람은 그의 몸으로 죄를 짓는다. 그리고 거기서 순간적인 죄의 쾌락을 즐긴다. 따라서 몸은 마땅히 벌을 받아야 한다. 그 누가 우리 주님께서 십자가에서 당한 육신적 고통을 헤아릴 수 있겠는가! 그리스도께서 당하신 육신적 고통은 메시아를 예언한 여러 글 가운데 분명히 예언되어 있지 않은가? "악한 무리가 나를 둘러 내 수족을 찔렀나이다"(시 22:16). 선지자 스가랴는 "그들이 그 찌른 바 그"(슥 12:10)를 바라보리라고 했다. 그의 손과 발, 이마와 옆구리, 그의 심장이 모두 사람들에게 찔림을 당했고, 죄로 물든 인간에 의해, 죄에 빠진 인간을 위해 찔림을 당했다. 그 몸에 상처가 많아졌고, 열이 높이 올라갔다. 아무것도 바치지 않은 채 십자가에 달린 온 몸의 무게로 인해 피 순환이 자유로이 되지 않았기 때문이다. 너무나 목이 말랐기 때문에 그는 "내 혀가 잇틀에 붙었나이다", "(내가) 갈할 때에 초로 마시웠나이다"(시 22:15, 69:21)라고 부르짖었다.

　우리의 손은 죄를 사랑하므로 못박혀야 한다. 우리의 입은 죄를 사랑하므로 고통을 당해야 한다. 우리의 발은 죄를 사랑하므로 찔림을 당해야 했다. 우리의 이마 역시 죄를 사랑하므로 가시관을 써야 한다. 인간의 몸이 겪어야 할 모든 고통이 주님의 몸에 가해졌다. 따라서 그는 죽기까지 육신적 고통을 당하셨다. 그는 이 모든 고통을 피할 수 있는 능력을 지니고 있었다. 그러나 그는 모든 일을 다 이루었다(요 19:28)는 것을 확인하기까지 잠시도 돌아서지 않고, 측량할 수 없는 고통과 시련을 당하기 위하여 기꺼이 자신의 몸을 바쳤다. 그리고 "다 이루었다"는 것을 알았을 때에야 비로소 그의 영을 거두셨다.

그의 몸뿐만 아니라, 혼도 고통을 당했다. 혼은 자아의식의 기관이다. 십자가에 못 박히기 전에, 고통을 덜어 주는 진정제로서 몰약을 탄 포도주가 그리스도에게 주어졌다. 그러나 그는 의식을 잃지 않으려고 그것을 거절했다. 인간의 혼은 죄의 쾌락을 만끽했다. 따라서 예수는 그의 혼에서 죄의 고통을 견디려 했다. 그는 의식을 마비시키는 잔보다 차라리 하나님께서 주시는 잔을 마시기 원했다.

십자가의 형벌은 얼마나 수치스러운 것인가! 십자가는 도망친 노예들을 처형하는 데 사용되었다. 노예는 재산도 없고 권리도 없었다. 노예의 몸은 그 주인에게 속한 것이었다. 따라서 그는 가장 참혹하고 수치스러운 십자가의 형벌을 받게 되어 있었다. 주 예수께서는 노예를 대신하여 십자가를 지신 것이다. 이사야는 그를 종이라고 불렀고 바울은 주님께서 종의 형체를 가져 사람들과 같이 되셨다고 했다. 그렇다. 주님께서는 일생 동안 죄와 사탄에게 종노릇하는 우리를 건지시기 위하여 종으로 오셨다. 우리는 정욕과 분노와 습관과 세상의 노예다. 우리는 죄에 팔렸다. 그러나 주님께서는 우리들의 이와 같은 노예생활 때문에 죽으셨고 우리의 온갖 수치를 짊어지셨다.

성경은 군병들이 주 예수의 옷을 취했다고 기록하고 있다(요 19:23 참고). 그는 십자가를 질 때 거의 나체나 다름이 없었다. 이것이 십자가의 수치 중 하나이다. 죄는 우리의 화려한 옷을 벗기고 벌거벗은 몸을 드러낸다. 우리 주님은 빌라도 앞에서 옷이 벗겨졌고, 갈보리에서 또 벗겨졌다. 이러한 만행에 우리 주님의 거룩한 혼은 어떤 반응을 보였을까? 그것은 그의 거룩한 인격에 대한 모욕이 아니었겠는가? 그 얼마나 수치스러운 일이었겠는가? 누가 그

비극적인 순간의 그의 감정을 상상이나 할 수 있겠는가? 모든 사람이 눈에 보이는 죄의 영광을 즐겼기 때문에 우리의 구주는 죄의 비참한 수치를 견뎌야 했다. 참으로 "(주님께서) 저를 수치로 덮으셨나이다……여호와여 이 훼방은 주의 원수가 주의 기름부음 받은 자의 행동을 훼방한 것이로소이다." 그럼에도 불구하고 그는 십자가를 참으사 부끄러움을 개의치 아니하셨다.

구주의 혼이 십자가상에서 얼마나 큰 고통을 견디었는지를 측량할 수 있는 사람은 아무도 없다. 우리는 주님의 육신적 고통은 상상해 보지만 그의 혼의 감정은 지나치기 쉽다. 유월절 일주일 전에 우리 주님은 "지금 내 마음(혼)이 민망하니 무슨 말을 하리요!"(요 12:27)라고 말씀하셨다. 이것은 십자가를 가리키는 것이다. 겟세마네 동산에서 주님은 다시 "내 마음(혼)이 심히 고민하여 죽게 되었다"(마 26:38)고 말씀하셨다. 이러한 말씀이 없었다면 우리는 그의 혼이 당한 고통을 생각하기 어려웠을 것이다. 이사야서 53장은 어떻게 그의 혼이 죄의 속건제물이 되었으며, 어떻게 그의 혼이 질고를 당했으며, 어떻게 그가 자기 영혼(혼)을 버려 사망에 이르게 했는지를 상세히 묘사하고 있다(10-12절). 예수께서 십자가의 저주와 수치를 당했기 때문에 이제는 누구든지 그를 믿으면 더 이상 저주를 당하지 않으며 부끄러움을 당하지도 않는 것이다.

그의 영도 역시 막대한 고통을 당했다. 영은 사람과 하나님과의 영교를 가능하게 하는 부분이다. 하나님의 아들은 거룩하고 흠도 없이 점도 없었으며, 죄인들과 구별된 자였다. 그의 영은 성령과 연합되어 완전한 하나를 이루었다. 그에게는 한번도 혼동이나 의심의 순간이 존재하지 않았다. 왜냐하면 하나님께서 언제나 그와 함께했기 때문이다. 예수께서는 "이는 내가 혼자 있는 것이 아니요 나를 보내신 이가 나와 함께 계심이라……나를 보내신 이가 나와 함께하시도다"(요 8:16, 29)라고 선언하셨다. 이러한 이유로 예수께서는 "아버지여 내 말을 들으신 것을 감사하나이다 항상 내 말을 들으시는 줄을 내가 알았나이다"(요 11:41, 42)라고 기도할 수 있었던 것이다. 그럼에도 불구하고 주님께서는 십자가에 달려 있는 동안-하나님의 아들에게 하나님의 함께하심이 절실하게 필요한 날이 있었다면 바로 그 날이었을 것이다-"나의 하나님, 나의 하나님 어찌하여 나를 버리셨나이까?"라고 부르짖었다(마 27:46). 주님의 영은 하나님으로부터 분리되었다. 그 때 주님의 고독과 버림 받은 심정이 얼마나 극심했겠는가! 아들은 여전히 순종하며, 하나님 아버지의 뜻에 복종하고 있었다. 그런데도 아들은 버림을 받았다. 자신 때문이 아니라 다른 사람들 때문에 하나님께 버림을 받았던 것이다.

  죄의 결과가 가장 깊은 곳에 있는 영에 미쳤다. 그 결과 예수님은 거룩한 하나님의 아들이지만 다른 사람의 죄를 짊어졌기 때문에, 하나님 아버지로부터 버림을 당해야만 했다. 주님께서 과거에 영원한 시간을 누리실 때는 "나와 아버지는 하나"(요 10:30)였던 것이 사실이다. 그리고 주님께서 세상에 계실 때에도 이것은 사실이었다. 주님의 인성이 하나님과의 관계를 분단시키는 원인이 될 수 없었다. 오직 죄만이 하나님과의 관계를 끊을 수 있었다. 비록 다른 사람들의 죄였지만, 그는 이 죄 때문에 하나님과 분리되는 쓰라린 고통을 맛보아야 했다. 예수께서는 우리의 영이 하나님께로 돌아갈 수 있게 하기 위하여 영적인 분리의 고통을 당하신 것이다.

  나사로의 죽음을 보시고, 예수께서는 앞으로 닥쳐올 자신의 죽음을 생각하셨을 것이다. 그래서 그는 "심령에 통분히 여기시고 민망히 여기셨다"(요 11:33). 예수께서는 자신이 배반을 당해 십자가에서 죽음을 당하리라는 것을 밝히셨을 때에도, "심령에 민망"하셨다(요 13:21). 이상에서 우리는 예수께서 갈보리에서 하나님의 심판을 받을 때, 왜 "나의 하나님, 나의 하나님, 어찌하여 나를 버리셨나이까?"라고 부르짖었는가를 가히 짐작할 수 있다. "내가 하나님을 생각하고 불안하여 근심하니 내 심령(영)이 상하도다"(마 27:46; 시 22:1, 시 77:3). 예수는 그의 영에서 성령으로 말미암아 강건케 된 능력을 박탈당했다(엡 3:16). 그의 영이 하나님의 영으로부터 분리되었기 때문이다. 그래서 그는 다음과 같이 탄식했다. "나는 물같이 쏟아졌으며 내 모든 뼈는 어그러졌으며 내 마음은 촛밀 같아서 내 속에서 녹았으며 내 힘이 말라 질그릇 조각 같고 내 혀가 잇틀에 붙었나이다 주께서 또 나를 사망의 진토에 두셨나이다"(시 22:14-15).

한편에서는 하나님의 성령이 그를 외면했고, 또 한편에서는 사탄의 악령이 그를 비웃었다. 시편 22:11-13은 이러한 국면을 아주 잘 나타내 주고 있다. "나를 멀리하지 마옵소서 환난이 가깝고 도울 자 없나이다 많은 황소가 나를 에워싸며 바산의 힘센 소들이 나를 둘렀으며 내게 그 입을 벌림이 찢고 부르짖는 사자 같으니이다."

그의 영은 한편으로 하나님의 버림을 견디어 냈고 또 한편으로는 악령의 비웃음에 대적했다. 사람의 영은 스스로를 하나님과 분리시키고, 스스로를 높이며, 악령을 따랐기 때문에, 더 이상 하나님을 대적하고 원수와 연합하지 못하도록 하기 위해 완전히 부서뜨려야만 했다. 주 예수께서는 십자가상에서 우리를 위해 우리 대신에 죄인이 되셨다. 그의 내면의 거룩한 인성은 하나님께서 경건치 못한 인생 위에 심판을 내리실 때 완전히 산산조각 나고 말았다. 하나님으로부터 완전히 버림을 받은 그리스도는 하나님의 사랑도 도움도 받지 못하고 어둠 가운데서 하나님의 형벌의 진노를 견디면서 가장 쓰디쓴 죄의 대가를 치르셨다. 하나님으로부터 버림을 받는 것이 죄의 결과이다.

이제 우리의 악한 인성은 주 예수 그리스도의 죄 없는 인성 안에서 심판을 받았기 때문에 완전히 심판을 받았다. 주 안에서 거룩한 인성이 승리를 거두었다. 무엇이든지 죄인들의 몸과 혼과 영에 떨어질 심판은 모두 다 그리스도에게 가해졌다. 그리스도는 우리의 대표자다. 우리는 믿음으로 그와 연합되었다. 그의 죽음은 우리의 죽음이며, 그의 심판은 우리의 심판으로 간주된다. 우리의 영과 혼과 몸은 모두 그리스도 안에서 유죄선고를 받고 형벌을 치른 것이다. 우리가 몸소 개인적으로 처벌을 받은 것이나 조금도 다를 것이 없다. "그러므로 이제 그리스도 예수 안에 있는 자에게는 결코 정죄함이 없다"(롬 8:1).

이것이 그가 우리를 위해 이루어 주신 것이고, 하나님 앞에서 우리의 현 위치이다. 이는 "죽은 자가 죄에서 벗어났기" 때문이다(롬 6:7). 위치상으로 볼 때 우리는 벌써 그리스도 안에서 죽었고, 남은 것은 성령께서 이 사실을 우리의 경험으로 바꾸어 주시는 것뿐이다. 십자가에서 죄인의 영과 혼과 몸이 모두 심판을 받았다. 하나님의 성령이 하나님의 성품을 우리에게 주시는 것은 그리스도의 죽음과 부활을 통해서만 가능하다. 십자가는 죄인의 심판을 담당하며, 죄인의 무가치함을 선포하며, 죄인을 못박으며, 주 예수의 생명을 나누어 준다. 따라서 십자가를 받아들이는 사람은 누구든지 성령에 의하여 거듭나며 주 예수의 생명을 받게 되는 것이다.

구원

중생

성경에 나타나 있는 중생의 개념은 사망에서 생명으로 옮기는 과정을 말한다. 중생 이전의 사람의 영은 하나님으로부터 분리되어 있으며 죽은 것으로 간주된다. 죽음은 생명과 생명의 원천이신 하나님으로부터의 분리를 말한다. 사람의 영은 죽어 있기 때문에 하나님과의 영교가 불가능하다. 이러한 사람은 혼이 그를 지배하여 사상과 공상의 생활로 몰아넣지 않으면, 그 몸의 정욕과 습관이 그를 자극하여 그 혼을 종으로 부려먹는다.

사람의 영은 날 때부터 죽어 있기 때문에, 다시 살아날 필요가 있다. 주 예수께서 니고데모에게 말씀하신 "거듭남"은 영이 새롭게 태어나는 것을 말한다. 그것은 니고데모가 의심했던 것과 같이 육적인 출생도 아니고, 혼적인 탄생을 말하는 것도 아니다. 우리는 중생, 즉 "새로 태어나는 것"이 하나님의 생명을 사람의 **영**에게 나누어주는 것임을 유의해야 한다. 그리스도께서 우리의 영혼을 위하여 구속하시고 육의 원칙을 파하셨으므로, 주님과 연합한 우리는 주님의 부활의 생명에 참여하는 것이다. 우리는 주님의 죽음에 연합한 자들이다. 결국 주님의 부활의 생명을 처음 맛보는 것은 우리의 영이다. 중생은 전적으로 우리의 영 안에서 일어나는 일이다. 중생은 혼이나 몸과는 아무런 상관이 없다.

하나님의 피조물 가운데 사람이 특이한 것은, 혼을 소유하고 있기 때문이 아니라 혼과 연합되어 사람을 형성하고 있는 영을 지니고 있기 때문이다. 이러한 영과 혼의 융합은 사람을 모든 우주의 피조물 가운데 제일 특이한 존재로 만드는 것이다. 사람의 혼은 하나님과 직접적인 관련이 없다. 성경에 의하면, 하나님과 직접 관련

영에 속한 사람

이 있는 것은 사람의 영이다. 하나님은 영이시다. 따라서 하나님께 예배하는 사람은 영으로 예배하지 않으면 안 된다. 하나님과 교제할 수 있는 것은 영뿐이다. 오직 영만이 영을 예배할 수 있다. 그래서 우리는 성경에서 다음과 같은 표현을 발견한다. "내 심령으로 섬기는"(롬 1:9, 7:6, 12:11), "영으로 알고"(고전 2:9-12), "신령으로 예배할 때"(요 4:23, 24; 빌 3:3), "영으로 하나님의 계시를 받았으니"(계 1:10; 고전 2:10).

그러므로 하나님께서는 (사람의) 영을 통해서만 사람과 상관하시며, 사람의 영을 통해서만 하나님의 가르침이 깨달아지도록 정해 놓으셨다는 사실을 기억해 두자. 이것이 사실이라면 사람의 영으로 하여금 바깥 혼의 감정과 욕망과 이상을 따름으로써 하나님의 법에 불순종하는 일 없이, 하나님과 항상 살아있는 영교를 계속하도록 하는 것이 얼마나 절실한 것인가? 그렇지 않으면 죽음이 즉시 잠입하여, 영은 하나님의 생명과 연합하지 못하게 되는 것이다. 이 말은 사람이 더 이상 영을 소유하지 못한다는 말이 아니다. 그것은 앞에서 논의했듯이, 단지 영이 그 고상한 지위를 혼에게 내어주게 된 것을 뜻한다. 어느 때든지 그 속 사람이 겉 사람의 명령에 귀를 기울이면, 그는 하나님과의 접촉을 상실하게 되며, 영적으로 죽게 되는 것이다. "너희의 허물과 죄로 죽었던 너희를 살리셨도다 그 때에 너희가 그 가운데서 행하여……육체와 마음의 원하는 것을 하였다"(엡 2:1-3).

거듭나지 않은 사람의 생활은 거의 전적으로 혼의 지배를 받는다. 이러한 사람은 두려움 가운데, 아니면 호기심이나 기쁨, 교만, 동정, 쾌감, 환희, 경이, 수치심, 사랑, 후회 가운데 생활하고 있을 것이다. 그렇지 않으면 그는 갖가지 이상과 상상과 미신과 의심과

SPIRITUAL

가정과 공상과 의문과 연역과 귀납과 분석과 자기 반성으로 가득 차 있을지도 모른다. 또는 명예욕, 재산에 대한 소유욕, 사회적 인정, 자유, 지위, 명성, 칭찬, 지식에 대한 욕심에 이끌려 대담한 결단을 내리든가, 개인적으로 중재를 하든가, 강력한 의견을 내세우든가, 아니면 끈기 있게 인내심을 발휘해 보일지도 모른다. 이와 같은 것들은 우리 혼의 세 가지 주요 기능인 감정과 이성과 의지의 표현에 불과하다. 우리의 생활은 주로 이러한 문제들로 이루어져 있지 않은가?

그러나 중생은 결코 이러한 것에서 비롯되지 않는다. 참회하고, 죄에 대하여 통분히 여기고, 눈물을 흘리고, 믿기로 결심한다고 해서 구원을 받는 것이 아니다. 고백이나 결심, 그 외의 어떠한 종교적인 행위도 중생과 동일시할 수 없으며 그렇게 이해해서도 안 된다. 이성적 판단이나 지적 이해, 정신적 수긍, 또는 진, 선, 미의 추구와 같은 것은, 영이 자극을 받아 움직이지 않는 한, 단순히 혼의 활동에 지나지 않는다. 이런 것들은 종으로서 섬기는 일에는 우수할지 모르지만, 사람의 생각과 감정과 선택이 주인 노릇을 할 수는 없는 것이다. 따라서 이러한 혼의 활동은 구원에 관한 문제에서 부차적일 수밖에 없다. 성경은 중생을, 육적인 일을 금하는 것이나, 충동적인 느낌이나, 의지의 요구나, 정신적 이해를 통한 개선으로 간주하는 일이 절대 없다. 성경에서 말하는 중생은 인간의 몸이나 혼보다 훨씬 깊은 영역, 바로 사람의 영 안에서 일어나는 것이다. 거기서 우리는 성령으로 말미암아 하나님의 생명을 받는다.

잠언의 저자는 "사람의 영혼(영)은 여호와의 등불이라"(잠 20:27)고 했다. 우리가 중생하는 순간 성령은 우리의 영에 들어와 마치 등불을 켜는 것처럼 죽은 영을 소생시키는 것이다. 이것이 에

스겔서 36:26에 언급된, "새 영"이다. 하나님의 성령이 이 죽은 영에 하나님의 생명을 불어넣을 때 죽은 옛 영이 살아나는 것이다.

거듭나기 전에는 사람의 혼이 그 영을 지배하고 있다. 동시에 자신의 자아가 그 혼을 지배하고 정욕이 그 몸을 다스린다. 혼은 몸의 생명이 되었다. 중생할 때, 사람은 하나님 자신의 생명을 그 영 안에 받아들여, 하나님에게서 새로 태어나는 것이다. 결국 성령이 사람의 영을 지배하게 되고, 영은 혼에 대한 지배권을 장악하고, 혼을 통해 몸을 다스리게 된다. 성령이 사람의 영적 생명이 되기 때문에, 사람의 영은 인간 전체의 생명이 된다. 영, 혼, 몸은 모든 거듭난 성도들 안에서 하나님 본래의 의도대로 회복되는 것이다.

그러면 우리의 영이 새로 태어나기 위해서 해야 할 일은 무엇인가? 우리는 주 예수께서 죄인을 대신해서 죽은 것을 알고 있다. 그는 세상의 모든 죄를 짊어지고 십자가상에서 그 몸에 고통을 당하셨다. 그의 거룩한 인성이 경건치 않은 온 인류를 대신하여 죽음의 고통을 당하셨다. 그러나 이 사실을 받아들이는 사람이 해야 할 일이 남아 있다. 즉 우리는 자신-영, 혼, 몸-을 모두 주님께 내어드리는 일에 믿음을 행사하지 않으면 안 된다. 나시 말해서 우리는 주 예수의 죽음을 나 자신의 죽음으로 여기고, 주 예수의 부활을 나 자신의 부활로 여겨야 한다. 이것이 "누구든지 그를 믿으면 멸망하지 않고 영생을 얻으리라"는 요한복음 3:16의 의미이다. 죄인은 주 예수님에 대한 믿음을 행사해야 한다. 그렇게 함으로써 그는 주님의 죽음과 부활에 연합하고 동시에 영원한 생명을 소유하게 되는 것이다(요 17:3). 이것이 중생에 이르는 영적 생명이다.

우리의 "대속물로서 주 예수님이 죽으신 것과 우리가 주 예수와 함께 죽은 것"을 별개의 문제로 생각하지 않도록 각별히 유의해야 한다. 정신적인 이해를 강조하는 사람들은 반드시 이를 분리해서 생각할 것이다. 그러나 영적 생활에서 이 두 가지 죽음은 절대로 분리될 수 없는 것이다. 대속적 죽음과 연합적 죽음은 구분되어야 할 것이지만, 결코 분리될 수는 없는 것이다. 내가 주 예수께서 나의 대속물로 죽으신 것을 믿는다면, 나는 이미 그의 죽음 안에서 주 예수와 연합된 것이다(롬 6:2). 내가 주 예수의 대속적인 일을 믿는 것은 곧 내가 주 예수 안에서 이미 형벌을 받았다는 것을 믿는 것이다. 나의 죄의 대가는 죽음이다. 그러나 주 예수께서 나대신 죽으셨다. 그러므로 나는 주님 안에서 죽었다. 다른 방법으로는 구원이 있을 수 없다. 주님께서 나를 대신하여 죽었다고 말하는 것은, 나는 이미 "유죄 선고"를 받아 주님 안에서 죽었다고 말하는 것이다. 누구든지 이 사실을 믿는 자는 구원의 실제를 체험할 것이다.

따라서 죄인이 예수 그리스도의 대속적 죽음을 믿는 믿음은 예수 그리스도를 "믿어" 그와 연합하는 것이라고 할 수 있다. 우리가 죄의 형벌에만 관심이 있고 죄의 힘은 개의치 않는다 하더라도, 주 예수와의 연합은 그리스도를 믿는 모든 사람이 함께 공유하는 "공동 소유물"이다. 그리스도와 연합되어 있지 않은 사람은 아직 그리스도를 믿지 않는 것이고, 따라서 주님과 상관이 없는 것이다.

우리는 믿음으로써 주님과 연합된다. 주님과 연합된다는 것은 주님께서 경험한 모든 것을 경험하는 것을 의미한다. 요한복음 3장에서 우리 주님은 우리가 어떻게 그와 연합되는가를 말씀해 주신다. 그것은 십자가의 죽음 안에서 주님과 연합됨으로써만 가능한 것이다(14-15절). 적어도 위치상으로 볼 때, 모든 신자는 주님의 죽으심 안에서 그와 연합되었다. 그러나 분명한 것은 "우리가 그의 죽으심을 본받아 연합한 자가 되었으면 또한 그의 부활을 본받아 연합한 자가 된다"(롬 6:5)는 것이다. 따라서 주 예수의 대속적 죽음을 믿는 사람은 마찬가지로 그리스도와 같은 위치로 올라가게 된다. 비록 신자가 주 예수의 죽음의 의미를 충분히 경험하지 못할지라도, 하나님께서는 그를 그리스도와 함께 살리셨고, 그는 예수 그리스도의 부활의 능력 안에서 새 생명을 얻은 것이다. 이것이 중생이다.

우리는 어떤 사람이 주님과 함께 죽음과 부활을 경험하지 않았다고 해서 그가 거듭나지 않았다고 우겨서는 안 된다. 성경은 누구든지 주 예수를 믿는 사람은 거듭난 것으로 간주한다. "영접하는 자 곧 그 이름을 믿는 자들은……하나님께로서……난 자들이니라"(요 1:12, 13). 주님과 함께 들림받는 것은 중생 이전에 하는 경험이 아니다. 우리의 중생은 주님의 죽음뿐 아니라 부활에 동참하여 주님과 연합하는 것이다. 주님의 죽음은 우리의 죄로 가득 찬 행실에 종지부를 찍은 것이고, 그의 부활은 우리에게 새 생명을 줌과 동시에 그리스도인의 생활을 막 시작하게 하신 것이다. 사도 베드로는 "하나님이 그 많으신 긍휼대로 예수 그리스도의 죽은 자 가운데서 부활하심으로 말미암아 우리를 거듭나게 하사 산 소망이 있게 하시며"(벧전 1:3)라고 확증하고 있다. 그는 모든 거듭난 그리스도인들이 이미 그리스도와 함께 부활했다는 것을 시사하고 있다. 그러나 사도 바울은 빌립보서에서 "부활의 권능"을(3:10) 경험하라고 우리를 강권하고 있다. 많은 그리스도인들이 부활의 권능은 나타내지 않을지라도, 그들은 거듭나서 그리스도와 함께 살리심을 받은 것이다.

따라서 우리는 지위와 경험을 혼동해서는 안 되겠다. 어떤 신도가 주 예수를 믿을 당시에 아주 약하고 무식하다 할지라도, 그는 하나님의 능력으로 죽었다가 살아나서 주님과 함께 높임을 받은 완전한 위치에 놓이게 된 것이다. 그리스도 안에서 영접된 사람은 그리스도만큼 영접될 가치가 있는 것이다. 이것이 그리스도인의 "지위"다. 그리스도께서 경험한 모든 것이 "나의 것"이 된다. 그리고 그의 지위는 그로 하여금 중생을 경험하도록 해준다. 왜냐하면 중생은 예수의 죽음과 부활과 승천을 경험적으로 얼마나 깊이 알고 있느냐에 달려 있는 것이 아니고, 주님에 대한 믿음의 여부에 달려 있기 때문이다. 비록 신자가 경험적으로 그리스도의 부활의 능력에 대하여 전혀 모른다고 하더라도(빌 3:10 참고) 그는 그리스도와 함께 살아서 그와 함께 일으킴을 받아 그와 함께 하늘 보좌에 앉아 있는 것이다.(엡 2:5, 6 참고).

또 한 가지 중생에 관해서 유의할 것은, 우리가 타락 이전에 아담 안에서 가졌던 것보다 훨씬 더 많은 것을 소유하게 되었다는 것이다. 그 당시 아담은 영을 소유하고 있었다. 그러나 그것은 하나님에 의하여 창조된 것이었다. 그것은 "생명나무"로 표현된 하나님의 "창조되지 않은 생명"이 아니었다. 그가 "하나님의 아들"로 불린 것은 천사들이 그렇게 불린 것과 비슷한 것이다. 그는 직접 하나님에 의하여 창조되었기 때문이다. 그러나 주 예수를 믿는 우리들은 "하나님께로서 난"(요 1:12-13) 자들이다. 따라서 여기에는 생명의 관계가 있다. 자녀는 그 아버지의 생명을 이어받는다. 우리는 하나님께로서 났다. 그러므로 우리는 하나님의 생명을 소유한 것이다(벧후 1:4).

아담이 생명나무를 통하여 하나님께서 주신 생명을 받았더라면, 그는 즉시 창조되지 않은 하나님의 영원한 생명을 획득했을 것이다. 그의 영은 하나님으로부터 왔으므로 영원한 것이다. 이 영원한 영이 어떻게 살 것이냐는, 사람이 하나님의 질서를 어떻게 보고 무엇을 선택하느냐에 달린 것이다. 우리 그리스도인들이 거듭날 때 받는 생명은 아담이 소유할 수도 있었으나 결코 가지지 못했던 생명, 즉 하나님의 생명이다. 중생은 사람의 영과 혼의 순서를 혼돈된 암흑으로부터 원상 복구시킬 뿐만 아니란, 이와 더불어 하나님의 초자연적인 생명을 우리에게 더해 주는 것이다.

사람의 어두워지고 타락한 영은 성령을 힘입어 하나님의 생명을 받아들임으로써 새롭게 살아난다. 이것이 중생이다. 성령이 사람을 거듭나게 할 수 있는 근거는 십자가이다(요 3:14-15). 요한복음 3:16에 선포된 영생은 성령이 사람의 영 속에 심어 주는 하나님의 생명이다. 이 생명은 하나님의 생명이기 때문에 죽지 않는다. 따라서 새롭게 태어나서 이 생명을 소유하게 된 사람은 영생을 소유했다고 말할 수 있는 것이다. 하나님의 생명은 죽음과 전혀 관계가 없기 때문에 사람 속에 있는 "영생" 역시 결코 죽지 않는다.

중생을 통해 하나님과 생명의 관계가 맺어진다. 중생이 단번에 이루어진다는 점에서 볼 때는 육신의 탄생과 비슷한 데가 있다. 사람이 일단 하나님으로부터 나게 되면, 하나님은 결코 그를 하나님으로부터 나지 않은 자처럼 취급하지 않으신다. 영원이란 것이 얼마나 길고 무한한 것이건 간에 이 관계와 지위는 취소될 수가 없는 것이다. 이는 신자가 거듭날 때 받은 것이, 믿은 후에 점진적으로 영적이고 거룩한 것을 추구함에 따라 주어지는 것이 아니라, 다만 하나님의 순전한 선물이기 때문이다. 하나님께서 주시는 것은 영원한 생명이다. 이 생명과 지위는 없어지거나 취소될 가능성이 전혀 없다.

중생할 때 하나님의 생명을 받는 것은 "그리스도인의 생활"의 출발점이다. 이것은 신자의 필수 조건이다. 주 예수의 죽음을 믿음으로 하나님의 초자연적인 생명을 받지 못한 사람은 하나님이 보시기에 죽은 사람으로 간주된다. 그것은 그가 아무리 종교적이고, 도덕적이고, 학식이 있고, 교양이 있고, 열성이 있다 해도 마찬가지다. 하나님의 생명을 가지지 못한 사람은 죽은 것이다.

거듭난 사람들에게는 영적인 성장을 할 수 있는 커다란 가능성이 주어져 있다. 분명히 중생은 영적 성장에 없어서는 안 될 시발점이다. 우리가 받은 생명은 완전한 것이지만, 그래도 성숙과 성장을 필요로 한다. 새로 태어난 생명이 곧바로 성숙한 생명이 될 수는 없는 것이다. 이것은 새로 열린 과일과도 같은 것이다. 그 생명은 완전하지만 아직 완전히 여물지 않은 상태이다. 그러므로 무한한 성장의 가능성을 지니고 있다. 성령은 그 사람을 인도하여 몸과 혼에 대해 완전한 승리를 거두게 하실 수 있다.

두 부류의 그리스도인

고린도전서 3:1에서 사도 바울은 모든 그리스도인을 두 가지로 분류하고 있다. "신령한 자"와 "육신에 속한 자"가 그것이다. 신령한 사람, 즉 영적인 그리스도인은 그 영 안에 성령이 거하여 그의 전 인격을 지배하는 사람이다. 그렇다면 육에 속했다는 말은 무엇을 의미하는가? 성경은 "육"이라는 말을 거듭나지 않은 사람의 생명과 가치를 표현하는 데 사용하고 있다. 육은 죄로 물든 혼과 몸에서 흘러나오는 모든 것을 통칭하는 말이다(롬 7:19). 따라서 육에 속한 그리스도인은 거듭나서 하나님의 생명을 받았지만, 육을 정복하지 못하고 오히려 육에 의해 지배를 받고 있는 신자를 말한다. 우리는 타락한 사람의 영이 죽어 있으며, 그가 혼과 육의 지배를 받고 있음을 잘 알고 있다. 따라서 육에 속한 그리스도인은 그 영이 소생되었지만, 아직 그의 혼과 몸을 따라 죄를 짓는 그리스도인이다.

만일 그리스도인이 중생을 체험한 후에 오랫동안 육적인 상태에 있으면, 그는 하나님의 구원이 충분히 이루어지고 표출되지 못하도록 막고 있는 것이다. 우리가 항상 영의 지배를 받으며 은혜 가운데서 자라갈 때에만 구원이 우리 안에서 온전히 이루어질 수 있다. 하나님께서는 죄인의 중생과 신자의 옛 사람에 대한 완전한 승리를 위하여 갈보리에서 완전한 구원을 이루어 주셨다.

SPIRITUAL

제 **2** 부

육신

제1장
육신과 구원

"육신"(flesh) 또는 "육"(肉)이라는 말은 히브리어로 *basar*(바사르)라 하고 헬라어로는 *sarx*(사륵스)라고 한다. 성경에 자주 나타나는 이 말은 여러 가지 의미로 쓰이고 있다. 이 어휘의 가장 중요한 용법은 바울의 글에서 가장 잘 드러나 있는데, 주로 거듭나지 않은 사람과 관련해서 쓰이고 있다. 바울은 로마서 7장에서 이전의 자신의 모습을 말할 때 "나는 육신에 속하여"(14절)라고 했다. 그의 성품이나 존재의 특정한 부분만이 육적이라는 말이 아니고, "나", 즉 바울의 전 존재가 육신에 속했다는 것이다. 그는 18절에서 "내 속 곧 내 육신에"라고 말함으로써 같은 생각을 반복하여 표현했다. 성경의 육신은 거듭나지 않은 사람의 전 존재를 지적하는 것임이 분명하다. 이와 같은 "육신"의 용법과 관련해서, 우리는 사람이 애초에 영, 혼, 몸으로 구성되어 있었음을 기억해야 한다. 혼은 사람의 인격과 의식의 자리이기 때문에, 사람의 영을 통하여 영의 세계와 연결되어 있다. 혼은 영에 순종하여 하나님과 그의 뜻에 연합될 것인가, 아니면 몸과 물질 세계의 모든 유혹에 굴복할 것인가를 선택해야 한다. 인간의 타락을 기회로 해서 혼은 영의 권위를 대적하고 몸과 그 정욕의 종이 되었다. 이리하여 사람은 영적이 아닌 육적인 사람이 되었다. 사람의 영은 그 고상한 위치를 박탈당하고 죄수의 위치로 전락하였다. 이제 혼이 육의 지배를 받으므로 성경은 사람을 육적인, 또는 육신에 속한 자로 간주한다. 혼적인 것은 무엇이든지 육적인 것이 되었다.

거듭나지 않은 사람의 전체를 지칭하는 "육"의 용법 외에, 때때로 "육"은 피나 뼈와 구분되는 인간 몸의 부드러운 부분을 가리키는 말로 쓰이기도 한다. 또 "육신"이란 말은 나아가 인간의 몸을 뜻하는 말로 쓰일 수도 있다. 또 어떤 때는 인류 전체를 뜻하는 말로 쓰이기도 한다. 이 네 가지 의미는 모두 매우 밀접하게 관련되어 있다. 따라서 나머지 세 가지 용법을 짤막하게나마 검토해 두는 것이 좋겠다.

첫째, "육"이 인간의 몸의 부드러운 부분을 가리키는 경우 : 우리는 사람의 몸이 살과 뼈와 피로 구성되어 있음을 알고 있다. 살은 주위의 세상을 감각하는 몸의 부분이다. 따라서 육적인 사람은 세상을 따르는 사람이다. 그는 단순히 육을 가지고 있는 것에서 그치지 않고, 육의 감각을 따라 행동한다.

둘째, "육"이 사람의 몸을 가리키는 경우 : 일반적으로 육은 살았거나 죽었거나 인간의 몸을 뜻한다. 로마서 7장 후반에 의하면 육신의 죄는 인간의 몸과 관련되어 있다. "내 지체 속에서 한 다른 법이 내 마음의 법과 싸워 내 지체 속에 있는 죄의 법 아래로 나를 사로잡아 오는 것을 보는도다"(23절). 사도 바울은 다음 8장에서 우리가 육을 이기려면 영으로 "몸의 행실을 죽여야 한다"(13절)고 설명하고 있다. 그러므로 성경은 정신적인 육만이 아니라 육체적인 육을 가리키는 데도 sarx(사륵스)라는 말을 사용하고 있음을 알 수 있다.

셋째, "육"이 인류 전체를 가리키는 경우 : 이 세상에 사는 모든 사람들은 육으로 태어났다. 따라서 그들은 모두 육적이다. 성경은 예외없이 모든 사람을 육신으로 보고 있다. 각 사람은 그 몸의 죄와 혼의 자아를 따르며, 육신이라고 불리는 몸과 혼의 혼합체의 지배를 받고 있다. 따라서 성경이 모든 사람을 말할 때 사용하는 독특한 문구는 "모든 육체"이다. Basar(바사르) 또는 sarx(사륵스)는 결국 인류 전체를 지칭하는 말이다.

사람은 어떻게 육이 되는가

"육에서 난 것은 육이요"라고 주 예수께서는 오래전에 니고데모에게 말씀하셨다(요 3:6). 이 간결한 문장에서 우리는 세 가지 질문에 대한 답을 발견하게 된다. 즉 (1)육이란 무엇이며 (2)사람이 어떻게 육이 되며 (3)육의 특성 또는 성격은 어떠한가에 대한 답을 찾을 수 있다.

1. "육"이란 무엇인가

"육으로 난 것은 육이요." 무엇이 육으로 났는가? 사람이다. 따라서 사람은 육이다. 그리고 사람이 자기 부모에게서 자연적으로 물려받는 모든 것이 육에 속하는 것이다. 거기에는 사람이 선하고, 도덕적이고, 영리하고, 능력 있고, 친절하다든지, 또는 악하고, 경건치 못하고, 어리석고, 쓸모가 없고, 잔인하다든지 하는 구분이 전혀 없다. 사람은 육이다. 사람이 무엇을 가지고 났든지 간에 그것은 육에 속한 것이고, 육의 영역 내에 있는 것이다. 우리가 가지고 태어난 모든 것과 후에 이에서 발전하는 모든 것이 육에 포함되어 있는 것이다.

2. 사람은 어떻게 육이 되는가

"육으로 난 것은 육이요." 사람은 점점 심한 죄를 지음으로 말미암아 악을 배워서 육적으로 되는 것도 아니고, 자신을 방탕한 데 내버려 두고 몸과 마음이 원하는 대로 행하여 결국 사람 전체가 그 몸의 악한 정욕에 정복당하고 지배당함으로써 육적으로 되는 것도 아니다. 주 예수께서는 사람이 태어나자마자 육적이라고 강력히 선언하셨다. 사람은 행위에 의해서 결정되는 것도 아니고, 성격에 의해서 결정되는 것도 아니다. 이 문제를 결정하는 한 가지는 사람이 누구를 통하여 태어났느냐 하는 것이다. 이 세상 사람들은 한 사람도 빠짐없이 인간 부모에게서 태어났고, 결국 하나님으로부터 육에 속한 자라는 판결을 받는다(창 6:3). 육으로 난 사람 가운데, 그 누가 육이 아닐 수 있겠는가? 우리 주님의 말씀에 의하면, 사람이 육인 것은 그가 혈통과 육정과 사람의 뜻으로 났기 때문이며(요 1:13), 그의 생활이나 그의 부모의 생활에 의해 좌우되는 것이 아니다.

3. 육의 성격은 어떠한가

"육으로 난 것은 육이요." 여기에는 아무런 예외나 구분이 없다. 어떠한 교육 정도나 교양이나 도덕이나 종교도 사람을 육적 상태에서 벗어나게 할 수 없다. 육으로 나지 않은 사람이 있다면 몰라도 그렇지 않으면 사람은 여전히 육으로 남는 것이다. 어떠한 인간의 노력도 사람이 태어난 그 상태를 바꿀 수는 없다. 주 예수께서는 "육으로 난 것은 육이요"라고 단정지어 말씀하셨다. 그 한마디로 이 문제는 영원히 결정된 것이다. 사람의 육적인 성질은 자기 자신에 의하여 결정되는 것이 아니라 그의 출생에 의하여 결정되는 것이다. 사람이 육으로 난 이상 그를 변화시키려는 모든 계획은 다 헛일이다. 사람이 한 형태에서 다른 형태로 변하든, 또는 매일 매일의 변화를 통해서든, 아무리 외적으로 변한다 해도 사람은 여전히 육으로 남는 것이다.

거듭나지 않은 사람

주 예수께서는 거듭나지 않은 사람, 즉 한 번밖에 태어나지 않은 사람은 육이며 따라서 육의 영역에서 살고 있다고 말씀하셨다. 거듭나지 못했을 때에는 "우리도 다 그 가운데서 우리 육체의 욕심을 따라 지내며 육체와 마음의 원하는 것을 하여 다른 이들과 같이 본질상 진노의 자녀였다"(엡 2:3). 이는 "육신의 자녀가 하나님의 자녀가 아니기"(롬 9:8) 때문이다. 그 혼이 육신의 정욕에 굴복하여 차마 입에 담을 수 없는 많은 죄를 범하는 사람은 하나님에 대하여 죽어 있기 때문에(엡 2:1) – "범죄와 육체의 무할례로 죽어 있기 때문에"(골 2:13) - 죄에 대한 감각이 전혀 없을지도 모른다. 오히려 그는 스스로 남보다 자기를 낮게 여기면서 교만하게 생각하고 있을지도 모른다. 솔직히 말해서, "우리가 육신에 있을 때에는 율법으로 말미암는 죄의 정욕이 우리 지체 중에 역사하여 우리로 사망을 위하여 열매를 맺게 하였다"(롬 7:5). 그 이유는 단순히 우리가 "육신에 속하여 죄 아래 팔렸기"(롬 7:14) 때문이다. 따라서 우리는 육신으로 "죄의 법을 섬기는 것이다"(롬 7:25).

  우리의 육은 죄를 짓고 이기적인 욕망을 따르는 데는 극히 강할지라도 하나님의 뜻을 향해서는 말할 수 없이 약하다. 거듭나지 않은 사람은 "육신으로 말미암아 연약해져 있기 때문에"(롬 8:3) 하나님의 뜻을 행하는 데 매우 무기력하다. 그리고 육은 "하나님과 원수가 되나니 이는 하나님의 법에 굴복치 아니할 뿐 아니라 할 수도 없다"(롬 8:3, 7). 그러나 이 말은 육이 전적으로 하나님의 일을 무시한다는 것을 암시하는 말이 아니다. 육적인 사람은 때때로 있는 힘을 다하여 율법을 지키려고 노력하기도 한다. 게다가 성경은 육적인 사람을 율법을 범하는 사람과 동일하게 취급하지 않는다. 성경은 다만 "율법의 행위로서는 의롭다함을 얻을 육체가 없느니라"(갈 2:16)고 결론을 맺고 있다. 육적인 사람이 율법을 지키지 않는 것은 전혀 이상한 일이 아니다. 그것은 그 사람이 육에 속해 있다는 것을 증명해 줄 뿐이다. 그러나 이제는 하나님께서 사람이 의롭다함을 얻는 길이 율법적인 행위에 있는 것이 아니라 주 예수를 믿는 믿음에 있다는 것을(롬 3:28) 분명히 하셨기 때문에, 율법을 지키려고 노력하는 사람은 "하나님의 의를 모르고 자기 의를 세우려고 힘써 하나님의 의를 복종하지 않는 것이다"(롬 10:3). 나아가서 그것은 자신들이 육에 속해 있음을 나타내는 것이다. 한마디로 말해서, "육신에 있는 자들은 하나님을 기쁘시게 할 수 없으며"(롬 8:8), 이 "할 수 없다"는 것이 육적인 사람의 운명을 결정짓는 것이다.

하나님께서는 육을 전적으로 부패한 것으로 보신다. 육은 정욕과 아주 밀접한 관계가 있기 때문에, 성경은 종종 "육체의 정욕"(벧후 2:18)에 관해 언급한다. 하나님의 능력이 아무리 크다 할지라도 육체의 성격을 변화시켜서 하나님을 기쁘시게 할 만한 것으로 만들 수는 없다. 하나님께서 "나의 신이 영원히 사람과 함께하지 아니하리니 이는 그들이 육체가 됨이라"(창 6:3)고 친히 선언하셨다. 육체는 너무나 심하게 부패했기 때문에 하나님의 성령도 육과 다툼으로써 이를 육적이 아닌 것으로 바꿀 수가 없다. 육으로 난 것은 어디까지나 육이다. 불행히도 인간은 하나님의 말씀을 이해하지 못하고 계속 그 육체를 수리하고 개선하려고 노력하고 있다. 그러나 하나님의 말씀은 영원히 서 있다. 육이 어찌나 부패했든지 하나님께서는 성도들에게 "그 육체로 더럽혀진 옷"이라도 싫어하라고 경고하셨다(유 23절).

하나님은 육체의 실제 상태를 익히 아시기 때문에 육은 변하지 않는다고 선언하신다. 몸을 엄격하게 제어하거나 자아를 학대함으로써 육을 수리하려는 사람은 아주 비참한 실패를 맛볼 것이다. 하나님께서는 우리의 육이 변하거나 향상되거나 개선되는 것이 불가능하다는 것을 인정하신다. 따라서 주님은 세상을 구원함에 있어서 사람의 육체를 변화시키려 하지 않는다. 대신 하나님께서는 사람에게 새 생명을 주셔서 육을 죽이는 일을 도우신다. 육은 죽어야 한다. 이것이 구원이다.

하나님의 구원

"율법이 육신으로 말미암아 연약하여 할 수 없는 그것을 하나님은 하시나니 곧 죄를 인하여 자기 아들을 죄 있는 육신의 모양으로 보내어 육신에 죄를 정하셨다"(롬 8:3)고 바울 사도는 단언했다. 이것은 육적인 사람들 중에서 열심을 내어 율법을 지키려 하는 도덕적인 사람들의 현 상태를 드러내는 말이다. 이들은 사실 율법 가운데 적지 않은 부분을 지킬지도 모른다. 그러나 그들은 육신으로 말미암아 연약하여졌기 때문에 모든 율법을 다 지킬 수는 없다. 율법은 "율법을 행하는 자는 율법으로 말미암아 살 것이며"(레위기 18:5을 갈라디아서 3:12에서 인용) 그렇지 않으면 정죄받아 지옥에 떨어진다는 것을 분명히 하고 있다. 혹자는 율법 가운데 얼마만큼을 지켜야 하느냐고 물을 것이다. 이에 대한 대답은 "율법 전체"이다. 왜냐하면 "누구든지 온 율법을 지키다가 그 하나에 거치면 모두 범한 자가 되기"(약 2:10) 때문이다. "그러므로 율법의 행위로 그의 앞에 의롭다 하심을 얻을 육체가 없나니 율법으로는 죄를 깨달음이니라"(롬 3:20). 율법을 지키려고 노력하면 할수록, 우리는 자신이 얼마나 죄로 가득 차 있는지, 또 율법을 지키는 것이 얼마나 불가능한지를 발견하게 된다.

"모든 사람들의 죄"에 대한 하나님의 반응은 구원의 과업을 스스로 떠맡는 것이었다. 하나님의 방법은 "자기 아들을 죄 있는 육신의 모양으로 보내는" 것이었다. 그의 아들은 죄가 없었다. 그래서 오직 그 분만이 우리를 구원할 자격이 있는 것이다. "죄 있는 육신의 모양으로"라는 말은 주님의 성육신, 즉 그가 어떻게 인간의 몸을 입으셨으며 자신과 인류를 연결시키셨는지를 묘사하는 것이다.

하나님의 독생자가 다른 곳에서는 "육신이 된 말씀"으로 표현되었다(요 1:14). 죄 있는 육신의 모양으로 오신 것이 이 구절에서는 "육신이 되었다"는 말로 표현된 것이다. 그러므로 로마서 8:3은 말씀이 어떤 식으로 육신이 되었는지를 말해 주고 있다. 여기서 강조하는 바는 그가 죄 없는 하나님의 아들이라는 점이다. 육신으로 오실 때에도, 하나님의 아들은 "죄 있는 육신"이 되지 않으셨다. 그는 단지 "죄 있는 육신의 **모양으로**" 오신 것이다. 그는 육신으로 있는 동안에도 여전히 하나님의 아들이었으며, 죄가 없으셨다. 그러나 그는 죄 있는 육신의 모양을 소유하고 있었기 때문에, 육신 안에서 생활하고 있는 세상의 죄인들과 가장 밀접하게 연합된 것이다.

그러면 성육신의 목적은 무엇인가? 성경은 그것을 "죄를 위한 제사"로 해석하는데(히 10:12), 이는 십자가에서 이루어진 일이다. 하나님의 아들은 우리의 죄를 대속하셨다. 모든 육에 속한 사람들은 율법에 반하여 죄를 범한다. 그들은 하나님의 의를 세울 수 없다. 그리고 그들은 멸망과 형벌을 받도록 운명지어졌다. 그러나 주 예수께서 죄 있는 육신의 모양으로 세상에 오셔서 자신을 육신에 속한 인류와 완전히 연합시키셨기 때문에, 인류는 십자가에 달려 죽으신 주님의 죽음 안에서 죄에 대한 형벌을 받은 것이다. 그는 죄가 없었기 때문에 고통을 받을 필요가 없었다. 그러나 죄 있는 육신의 모양을 가졌기 때문에 심판을 받으셨다. 새로운 연방의 우두머리의 위치에서 주 예수는 모든 죄인을 안고 고통을 받으셨다. 죄에 대한 형벌은 이렇게 설명된다.

그리스도께서는 육신 안에 있는 모든 사람을 위하여 "죄를 위한 제사"를 드리는 고통을 당하셨다. 그러나 육신을 가득 채우고 있는 죄의 힘은 어떻게 할 것인가? "그는 육신에 죄를 정하셨다." 죄 없으신 분이 우리를 위하여 죄를 짊어지시고, 그 죄로 인해 죽으셨다. 그는 "육체로는 죽임을 당하셨다"(벧전 3:18). 그가 육신으로 죽으실 때 육신에 있는 죄를 완전히 십자가에 못 박은 것이다. 이것이 "육신에 죄를 정하셨다"는 말이 뜻하는 바다. "죄를 정한다"는 말은 심판한다, 또는 벌을 내린다는 말이다. 죄에 대한 심판과 벌은 죽음이다. 그렇기 때문에 주 예수께서는 실제로 자신의 육신 안에서 죄를 죽여 버린 것이다. 따라서 그의 죽음 안에서 우리의 죄에 대한 심판을 받았을 뿐만 아니라, **죄 자체**가 정죄되었음을 볼 수 있다. 그러므로 주님의 죽음에 연합되어 그들의 육신에 죄를 정죄받은 사람들에게는 죄가 역사할 힘이 없는 것이다.

중생

　죄의 대가와 죄의 능력으로부터 우리를 구원하려는 하나님의 계획은 그의 아들의 십자가에서 이루어졌다. 주님께서는 이제 모든 사람 앞에 이 구원의 길을 열어 놓으시고 누구든지 원하는 사람은 다 구원을 받도록 해 놓으셨다.
　하나님께서는 사람 안에 선한 것이 거하지 않는다는 것과 어떠한 육체도 하나님을 기쁘시게 하지 못한다는 것을 잘 알고 계시다. 그것은 수리할 수 없을 정도로 부패해 있는 것이다. 우리가 하나님의 아들을 믿은 후에 하나님께서 무언가 새로운 것을 주시지 않는다면, 이와 같이 절망적인 상태에 처한 우리가 어떻게 하나님을 기쁘시게 할 수 있겠는가? 감사할 것은, 하나님께서 주 예수의 구원을 믿고 그를 자신의 개인적인 구주로 영접하는 사람들에게는 새 생명, 즉 그의 창조되지 않은 생명을 주신다는 것이다. 이것을 우리는 "중생" 또는 "거듭남"이라고 부른다. 하나님께서 우리의 육신을 변화시킬 수는 없지만 대신 우리에게 자신의 생명을 주신다. 사람의 육신은 거듭난 사람이나 거듭나지 않은 사람이나 똑같이 부패한 채로 남아 있다. 성도의 육신이나 죄인의 육신이나 똑같은 것이다. 거듭나는 순간, 육신은 변하지 않는다. 중생은 육신에 아무런 좋은 영향을 끼치지 못한다. 육은 그대로 남아 있다. 하나님께서는 우리의 육을 가르치고 훈련시키기 위해 그의 생명을 나누어 주시는 것이 아니다. 오히려, 새 생명은 육을 정복하라고 주어지는 것이다.

사람은 중생할 때 사실상 출생에 의해 하나님과 관계를 맺게 되는 것이다. 중생은 하나님으로부터 나는 것을 뜻한다. 우리의 육적 생명이 우리 부모에게서 나듯이, 우리의 영적 생명은 하나님에게서 나는 것이다. 출생의 뜻은 "생명을 주는 것"이다. 우리가 "하나님께로서 났다"고 말할 때, 그것은 우리가 하나님으로부터 새 생명을 받았음을 뜻하는 것이다. 우리가 받은 것은 참된 생명이다.

앞에서 우리 인간이 어떻게 육신적인가를 보았다. 우리의 영은 죽어 있으며, 대신 혼이 우리의 전 인격을 완전히 주관하고 있다. 우리는 몸의 정욕을 따라서 행하고 있다. 우리 안에는 선한 것이 거하지 않는다. 우리를 구속하러 오심에 있어서, 주님은 우리와 하나님 사이의 교제를 다시 복구시키기 위해 먼저 우리 내부에서 영의 위치를 회복시켜야 한다. 이 일은 우리가 주 예수를 믿을 때 일어난다. 하나님께서는 우리의 영 속에 자신의 생명을 불어넣으셔서, 그 영을 죽음으로부터 다시 살려내신다. 주 예수께서는 이제 "성령으로 난 것은 영이다"(요 3:6)라고 선언하신다. 이 때에 성령이신 하나님의 생명은 인간의 영에 들어와 그 영을 본연의 위치로 회복시키신다. 성령이 사람의 영 안에 거함으로써 사람은 영적인 세계로 들어간다. 우리의 영은 소생되어 다시 주권을 가지고 다스린다. 에스겔 36:26에 언급된 "새 영"은 우리가 거듭날 때 받는 새 생명이다.

사람은 특별한 일을 행함으로써 거듭나는 것이 아니라 주 예수를 구주로 믿음으로써 거듭난다. "영접하는 자 곧 그 이름을 믿는 자들에게는 하나님의 자녀가 되는 권세를 주셨으니 이는 혈통으로나 육정으로나 사람의 뜻으로 나지 아니하고 오직 하나님께로서 난 자들이니라"(요 1:12, 13). 주 예수를 구주로 믿는 사람들은 하나님께로서 났기 때문에 하나님의 자녀이다.

중생은 영적 생활의 출발점이다. 중생은 후에 건물이 세워질 기반이다. 거듭나지 않은 사람의 영적 생활에 대해 이야기하거나 영적 성장을 기대할 수 없다. 그의 영에 생명이 없기 때문이다. 공중에다 누각을 세울 수 없는 것처럼 우리는 중생하지 않은 사람을 자라게 할 수 없다. 만일 우리가 거듭나지 못한 사람에게 선을 행하고 하나님을 예배하는 것을 가르치려 한다면 우리는 죽은 사람을 가르치는 것이다. 육을 개선하고 수리하려고 노력하는 것은 곧 하나님이 하실 수 없는 일을 하려고 시도하는 것이다. 개개인의 신자가 자신이 이미 거듭났으며 새 생명을 받았다는 것을 확실히 아는 것이 절대적으로 필요하다. 신자는 중생이 옛 육신을 서투르게 고치려는 시도도 아니며, 그것을 영적 생명으로 전환시키려는 시도도 아니라는 것을 알아야 한다. 반대로 중생은 우리가 이전에는 가지고 있지 않았고 가질 수도 없었던 생명을 받는 것이다. 사람이 거듭나지 않으면 하나님 나라를 볼 수 없다. 그는 영적 신비를 깨달을 수 없으며, 하나님 나라의 달콤한 맛을 볼 수도 없다. 그에게는 죽음과 심판이 기다리고 있을 뿐이며, 더 이상 아무것도 기대할 것이 없다.

어떻게 자신이 거듭난 것을 알 수 있는가? 요한은 사람이 하나님의 아들의 이름을 믿고 그를 영접함으로써 새롭게 태어난다고 말한다(요 1:12). 하나님의 아들의 이름은 "예수"로서, "그가 자기 백성을 저희 죄에서 구원할 것이다"(마 1:21)라는 뜻이다. 하나님의 아들의 이름을 믿는 것은 그리스도를 구주로 믿는 것, 즉 주님께서 우리를 죄의 권세와 심판으로부터 구원하시기 위하여 십자가에서 죽으셨음을 믿는 것이다. 이렇게 믿는 것은 그를 구주로 영접하는 것이다. 사람이 자기가 거듭났는지를 스스로 진단하기 원한다면 자신에게 단 한 가지 질문 - "나는 의지할 데 없는 죄인으로서 십자가 앞에 나아가 주 예수를 구주로 영접한 적이 있는가?" - 을 해 보면 된다. 이 질문에 대한 대답이 긍정적이면 그는 거듭난 것이다. 주 예수를 믿는 사람은 모두 새로 태어난 것이다.

옛 사람과 새 사람의 갈등

거듭난 사람이 중생을 통하여 얻은 것이 무엇이며 타고난 자질 가운데 아직 남아 있는 것이 무엇인가를 이해하는 것은 절대적으로 필요하다. 이러한 지식은 그가 영적인 여행을 계속할 때 도움이 될 것이다. 이 시점에서 사람의 육신에 얼마나 많은 것이 포함되어 있으며, 주 예수께서 그의 구속에 있어서 육의 구성 요소들을 어떻게 다루시는가를 설명해 두는 것이 좋을 것 같다. 다시 말해서, 신자는 중생할 때 무엇을 물려받는가?

육신과 구원

로마서 7장의 몇 구절만 읽어 보아도 육의 구성 요소가 "죄"와 "나"라는 것을 쉽게 알 수 있다. "내 속에 거하는 죄……내 속, 곧 내 육신에……"(롬 7:14, 17-18). 여기서 말하는 "죄"는 죄의 능력이고, "나"는 우리가 보통 "자아"로 인정하는 나를 말한다. 신자가 영적 생활을 이해하려면 위에 언급한 육의 두 가지 요소를 혼동해서는 안 된다.

주 예수께서 십자가상에서 우리 육신의 죄를 처리하셨다는 것을 알고 있다. 그리고 성경은 "우리 옛 사람이 예수와 함께 십자가에 못 박혔음"(롬 6:6)을 말해 주고 있다. 성경 어느 곳에서도 우리가 십자가에 못 박혀야 한다고 말하고 있지 않다. 그것은 우리의 십자가 형이 이미 이루어졌고, 그것도 예수 그리스도에 의하여 완전하게 이루어졌기 때문이다. 죄의 문제에 대하여 사람은 아무것도 할 것이 없다. 사람은 그저 이것을 이미 이루어진 사실로 여기기만 하면 된다(롬 6:11). 그러면 그는 죄의 세력으로부터 완전히 해방되는 가운데서 예수의 죽음의 효력을 경험하게 된다(롬 6:14).

성경이 우리에게 죄로 인하여 십자가에 못 박힐 것을 요구하지 않는 것은 사실이다. 그러나 성경은 자기를 부인하기 위하여 십자가를 지라고 권고하고 있다. 주 예수께서는 여러 차례에 걸쳐 우리 자신을 부인하고 십자가를 지고 그를 따르라고 당부하셨다. 여기서 알 수 있는 사실은, 주 예수께서는 우리의 죄와 우리 자신을 아주 달리 취급하신다는 것이다. 신자가 죄를 완전히 정복하는 것은 한 순간에 이루어진다. 그러나 자아를 부인하는 데는 전 생애가 걸린다. 주님은 십자가 위에서만 우리의 죄를 **지셨다**. 그러나 주님은 전 생애를 통하여 자신을 **부인하셨다**. 이것은 우리에게도 마찬가지로 적용되어야 한다.

바울은 갈라디아서에서 육과 신자의 관계를 기술하고 있다. 바울은 한편으로 "그리스도 예수의 사람들은 육체와 함께 그 정과 욕심을 십자가에 못 박았다"(갈 5:24)고 말한다. 사람이 그리스도와 함께 연합되는 바로 그 날에 그의 육도 십자가에 못 박히는 것이다. 어떤 사람은 성령의 가르침을 받지 않고, 우리의 육은 십자가에 못 박혔기 때문에 더 이상 존재하지 않는다고 생각할지도 모른다. 그러나 그렇지 않다. 바울은 다른 한편으로 이렇게 말한다. "너희는 성령을 좇아 행하라 그리하면 육체의 욕심을 이루지 아니하리라 육체의 소욕은 성령을 거스리고 성령의 소욕은 육체를 거스리나니"(갈 5:16-17). 여기서 우리는 그리스도 예수에게 속해 있으며 이미 성령이 내재하는 사람도 그 안에 육을 가지고 있음을 분명히 알 수 있다. 육은 존재할 뿐만 아니라, 유난히 강력한 힘을 가지고 있는 것으로 묘사되고 있다.

그러면 이에 대하여 뭐라고 말할 수 있겠는가? 이 두 가지 성경 구절은 서로 모순되는 것인가? 그렇지 않다. 다만 17절은 육신의 자아를 강조하는 반면, 24절은 육신의 죄를 강조하고 있을 뿐이다. 그리스도의 십자가는 죄를 처리하고, 성령은 십자가를 통하여 자아를 다룬다. 그리스도는 십자가를 통해 신자를 죄의 세력에서 완전히 구원하여, 죄가 다시 그를 다스리지 못하게 하신다. 그러나 또한 그리스도는 믿는 자 안에 거하시는 성령을 통해 그가 매일 자아를 이기고 완전히 주님께 복종할 수 있게 만드신다. 죄로부터의 구원은 이미 이루어진 사실이고, 자아를 부인하는 것은 매일 매일의 경험이 되어야 한다.

신자가 거듭날 때 십자가에 내포된 의미를 완전히 이해한다면, 그는 한편으로는 죄로부터 온전히 구원될 것이며, 다른 한편으로는 새 생명을 소유하게 될 것이다. 많은 주님의 일꾼들이 죄인들에게 이 완전한 구원을 전하지 못하여, 하나님의 구원을 반만 믿게 하는 것은 참으로 유감스러운 일이다. 이런 이들은 말하자면 불완전한 구원을 받게 되는 것이다. 즉 그들의 죄는 용서를 받으나 죄를 멀리할 힘이 결여되어 있다. 게다가 구원이 완전히 제시될 경우에도 죄인들은 그들의 죄만 사함받기를 원하고 죄의 권세로부터의 구원은 진심으로 기대하지 않을 때가 있다. 이런 경우에도 그들은 불완전한 구원을 받는 것이다.

사람이 처음부터 완전한 구원을 믿고 완전한 구원을 받으면, 그는 죄와의 투쟁에서 실패를 덜 경험할 것이며, 자아와의 투쟁에서는 더 많은 성공을 경험할 것이다. 유감스럽게도 이러한 신자는 찾아보기가 힘들다. 대부분의 사람들은 불완전한 구원으로 시작한다. 따라서 그들의 갈등은 주로 죄와의 투쟁이다. 그리고 어떤 성도들은 자아가 무엇인지도 모른다. 이 문제에 관해서는 믿는 사람의 거듭나기 전 상태가 한 부분을 담당한다. 많은 이들은 믿기 전에도 선을 행하려는 경향이 있다. 이들은 물론 선을 행할 힘도 없고 선해질 수도 없다. 그러나 이런 이들은 선을 행할 힘은 약하지만 양심은 상당히 깨어 있는 것처럼 보인다. 이들은 말하자면 이성과 정욕간의 갈등을 경험한다. 이러한 이들이 하나님의 온전한 구원 소식을 들을 때는, 죄 사함을 위한 은혜를 받는 것과 마찬가지로 죄로부터 구원받기 위한 은혜도 기꺼이 받으려 한다. 그러나 또 다른 부류의 사람들은 믿기 전에 시꺼먼 양심을 가지고 무시무시한 죄를 범하며 선을 행할 의향도 없다. 이런 이들은 하나님의 완전한 구원의 소식을 듣고 죄사함의 은혜는 자연스럽게 받아들이지만 죄로부터의 구원을 위한 은혜는 소홀히 여긴다(그러나 이를 거절하는 것은 아니다). 이런 이들은 후에 육신의 죄와의 싸움을 수 없이 경험하게 된다.

후자의 경우는 왜 그러한가? 그와 같이 거듭난 사람은 새 생명을 소유하고 있는데, 그것은 그에게 육신의 법을 이기고 새 생명에 순종할 것을 요구하기 때문이다. 하나님의 생명은 절대적이다. 이 생명은 사람에게 완전한 주도권을 행사해야 한다. 이 생명은 사람의 영에 들어오자마자 그가 이전에 섬기던 주인인 죄를 떠나 전적으로 성령께 순복할 것을 요구한다. 그러나 이 사람 속에 있는 죄는 깊이 뿌리를 박고 있다. 그의 의지는 거듭난 생명을 통하여 어느 정도는 새롭게 되었다 해도, 여전히 죄와 자아에 매여 있다. 그래서 대개의 경우 죄에게로 쏠리게 된다. 새 생명과 육신 사이에 큰 갈등이 일어나는 것은 불가피한 일이다. 이러한 상태에 있는 사람들이 무수히 많기 때문에, 이들에게 특별한 주의를 기울일 것이다. 그러나 장기간 지속되는 죄와의 싸움이나 패배의 경험은 불필요한 것임을 기억하기 바란다.

육은 완전한 주권을 요구한다. 이것은 영적 생명도 마찬가지다. 육은 사람이 영원히 육에 속해 있기를 원한다. 반면에 영적 생명은 사람이 성령께 완전히 순복하기를 원한다. 모든 점에서 육신과 영적 생명은 서로 다르다. 전자의 성품은 첫째 아담의 성품이요, 후자의 성품은 마지막 아담에게 속한 것이다. 전자의 동기는 땅에 속한 것이나 후자의 동기는 하늘에 속한 것이다. 육신은 모든 초점을 자아에게 맞추고, 영적 생명은 모든 중심을 그리스도에게 둔다. 육은 사람을 죄로 이끌기 원하고, 영적 생명은 사람을 의로 이끌기 원한다. 이 둘은 근본적으로 상반되는데 어떻게 사람이 육과의 계속적인 충돌을 피할 수 있겠는가? 신자가 그리스도의 완전한 구원

육신과 구원

을 깨닫지 못할 때 그는 항상 이와 같은 투쟁을 경험하게 된다.

어린 신자가 이러한 갈등에 빠지면 당황할 수밖에 없다. 어떤 이들은 이런 경우 자신이 너무나 악하다고 생각하면서 영적 성장을 포기한다. 또 다른 사람들은 자기가 거듭났기 때문에 이러한 싸움이 시작되었다는 것을 모르고 자신이 참으로 거듭났는가를 의심하기 시작한다. 이전에 육신이 다른 간섭 없이 주권을 행사할 때는 (영이 죽어 있었기 때문에), 이들은 죄에 대한 감각도 없이 마음대로 죄를 지을 수 있었다. 이제는 새 생명과 더불어 하늘에 대한 성품과 욕망과 빛과 생각이 살아났다. 이 새로운 빛이 사람 속에 침투해 들어오면 즉시 그 안에 있는 더러움과 부패상이 드러난다. 새로운 욕망은 자연히 이러한 상태에 남아 있는 것에 만족하지 않고 하나님의 뜻을 따르기를 갈망한다. 육은 영적 생명과 싸움을 시작한다. 이러한 싸움은 신자에게 자기 안에 두 사람이 함께 살고 있는 듯한 느낌을 준다. 이 두 사람은 각각 자기의 생각이 있고 힘이 있다. 그리고 저마다 승리를 위해 노력한다. 신자는 영적 생명이 우세해지면 더 없이 기뻐하고, 육신이 앞서면 괴로워할 수밖에 없다. 이러한 경험은 그 사람이 거듭났음을 확증해 주는 것이다.

하나님의 목적은 육을 개조시키는 것이 아니라, 육을 멸하는 것이다. 육신의 자아를 멸하는 것은 우리가 거듭날 때 주어지는 하나님의 생명에 의해서만 가능한 것이다. 하나님께서 사람에게 주시는 생명은 참으로 강력한 생명이다. 그러나 중생한 사람은 아직 갓 태어나 매우 약한 어린아이에 불과하다. 육은 오랫동안 지배권을 잡고 있던데, 그 힘은 실로 막중하다. 게다가 거듭난 사람은 아직 믿음으로 하나님의 완전한 구원을 깨닫지 못했다. 그는 구원은 받았지만 이 기간 동안에는 아직 육에 속해 있는 것이다. 육에 속해 있다는 것은 곧 육신에 의하여 지배를 받는다는 말이다. 가장 안타까운 것은 신자가 지금까지 하늘의 빛에 의하여 육신의 추악함을 깨닫고 육신에 대한 완전한 승리를 진심으로 갈구해 왔으나, 자신이 육을 이기기에 너무나 연약한 것을 발견하는 것이다. 우리가 많은 슬픔의 눈물을 흘리는 것은 바로 이 때다. 죄를 멸하고 하나님을 기쁘시게 하고픈 새로운 열망이 있으나, 자신의 의지가 죄의 몸을 정복할 만큼 굳세지 못한 것을 발견할 때 어찌 자신에게 화가 나지 않을 수 있겠는가? 승리는 적고, 패배는 많다.

바울은 로마서 7장에서 이 갈등에 대한 속 사람의 번민을 잘 표현하고 있다.

"나의 행하는 것을 내가 알지 못하노니 곧 원하는 이것은 행하지 아니하고 도리어 미워하는 그것을 함이라 만일 내가 원치 아니하는 그것을 하면 내가 이로 율법의 선한 것을 시인하노니 이제는 이것을 행하는 자가 내가 아니요 내 속에 거하는 죄니라 내 속 곧 내 육신에 선한 것이 거하지 아니하는 줄을 아노니 원함은 내게 있으나 선을 행하는 것은 없노라 내가 원하는 바 선은 하지 아니하고 도리어 원치 아니하는 바 악은 행하는도다 만일 내가 원치 아니하는 그것을 하면 이를 행하는 자가 내가 아니요 내 속에 거하는 죄니라 그러므로 내가 한 법을 깨달았노니 곧 선을 행하기 원하는 나에게 악이 함께 있는 것이로다 내 속 사람으로는 하나님의 법을 즐거워하되 내 지체 속에서 한 다른 법이 내 마음의 법과 싸워 내 지체 속에 있는 죄의 법 아래로 나를 사로잡아 오는 것을 보는도다" (15-23절).

이와 같은 거의 절망에 가까운 부르짖음에 많은 사람들은 이렇게 반응할 것이다. "오호라 나는 곤고한 사람이로다 이 사망의 몸에서 누가 나를 건져내랴"(24절).

　이 싸움은 무엇을 의미하는가? 이것은 성령께서 우리를 훈련시키시는 하나의 방법이다. 하나님께서는 인간에게 완전한 구원을 주셨다. 자신이 그러한 구원을 받았음을 알지 못하는 사람은 그것을 누릴 수 없으며, 완전한 구원을 갈망하지 않는 사람은 그것을 경험할 수 없다. 하나님께서는 믿고 받아들여 자기 것으로 삼은 사람들에게만 주실 수 있다. 사람이 죄사함과 중생을 구하면 하나님은 반드시 그것을 주신다. 그리고 갈등을 통해서 하나님은 신자들로 하여금 그리스도 안에서의 완전한 승리를 추구하고 체험하게 하신다.

　이전에 무지했던 사람은 이제 알려고 할 것이다. 이렇게 되면 성령께서는 주님께서 우리의 옛 사람을 십자가에서 어떻게 처리해 주셨는가를 그에게 계시할 기회를 갖게 되며, 그는 이제 이러한 승리를 소유할 수 있는 믿음으로 들어가게 된다. 그리고 구하지 않았기 때문에 소유하지 못했던 사람은 이러한 영과 육의 싸움을 통하여 자기가 알고 있던 진리가 모두 정신적인 것에 지나지 않으며, 따라서 아무런 쓸모가 없다는 사실을 발견할 것이다. 그리고 이것을 깨달을 때 그는 그저 지적으로만 알아왔던 진리를 실제로 체험하기를 간절히 바라게 될 것이다.

　이 투쟁은 날이 갈수록 심해진다. 신자들이 절망하여 포기하지 않고 성실하게 믿음으로 나아간다면, 더 맹렬한 싸움을 계속하다가 결국은 구원에 이를 것이다.

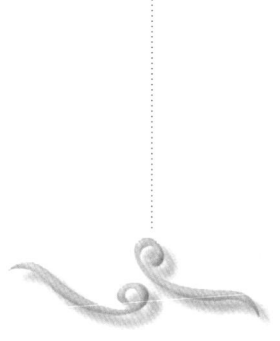

제2장
육에 속한 그리스도인

모든 신자는 바울과 같이 믿고 세례를 받는 순간에 성령 충만의 경험을 할 수 있다(행 9:17-19). 불행히도 많은 사람들은 마치 죽었다 다시 살리심을 받지 않은 것처럼 여전히 육의 지배를 받고 있다. 이러한 사람들은 그리스도께서 자신을 위하여 죽으셨다가 부활하셨다는 이미 이루어진 사실을 참으로 믿지 않으며, 죽음과 부활의 원칙을 따르라는 성령의 부름에 진실된 마음으로 따른 적도 없다. 그리스도께서 다 이루어 놓으신 일에 의하면, 그들은 이미 죽었다가 부활했다. 믿는 사람으로서의 책임으로 말하자면, 그들은 자신에 대하여 죽고 하나님에 대하여 살아야 한다. 그러나 실제 생활에서 볼 때 그들은 그렇지 못하다. 이런 신자를 우리는 비정상적이라고 생각해도 좋을 것이다. 그러나 이러한 비정상적인 상태가 오늘날 우리 시대에만 국한되어 있는 것은 아니다. 아주 오래 전에도 이러한 상태에 놓여 있는 성도들이 사도 바울을 가로막았다. 고린도의 그리스도인들이 그 예였다. 바울이 이들을 가리켜 한 말을 들어보자.

"형제들아 내가 신령한 자들을 대함과 같이 너희에게 말할 수 없어서 육신에 속한 자 곧 그리스도 안에서 어린아이들을 대함과 같이 하노라 내가 너희를 젖으로 먹이고 밥으로 아니하였노니 이는 너희가 감당치 못하였음이거니와 지금도 못하리라 너희가 아직도 육신에 속한 자로다 너희 가운데 시기와 분쟁이 있으니 어찌 육신에 속하여 사람을 따라 행함이 아니리요"(고전 3:1-3).

여기서 바울 사도는 모든 그리스도인들을 두 가지 부류, 즉 영적인 또는 신령한 그리스도인과 육적인 또는 육신에 속한 그리스도인으로 분리하고 있다. 신령한 그리스도인은 전혀 유별난 존재가 아니다. 그들이야말로 정상적인 사람들이다. 오히려 정상을 벗어난 사람은 육신에 속한 사람들이다. 이들은 말 그대로 정상이 아니기 때문이다. 고린도 사람들은 참으로 믿는 성도들이었다. 그러나 그들은 신령하지 못했고 오히려 육에 속해 있었다. 이 장에서 세 번이나 바울 사도는 그들이 육신에 속한 자라고 선언하고 있다. 성령께서 주신 지혜를 통해 바울은 그들에게 필요한 메시지를 주기 전에 그들의 상태를 먼저 밝혀 주어야 함을 깨닫게 되었던 것이다.

성경에서 말하는 중생은 사람의 가장 깊은 부분, 깊이 감추어진 영이 소생되어 성령이 내주하게 되는 출생을 말한다. 이 새로운 생명의 능력이 외부까지 퍼져 가는데는, 즉 중심에서 외곽까지 확대되는데는 시간이 필요하다. 따라서 그리스도 안에서 갓 태어난 어린아이의 삶에서 "어버이"의 경험이나 "청년의 활력"을 기대할 수는 없는 것이다. 비록 새로 거듭난 사람이 성실하게 성장하고, 최선을 다해 주님을 사랑하며, 열심 면에서 두각을 나타낸다 할지라도, 죄와 자아의 사악함을 더 알 수 있는 기회와, 하나님의 뜻과 영의 길을 좀더 체험할 기회가 필요하다. 아무리 주님을 사랑하고 진리를 사랑한다고 해도 이 어린 신자는 아직 감정과 생각의 영역에서 행하고 있으며, 아직은 시험받고 연단되지 않았다. 새로 거듭난 사람은 육적일 수밖에 없는 것이다. 비록 성령으로 충만해 있다 해도 그는 육을 알지 못하고 있다. 육신의 일이 육에서 기인한다는 것도 알지 못하는데, 어떻게 육신의 일로부터 해방될 수 있겠는가? 따라서 이들의 실제 상태를 검토해 보면, 갓난아이들은 일반적으로 육에 속한 사람들임을 알 수 있다.

성경은 새로 난 그리스도인이 즉시 신령하게 될 것을 기대하지 않는다. 그러나 여러 해가 지난 후에도 어린아이 상태로 있다면 그의 상태는 참으로 비참한 것이다. 바울 자신이 고린도인들에게 편지를 쓰면서 과거에는 그들이 그리스도 안에서 갓난아이였기 때문에 육에 속한 사람들로 간주했지만, 이제는 - 글을 쓰는 당시 - 마땅히 성숙한 사람이 되어야 했다고 지적하고 있다. 그러나 이들은 오히려 생활을 낭비했으며 아직 육적인 생활을 하는 어린아이의 탈을 벗지 못하고 있었다.

육적인 사람이 영적인 사람으로 변화하는 데는 오늘날 우리들이 생각하는 것만큼 그렇게 많은 시간이 필요하지 않다. 고린도의 성도들은 순전히 죄로 물들어 있던 이교도 출신이었다. 그런데도 불과 몇 년이 지나지 않아서 바울 사도는 이들이 어린아이로 있는 기간이 너무 길다고 보았다. 그들은 너무나 긴 기간을 육신에 속한 채로 보냈다. 왜냐하면 그 때쯤이면 마땅히 신령한 사람이 되어 있어야 했기 때문이다.

그리스도의 구속의 목적은 성령이 전 인격을 지배하는 데 방해

육에 속한 그리스도인

가 되는 모든 요소들을 제거함으로써 그 사람을 신령한 사람으로 만드는 데 있다. 성령의 능력은 지극히 풍성하므로 이 구속은 결코 실패로 돌아갈 수가 없다. 육신에 속한 죄인이 거듭난 신자가 될 수 있는 것처럼, 거듭났으나 아직 육에 속한 신자도 신령한 사람으로 변화될 수 있는 것이다. 현대의 그리스도인이 구원을 경험한 후 몇 년, 아니 10년, 20년이 지나도 영적 생활에 아무런 진전이 없이 세월을 보내고 있다는 것은 얼마나 애통한 일인가! 게다가 이러한 사람들은 불과 몇 년도 안 되어 영적 생활을 시작한 성도들을 만나면 놀라움을 금치 못한다. 그들은 이것이 지극히 정상적인 성장임을 깨닫지 못하고 아주 특별한 경우로 간주해 버린다. 당신은 주님을 믿은 지 얼마나 되었는가? 지금 영적인 삶을 살고 있는가? 우리는 성령을 근심하게 하며 스스로 손해를 보는, 나이 많은 갓난아이가 되어서는 안 되겠다. 모든 거듭난 성도들은 영적인 성장을 갈구하고, 성령께서 우리 생활의 모든 면을 지배하도록 함으로써, 비교적 짧은 시간내에 하나님께서 우리를 위해 준비해 놓으신 곳으로 우리를 인도하실 수 있도록 해야 할 것이다. 우리는 제자리걸음을 하면서 시간을 낭비해서는 안 되겠다.

    그러면 우리가 자라지 못하는 이유는 무엇인가? 여기에는 두 가지 이유가 있을 수 있다. 한편으로는, 믿음이 어린 신도들의 영혼을 돌보는 이들이 그들에게 하나님의 은혜와 그리스도 안에서의 위치에 대해서만 말해 주고 영적인 체험을 추구하도록 격려하지 않는 데 그 원인이 있다. (아니, 다른 이들을 돌보는 이들 자신이 성령 안에서의 생활에 대하여 무지하기 때문인지도 모른다. 이러한 사람들이 어떻게 다른 사람을 더 충만한 생활로 인도할 수 있겠는가?) 다른 한편으로, 그것은 신자들 자신이 영적인 일에 열심을 내지 않기 때문일 수도 있다. 이들은 대개 구원받은 것만으로도 충분하다고 생각하거나, 영적인 의욕이 없거나, 영적인 성장을 위해 귀한 대가를 치를 의향이 없다. 그 결과 교회가 "늙은 아이들"로 가득 차게 된 것은 참으로 통탄할 만한 일이다.

육적인 사람의 특징은 무엇인가? 육신에 속한 사람의 첫번째 특징은 오랫동안 "어린아이"로 남아 있다는 것이다. 어린아이 시절은 몇 년을 초과해서는 안 된다. 우리는 하나님의 아들이 자신의 죄를 위하여 십자가에서 구속의 피를 흘렸다는 것을 믿음으로 거듭남과 동시에 "내가 그리스도와 함께 십자가에 못 박혔다"는 것을 믿어야 한다. 이것을 믿을 때, 성령께서는 우리를 육의 세력으로부터 구원해 주신다. 이 사실을 알지 못할 때 우리는 여러 해 동안 육신에 거하게 된다.

육신에 속한 그리스도인의 두 번째 특징은 영적인 가르침을 받을 준비가 되어있지 않다는 것이다. "내가 너희를 젖으로 먹이고 밥으로 아니하였노니 이는 너희가 감당치 못하였음이거니와 지금도 못하리라"(고전 3:2). 고린도인들은 그들의 지식과 지혜를 과대평가하여 엄청난 자만에 빠져 있었다. 아마 그 당시 여러 교회 가운데 고린도 교회가 가장 지적인 교회였던 것 같다. 바울은 그 전에 그들의 풍부한 지식을 인하여 하나님께 감사를 드렸다(1:5). 바울이 신령한 설교를 하면 고린도 교인들은 설교 한마디 한마디를 모두 이해할 수 있었다. 그러나 이들은 그 모든 것을 지적으로만 이해했다. 그들은 모든 것을 알았지만, 그들이 아는 바를 삶 속에서 표현할 능력이 없었다.

오늘날에도 많은 것을 잘 알고 있어서 남에게 설교까지 할 수 있으면서도 자기 자신은 아직 "육적 상태"를 벗어나지 못하고 있는 육신에 속한 그리스도인이 많이 있을 것이다. 참된 영적 지식은 신비스럽고 놀라운 사상에 있는 것이 아니라, 신자의 생활이 진리와 연합됨으로써 경험하는 실제 영적 체험에 있다. 여기서 영리한 머리는 아무 쓸모가 없다. 진리에 대한 열성만으로도 부족하다. 영적인 삶에 이르는 길은 오직 우리를 참되게 가르치시는 성령께 온전히 복종하는 길뿐이다. 다른 모든 것은 한 사람의 머리에서 다른 사람의 머리로 지식을 이전시키는 것에 지나지 않는다. 또 그런 지식이 육적인 사람을 영적으로 만드는 것도 아니다. 오히려 그의 육적인 생활이 그의 모든 "영적" 지식을 육적인 것으로 바꿔 버릴 것이다. 그러한 사람에게 필요한 것은 더 많은 신령한 가르침이 아니고, 기꺼이 자신의 생활을 성령께 맡기고 성령의 명령을 따라서 십자가의 길을 가려는 순종하는 마음이다. 더 많은 신령한 가르침은 그의 육적인 상태를 강화시킬 뿐이며, 스스로 신령하다고 생각하도록 신자를 기만하는 결과를 초래할 뿐이다. 왜냐하면 이러한 사람들은 종종 스스로에게, "내가 신령하지 않다면 어떻게 이와 같이 많은 영적인 일을 알 수 있겠는가?"라고 말하기 때문이다. 그러나 자신을 올바로 판단하려면, "나는 생활 속에서 얼마나 많은 것을 깨달아 알고 있는가? 아니면 내가 알고 있는 것은 단순한 지식에 지나지 않는 것인가?"라고 물어야 할 것이다. 주님께서 우리에게 은혜를 베푸시기 바란다.

 바울은 육신에 속한 사람들의 또 다른 증거에 대하여, "너희 가운데 시기와 분쟁이 있으니 어찌 육신에 속하여 사람을 따라 행함이 아니리요?"라고 기록했다. 시기와 분쟁의 죄는 육적인 상태를 나타내는 뚜렷한 증거다. "나는 바울에게", "나는 아볼로에게",

"나는 게바에게", "나는 그리스도에게 속한 자"라는 표현에서 확인할 수 있듯이, 고린도 교회 내부에는 분쟁이 만연해 있었다(고전 1:12). "나는 그리스도에게 속한 자"라고 말하면서 그리스도를 위해 싸우던 사람들도 육적인 사람들에 속했다. 왜냐하면 육적인 마음은 언제 어디서나 시기와 질투와 분쟁으로 나타나기 때문이다. 자기 자신이 그리스도에게 속했다고 내세우는 태도는 틀림없이 육적인 것이다. 말이 아무리 달콤하게 들릴지라도, 분파적인 자랑은 갓난아이의 재잘거림에 지나지 않는 것이다. 교회 안에서 분열이 일어나는 원인은 다른 데 있는 것이 아니라, 사랑이 부족하고 육신을 따라 행하는 데 있다. 이러한 사람은 진리를 위해 싸우는 것처럼 보이나 실상은 위장에 불과한 것이다. 세상의 죄인들은 육신에 속한 사람들이다. 다시 말해서 이들은 거듭나지 못한 사람들이다. 따라서 이들은 혼과 몸의 지배하에 있다.

신자가 육신에 속했다는 것은 곧 그 역시 보통 사람과 같이 행하고 있다는 뜻이다. 세상 사람들이 육적인 것은 극히 자연스러운 것이다. 막 거듭난 신자가 육적인 것은 이해가 간다. 그러나 주님을 믿어 온 햇수에 따라 신령해지는 것이 정상이라면, 어떻게 우리가 세속 보통 사람과 같이 행할 수 있겠는가?

어떤 사람이 보통 사람과 똑같이 행동하고 자주 죄를 범한다면, 그는 육신에 속한 것이 분명하다. 그가 아무리 신령한 가르침을 많이 알고 있고, 아무리 많은 영적 경험을 했다고 주장한다 해도, 또 아무리 칭찬받을 만한 봉사를 많이 했다 할지라도, 그가 자신의 독특한 성격과 기질, 이기심, 분쟁심, 허영심, 질투심, 용서하지 못하고 사랑하지 못하는 마음에서 벗어나지 못한 상태에 있다면, 이런 것들이 그를 조금도 덜 육신적으로 만들어 주지 못한다.

육에 속한 그리스도인

육신에 속했다, 또는 육신적이라는 말은 "보통 사람처럼" 행하는 것을 뜻한다. 우리의 행동이 보통 사람과 근본적으로 다른지 그렇지 않은지를 자신에게 물어 보아야 할 것이다. 많은 세상적인 행동이나 습관들이 아직 그대로 생활에 배어 있다면 우리는 의심할 여지없이 육에 속해 있는 것이다. 우리가 신령한 사람으로 분류되든, 육적인 사람으로 분류되든 간에 그것을 가지고 논쟁하는 일은 피하기로 하자. 만일 우리가 성령의 지배를 받지 않고 있다면, "신령하다"고 지칭하는 것이 무슨 유익이 있겠는가? 이것은 결국 생명에 관한 문제이지, 명칭의 문제가 아니다.

육신의 죄들

사도 바울이 로마서 7장에서 경험한 것은 몸 안에 거하는 죄에 대한 투쟁이었다. "죄가 기회를 타서 계명으로 말미암아 나를 속이고 – 오직 죄가 나를 죽게 만들었으니 – 육신에 속하여 죄 아래 팔렸도다 – 내 속에 거하는 죄니라"(11, 13, 14, 17, 20절). 아직 육에 속해 있을 때 신자는 종종 그 안에 거하는 죄에게 정복을 당한다. 그래서 투쟁도 많고 범하는 죄도 많다.

인간의 몸이 필요로 하는 것을 분류한다면 "영양, 생식, 방어"의 세 가지 범주로 나눌 수 있다. 인간이 타락하기 전에는 이것들은 모두 죄와 아무 관련 없는 정당한 필요들이었다. 오직 인간이 죄에 빠진 이후부터 이 세 가지 필요는 죄를 위한 매개체로 전락한 것이다.

영양의 경우, 세상은 음식을 가지고 우리를 유혹한다. 인간이 제일 처음 받은 유혹은 바로 이 음식의 문제였다. 선악과가 하와를 유혹한 것처럼, 먹고 마시고 즐기는 것이 오늘날 육신의 죄가 되었다. 이 음식의 문제를 가볍게 지나치지 말자. 많은 육적인 그리스도인들이 바로 이 점에서 걸려 넘어지고 있다. 고린도의 육적인 신자들은 바로 이 음식 문제로 형제들을 넘어지게 했다. 따라서 그 당시 감독과 집사가 될 사람들은 이 문제를 극복하지 않으면 안 되었다(딤전 3:3, 8). 오직 신령한 사람만이 먹고 마시는 데 빠지는 것이 무익하다는 것을 안다. "그런즉 너희가 먹든지 마시든지 무엇을 하든지 다 하나님의 영광을 위하여 하라"(고전 10:31).

둘째로, 생식은 인간의 타락 이후 육정으로 변했다. 성경은 특히 육정을 육신과 연관시켜 다루고 있다. 에덴 동산에서도 탐심을 가지고 먹은 죄는 즉시 육정과 수치를 불러일으켰다. 바울은 고린도 교인들에게 보낸 첫번째 서신에서 이 두 가지를 한꺼번에 다루고 있다(6:13, 15). 그리고 술취함과 불의를 연관지어 말하고 있는 것을 볼 수 있다(9-10절).

이제 방어에 관하여 생각해 보자. 죄가 득세하면 몸은 자기 방어에 그 힘을 발휘한다. 몸의 안락과 쾌락에 방해되는 것은 무엇이든지 반대한다. 보통 기질이라고 불리는 것과 거기서 비롯되는 분냄이나 다툼 같은 것은 육신으로부터 나오는 것이며, 따라서 육신의 죄들이다. 자기 방어 본능의 배후에는 죄가 그 동기로서 도사리고 있기 때문에, 그로부터 직접 간접적으로 무수히 많은 범죄가 흘러나온다. 너무나도 많은 세상의 흉악한 죄들이 이기심, 자기 생존, 자기 영광, 자기 의견 등 자신에게서 솟아나온다.

세상의 모든 죄를 자세히 분석해 보면 어떻게 각각의 죄들이 이 세 범주-영양, 생식, 방어-와 연결되어 있는지를 볼 수 있다. 육에 속한 그리스도인은 이 세 가지 항목 중 하나나 둘, 또는 세 가지 전체에 지배를 받고 있는 사람이다. 세속적인 사람이 그 몸의 죄에 얽매어 죄의 지배를 받는 것은 전혀 놀라운 일이 아니지만, 거듭난 그리스도인이 오랫동안 육신에 남아 있다거나 죄의 권세를 이기지 못하여 굴곡이 심한 생활을 한다는 것은 아주 비정상적인 것으로 보아야 한다. 신자는 성령으로 하여금 자신의 마음을 살피게 함으로써, 무엇이 성령의 법과 자연의 법에 금지되어 있으며, 무엇이 그로 하여금 절제와 자제심을 얻지 못하게 하는지, 그리고 무엇이 그를 지배하고 있으며, 무엇이 영으로 하나님을 섬길 자유를 빼앗아 가는지를 깨달아야 할 것이다. 이러한 죄가 제거되지 않는 한 그는 신령한 생활을 시작할 수 없다.

육신의 일들

육신은 많은 출구를 가지고 있다. 육신이 하나님을 대적하며 하나님을 기쁘시게 할 수 없다는 것을 배웠다. 그러나 우리가 성령의 계시를 받지 못하는 한 죄인이든 신자든 간에 육신의 무가치함과 사악함과 더러움을 있는 그대로 순수하게 깨달을 수 없다. 오직 하나님께서 성령을 통하여 육의 상태를 하나님께서 보시는 그대로 사람에게 계시해 줄 때에만 사람은 그 육신을 올바로 다룰 수 있다.

사람을 향한 육신의 표현은 잘 알려져 있다. 사람이 자신에게 엄격하고 과거에 행했던 것처럼 "육체와 마음의 원하는 바"(엡 2:3)를 쫓아 행하기를 거부해 보면 이러한 육신의 표현이 얼마나 더러운 것인가를 쉽게 추정할 수 있을 것이다. 바울은 갈라디아서에서 육신의 죄들을 상세히 나열하여, 이 문제에 관해서는 누구도 오해하지 않도록 했다. "육체의 일은 현저하니 곧 음행과 더러운 것과 호색과 우상 숭배와 술수와 원수를 맺는 것과 분쟁과 시기와 분냄과 당 짓는 것과 분리함과 이단과 투기와 술 취함과 방탕함과 또 그와 같은 것들이라"(갈 5:19-21). 이를 열거하기에 앞서 바울은 "육체의 일은 현저하다"고 선언하고 있다. 참으로 깨닫기를 원하는 사람이면 누구든지 육신의 일들을 알 수 있다. 누구든지 자기가 육신에 속해 있는지의 여부를 확인하려면 자기가 이와 같은 육체의 일들을 행하고 있는지를 스스로 자문해 보면 된다. 물론 육에 속한 사람이 되기 위해서 위에 열거한 것을 다 행해야 할 필요는 없다. 이 가운데 한 가지만 행한다 해도 의심할 여지없이 육적인 사람이다. 육신이 그 권한을 이미 양도했다면 어떻게 육체의 일들 가운데 한 가지인들 행할 수 있겠는가? 육체의 일이 존재한다는 것은 육신이 존재함을 증명하는 것이다.

위에 말한 육체의 일은 다섯 가지로 구분할 수 있다.

(1) 음행과 더러운 것과 호색 등, 몸을 더럽게 하는 죄들.

(2) 우상 숭배나 술수와 같은, 사탄적인 세력과의 악하고 신비적인 교통.

(3) 원수를 맺는 것과 분쟁과 시기와 분냄과 같은 악한 기질과 그 특성들.

(4) 당짓는 것과 분리함과 이단과 투기와 같은 종교적인 파벌과 이단.

(5) 술 취함과 방탕함과 같은 음탕한 죄.

이 모든 죄들은 쉽게 관찰되는 것들이다. 이런 일들을 행하는 사람은 육신에 속한 것이다.

이 다섯 가지 종류의 죄 중에서 어떤 죄들은 덜 악하고 어떤 죄들은 더 추악하다고 구분한다. 그러나 우리가 이러한 육체의 일들을 어떻게 보든 간에, 더 추하게 보든 더 세련되고 고상하게 보든, 하나님은 이 모든 죄가 한 가지 근원-육에서 나온 것임을 밝히셨다. 아주 추악한 죄를 자주 범하는 사람은 자연히 자기가 육에 속한 사람임을 알게 된다. 그러나 비교적 추악한 죄들을 이겨내는 사람들이 자기가 육에 속했음을 인정하는 것은 얼마나 어려운 일인지 모른다. 그들은 대개 자기가 다른 사람들보다 더 우월하고, 육신을 좇아 행하지 않는다고 생각하고 있다. 그들은 외모가 아무리 품위 있게 보인다 해도, 육은 어디까지나 육이라는 것을 깨닫지 못하고 있다. "분쟁과 분리함과 이단과 투기"는 "음행이나 더러운 것이나 호색이나 방탕함"보다는 더 깨끗한 이미지를 풍긴다. 그러나 이 모든 것은 다 같은 나무의 열매다. 우리 눈이 우리 자신을 볼 수 있을 때까지 이 세 구절을 놓고 기도해야 한다. 기도를 통하여 우리는 겸손해질 것이다. 눈물을 흘리며 우리 죄 때문에 슬피 울 때까지, 우리가 이름만 그리스도인-"신령한" 그리스도인이지 실제 생활은 여전히 육체의 일로 가득 차 있다는 것을 알게 될 때까지, 함께 기도하자. 우리 마음이 모든 육적 요소를 제거하고 싶은 열망에 불타오를 때까지 기도해야 한다.

성령이 하는 일의 첫번째 단계는 우리에게 우리 자신의 죄를 깨닫게 해주는 일이다. 처음에 죄인은 결코 성령의 조명 없이 자기 죄의 추악함을 보고 다가오는 진노를 피하기 위해 그리스도께 순종할 수 없을 것이다. 그래서 신자는 그 다음에 새롭게 자기의 죄를 볼 필요가 있다. 그리스도인은 자신의 죄에 대한 책임을 자신에게 돌려야 한다. 그리스도인이 자기 육체가 얼마나 사악하며 비열한지를 인식하지 못하고 자신을 증오하지 않는다면 어떻게 신령한 사람이 될 수 있겠는가? 어떠한 방법으로 죄를 범하든 간에, 우리가 육에 속해 있다는 것은 변치 않는 사실이다. 지금은 성령에 의해 우리 죄를 새로이 깨닫게 되기를 바라며 하나님 앞에 겸손히 무릎을 꿇을 때이다.

죽음의 필요성

신자가 성령에 의해 깨우침을 받아 육적인 상태의 처절함을 깨닫게 될수록, 그의 육체와의 싸움은 점점 더 심해지며, 실패의 경험이 더 잦아진다. 패배를 경험하면서 그는 죄의 더러움과 육체의 나약함이 점점 더 알게 되며, 따라서 자신에 대해 더욱 심한 분노를 느끼는 동시에 육신의 죄와 싸울 결심을 더욱 굳게 하는 것이다. 이와 같은 연쇄 반응은 오래 지속되는 수도 있으나, 결국에는 십자가의 더욱 깊은 역사를 체험함으로써 구원에 이르게 된다. 성령께서 우리를 바로 이런 길로 인도하신다는 사실은 실로 의미심장한 것이다. 십자가가 더 깊은 역사를 이루기 전에, 우리 생활에 적절한 준비가 갖추어져야 하는데, 그것은 바로 갈등과 실패를 통해서 되는 것이다.

신자의 경험에 있어서, 우리의 육이 속속들이 썩어 있으며 속량할 수 없는 것이라는 하나님의 평가에 지적으로 동의할지라도, 육의 추악함과 부패상을 정확하게 볼 줄 아는 영적 통찰력이 결여되어 있을 수 있다. 그는 하나님께서 말씀하시는 것이 옳다고 생각할 것이다. 그러나 말은 그렇게 하지 않아도, 아직도 그의 육신을 서투르게나마 수선해 보려고 갖은 애를 쓰고 있다.

하나님의 구원을 잘못 알고 있는 많은 신자들이 육신과 투쟁을 함으로써 육신을 정복하려고 한다. 그들은 승리가 자신들이 가지고 있는 능력의 정도에 달려 있다고 생각하고 있다. 따라서 이러한 사람들은 하나님께서 더 많은 영적 능력을 주셔서 육신을 이기게 해주시기를 기대한다. 이 투쟁은 오랜 기간 동안 지속되며, 신자는 승리보다 실패를 더 많이 경험한다. 결국 육신에 대한 완전한 승리는 실현될 수 없는 것처럼 보인다.

이 기간 동안 신자는 한편으로는 투쟁을 계속하고, 또 한편으로는 육신을 개선하거나 훈련시키려는 노력을 계속한다. 그는 기도도 하고, 성경을 상고하기도 하고, 육신을 정복해서 길들여 보려는 헛된 망상에서 많은 규칙("붙잡지도 말고 맛보지도 말고 만지지도 말라")을 세우기도 한다. 그는 부지불식간에 육신의 악을 규칙과 교육과 교양의 부족 때문이라고 생각하는 잘못에 빠진다. 육신에 좀더 영적인 훈련을 가하면 육신의 갈등으로부터 해방될 수 있을 것이라고 생각한다. 그는 그러한 방법이 아무런 유익이 없다는 것을 깨닫지 못하는 것이다(골 2:21-23).

육신을 개선하려는 노력과 더불어 육신을 멸하기를 원하는 그리스도인의 혼동된 생각 때문에, 성령은 그가 투쟁하고 패배하고 나중에는 자책감에 시달리도록 내버려두실 수밖에 없는 것이다. 이러한 경험을 여러 번 거듭한 후에야 신자는 육신을 구속할 수 없으며 그의 방법이 무익하다는 사실을 깨달을 것이다. 그렇게 되면 그는 다른 종류의 구원을 찾아낼 것이다. 따라서 이제 그는 전에는 단지 머리로만 알고 있던 사실을 체험을 통해 깨닫게 되는 것이다.

만일 하나님의 자녀가 충실하고 정직하게 하나님을 믿으며, 자기 육신을 그 빛 가운데 비추어 볼 수 있도록 하나님의 거룩함을 계시해 달라고 성령께 진실되게 간구한다면, 틀림없이 성령은 그렇게 해주신다. 이렇게 되면 그는 많은 고통을 덜게 된다. 그러나 이러한 신자는 극히 드물다. 대부분의 성도는 자기가 그렇게 나쁘지 않다고 생각하면서 자신의 방법을 신뢰한다. 이와 같은 그릇된 생각을 시정하기 위하여 성령께서는 꾸준히 신자들을 인도하여 점차로 자신의 방법이 무익하다는 것을 경험할 수 있도록 하신다.

지금까지 우리 자신이 육신에 굴복할 수 없다는 것과, 육을 교정하거나 조절하거나 길들일 수도 없다는 것을 보았다. 그 이유는, 우리의 방법으로는 육신의 본질을 조금도 바꿀 수 없기 때문이다.

그렇다면 우리가 할 수 있는 일은 무엇인가? 육신은 죽어야 한다. 이것이 하나님의 방법이다. 죽음 외에 다른 어떤 방법도 있을 수 없다. 우리는 노력에 의하여, 의지를 발휘함으로써, 육신을 변화시킴으로써, 또는 다른 허다한 방법으로 육신을 길들이는 것을 더 좋아할 것이다. 그러나 하나님의 처방은 죽음이다. 육신이 죽으면, 모든 문제들이 자동적으로 해결되지 않겠는가? 육은 정복되어야 할 것이 아니다. 육신은 죽어야 한다. 애초에 우리가 어떻게 육신이 되었는가를 고려한다면 이것은 아주 타당한 것이다. "육에서 난 것은 육이요." 우리는 육에서 남으로써 육이 되었다. 따라서 출구는 하나밖에 없다. 소유하는 길은 곧 상실하는 길이다. 우리는 육에서 남으로써 육이 되었다. 고로 육이 죽을 때 우리는 육에서 해방되는 것이다. 십자가에 못 박는 것만이 유일한 방법이다. 이는 "죽은 자가 죄에서 벗어나기"(롬 6:7) 때문이다. 죽음 외에 어떤 것도 불충분하다. 오직 죽음만이 유일한 구원이다.
  육신은 극히 더러운 것이다(벧후 2:10-22). 따라서 하나님께서는 이를 변화시키려 하지 않으신다. 육신을 사형에 처하는 것 외에는 다른 구원의 길이 없다. 우리는 성경에서 주님의 피가 어떻게 우리의 죄를 씻는가를 볼 수 있다. 그러나 그의 피가 우리의 육신을 씻는다는 말을 찾아볼 수 없다. 육신은 십자가에 못 박혀야 한다(갈 5:24). 성령은 죄 있는 육신에는 거하시지 않는다. 성령이 신자 안에 거하시는 목적은 육을 개선시키는 데 있는 것이 아니라, 육에 대항하여 싸우는 데 있다(갈 5:17). "관유(성령을 상징함)를 보통 사람의 몸에 붓지 말라"(출 30:32)고 했다.
  이것이 사실이라면, 우리가 종종 하나님께 우리를 착하고 사랑스럽게 만들어 주셔서 주님을 더 잘 섬기게 해달라고 기도하는 것이 얼마나 어리석은 일인가! 그리고 언젠가는 매일 주님과 동행하며 모든 일에 주님께 영광을 돌릴 수 있는 거룩한 자리에 이를 것이라는 우리의 바람은 얼마나 허망한 것인가? 실로 우리는 육을 개조하여 하나님의 성령과 협력하도록 만들려고 시도해서는 안 되겠다. 육은 죽어야 한다. 오직 육을 십자가에 못 박음으로써만이 우리는 영원히 육의 종노릇을 하는 데서 해방될 수 있는 것이다.

제3장
십자가와 성령

　많은 신자들(대부분은 아니라 해도)이 주님을 믿은 순간 성령의 충만함을 받지 못했다. 더욱 유감스러운 것은, 그들이 믿은 지 여러 해가 지났는데도 여전히 죄의 종으로 육신에 속한 그리스도인으로 남아 있다는 것이다. 여기서 우리는 그리스도인이 어떻게 육에서 벗어나는지를 설명하고자 한다. 여기에 담긴 내용은 고린도 성도들의 경험과 어디에서나 찾아볼 수 있는 유사한 성도들의 경험에 기반을 둔 것이다. 나아가 그리스도인은 십자가의 동일시하는 역사(identifying work)를 믿기 전에 먼저 십자가의 대속적인 역사(substitutionary work)를 믿어야 한다는 것을 암시하려는 것이 아니다.
　그러나 많은 이들이 처음 믿을 때 십자가에 관한 분명한 계시를 받지 못하는 것이 사실이지 않은가? 그들이 받은 것은 사실 전체 진리의 반에 불과하다. 따라서 이들은 이후에 나머지 반을 받아야 하는 것이다. 당신이 십자가에서 이루어진 완전한 역사를 이미 받아들였다면, 여기서 제시하는 것은 당신과 별로 관련이 없을 것이다. 그러나 그렇지 않고 대부분의 신자들처럼 전체의 반만을 믿었다면, 여기서 읽는 나머지 진리는 당신에게 없어서는 안 되는 진수가 될 것이다. 그러나 십자가의 역사의 두 가지 면을 반드시 별개의 것으로 받아들일 필요는 없다는 것을 독자들이 인식하기 바란다. 다만 처음의 믿음이 불완전하기 때문에 두 번째 믿음이 필요한 것이다.

십자가의 구원

사도 바울은 갈라디아서에서 여러 가지 육신의 행위를 열거한 후에 "그리스도 예수의 사람들은 육체와 함께 그 정과 욕심을 십자가에 못 박았느니라"(갈 5:24)고 지적하고 있다. 여기에 구원이 있다. 신자의 관심사와 하나님의 관심사가 크게 다르다는 것은 이상한 일이 아닌가? 신자는 "육체의 일"(갈 5:19), 즉 육신의 갖가지 죄에 대하여 관심을 가지고 있다. 그는 오늘의 분냄과 내일의 시기와 모레의 다툼에 마음을 쓴다. 신자는 어떤 특정한 죄를 놓고 슬퍼하며 그것을 이기기를 원한다. 그러나 이 모든 죄들은 모두 같은 나무에서 나는 열매들이다. 그래서 하나를 따면(사실 하나를 딸 수도 없다) 다른 열매가 나온다. 열매들이 계속 자라나기 때문에 그에겐 승리의 기회가 주어지지 않는다.

한편 하나님께서는 육체의 일에는 관심이 없고 "육체" 자체(갈 5:24)에 오히려 관심을 가지고 계시다. 나무가 죽었으면, 그 나무가 열매를 맺을까봐 두려워할 필요가 없다. 신자는 뿌리에 해당하는 육체 자체를 다루는 일은 망각하고, 열매에 불과한 죄를 처리하기 위해 갖가지 계획을 세우기에 바쁘다. 하나의 죄를 처분하기도 전에 또 다른 죄가 튀쳐나오는 것은 극히 당연한 것이다. 따라서 우리는 오늘날 죄의 원천을 다루지 않으면 안 된다.

그리스도 안에서 새로 태어난 갓난아이들은 십자가의 더 깊은 의미를 깨달아야 한다. 이들은 아직 육신에 속해 있기 때문이다. 하나님의 목표는 신자의 옛 사람을 그리스도와 함께 못 박음으로써, 그리스도에 속한 사람들이 "그 육체와 함께 그 정과 욕심을 십자가에 못 박게" 하는 데 있다. 육체와 함께 그 정과 욕심이 십자가에 못 박혔다는 사실을 잊지 말라. 죄인이 십자가로 말미암아 거듭나서 죄로부터 구속된 것처럼, 그리스도 안에 있는 갓난아이는 동일한 십자가에 의해 육신의 법에서 해방되어야 하는 것이다. 그 때 그는 육신을 따라 행하지 않고 성령을 따라 행할 수 있다. 이렇게 되면 그는 머지 않아 신령한 그리스도인이 될 것이다.

여기서 우리는 인간의 타락과 십자가의 사업 사이에 대조적인 점을 발견한다. 후자에 의하여 마련된 구원은 전자에 대한 치유책이다. 이 둘은 참으로 최적의 상관 관계를 맺고 있지 않은가?

첫째로, 그리스도께서 죄인의 죄를 용서하기 위하여 십자가 위에서 죽으셨다. 거룩한 하나님께서 이제 정당하게 죄인을 용서할 수 있게 되었다. 그러나 둘째로, 죄인 또한 십자가상에서 그리스도와 함께 죽어 더 이상 육체의 지배를 받지 않아도 되게 되었다. 오직 이것만이 사람의 영으로 하여금 그 본연의 통치권을 되찾게 해주고, 몸으로 하여금 외적인 종노릇을 하게 하고, 혼으로 하여금 중개 역할을 하도록 해주는 것이다. 이와 같이 영과 혼과 몸은 타락 이전의 본래의 위치로 돌아가게 된다. 이상에 기술한 죽음의 참된 의미를 모른다면 우리는 구원받지 못할 것이다. 성령께서 우리의 제시자가 되어 주시길 바란다.

"그리스도 예수의 사람들"은 주를 믿는 모든 사람을 가리킨다. 주님을 믿고 거듭난 사람은 모두 그에게 속한 것이다. 결정적인 요소는 어떤 사람이 얼마나 신령한가, 또는 그가 주님을 위해서 무슨 일을 하는가도 아니고, 그가 죄에서 해방되었는가, 또는 육신의 정과 욕심을 극복하여 지금은 온전히 거룩해졌는가도 아니며, 오직 그 사람이 그리스도와 생명의 관계를 맺었는가 하는 것이다. 바꾸어 말하면, 문제는 오직 "거듭났는가, 거듭나지 않았는가?"이다. 주 예수를 자신의 구주로 믿은 적이 있는가? 만일 믿은 적이 있다면 현재 영적 상태가 어떻든 간에 — 승리의 생활이든, 실패의 생활이든 — 그는 "그의 육체를 십자가에 못 박은 것이다."

우리 앞에 놓인 문제는 도덕적인 것도 아니고, 영적 생활이나 지식이나 일에 관한 문제도 아니다. 문제는 다만 내가 주의 것이냐 아니냐는 것이다. 만일 내가 주의 것이라면, 나는 이미 십자가에 내 육체를 못 박은 것이다. 여기서 의미하는 바는 앞으로 못 박을 예정이라든가, 못 박는 중에 있다든가 하는 것이 아니라, 분명히 "못 박았다"는 것이다.

여기서 좀더 명백하게 말하는 것이 좋을 것 같다. 우리는 앞에서 육체를 십자가에 못 박는 것이 경험에 따라 좌우되는 것이 아님을 표명했다. 경험이 아무리 다양해도 마찬가지다. 육체가 십자가에 못 박히는 것은 하나님의 완성된 사업에 근거하는 것이다. "그리스도 예수의 사람들은 — 약한 자건 강한 자건 — 육체와 함께 그 정과 욕심을 십자가에 못 박은 것이다." 우리는 "그렇지만 나는 아직 죄를 짓는데"라고 말한다. 그러나 하나님은 우리가 십자가에 못 박혔다고 말씀하신다. 우리는 "내 성질이 그대로 있는데"라고 말하지만, 하나님은 "우리가 십자가에 못 박혔다"고 대답하신다. 우리는 "나의 정욕이 아직 강세를 보이고 있는데"라고 말하지만, 하나님은 다시 "우리가 십자가에 못 박혔다"고 대답하신다.

　잠깐 동안 자신의 경험을 바라보지 말고 하나님께서 우리에게 뭐라고 말씀하시는가에 귀를 기울여 보자. 주님의 말씀에 귀를 기울이지 않고 그대신 매일 자신의 상태만 바라본다면, 우리는 결코 우리의 육체를 십자가에 못 박는 실제 경험에 들어갈 수가 없는 것이다. 감정과 경험을 무시하라. 하나님께서는 당신의 육체가 십자가에 못 박혔다고 선언하신다! 따라서 그것은 이미 십자가에 못 박힌 것이다. 하나님의 말씀에 단순하게 반응하라. 그리하면 경험을 얻게 될 것이다. 하나님께서 "너희 육체는 십자가에 못 박혔다"고 말씀하시면, "아멘, 실로 나의 육체는 십자에 못 박혔습니다"라고 대답하면 된다. 이와 같이 그의 말씀을 따라 행할 때 우리는 우리 육신이 정말로 죽은 것을 보게 될 것이다.

　고린도의 신자들은 음란과 시기와 분쟁과 분리와 당짓는 것 등의 죄에 빠져 있었다. 이들은 누가 보나 육신에 속한 사람들이었다. 실로 그들은 "그리스도 안에서 어린아이들"이었다. 그러나 그들은 그리스도에게 속한 사람들이었다. 이 육신에 속한 신자들도 그들의 육체를 십자가에 못 박았다고 말할 수 있을까? 대답은 의심할 여지없이 긍정이다. 이런 이들도 그들의 육체를 십자가에 못 박았다. 이것이 어떻게 가능한가? 어떻게 그럴 수가 있단 말인가? 우리는 성경이 한번도 우리 자신을 십자가에 못 박으라고 말한 적이 없다는 것을 알아야 한다. 성경은 그저 우리가 "십자가에 못 박혔다"는 것을 알려 줄 뿐이다. 우리는 개인적으로 십자가에 못 박

혀야 하는 것이 아니라, 그리스도와 함께 십자가에 못 박혔다는 것
을 이해해야 한다(롬 6:6; 갈 2:20). 만일 이것이 공동으로 당한
십자가형이라면, 주 예수께서 십자가에 못 박히실 때 우리의 육체
역시 십자가에 못 박힌 것이다. 게다가 주 예수께서 십자가 형벌을
받으실 때 우리를 십자가로 함께 데려가셨기 때문에, 이 공동 십자
가형은 우리에게 개인적으로 가해지는 것이 아니다.

　따라서 하나님께서는 우리의 육체를 이미 십자가에 못 박힌 것
으로 보시는 것이다. 하나님께는 이것이 이미 이루어진 사실이다.
우리의 개인적 체험이 어떻든 간에 하나님께서는 "그리스도 예수
에게 속한 사람들은 자기 육신을 십자가에 못 박았다"고 선언하신
다. 이러한 죽음을 소유하기 위해서 우리는 방법을 찾는 데 지나치
게 신경을 쓰거나 자신의 경험만 바라보아서는 안 된다. 오히려 우
리는 하나님의 말씀을 믿어야 할 것이다. "하나님께서 내 육신이
십자가에 못 박혔다고 말씀하시니 나는 그렇게 되었음을 믿는다.
나는 하나님께서 말씀하시는 것이 진실임을 인정한다." 이러한 식
으로 반응한다면, 우리는 머지 않아 이 진리의 실제를 체험하게 될
것이다. 우리가 먼저 하나님이 하신 일을 바라보면, 경험은 자연히
뒤따라오게 되어 있다.

　하나님의 관점에서 볼 때, 고린도인들은 주 예수와 함께 그들의
육체를 십자가에 못 박았다. 그러나 그들의 관점에서 볼 때, 그들
은 한번도 개인적으로 이런 경험을 하지 못했다. 아마도 이것은 그
들이 하나님이 하신 일을 모르고 있었기 때문일 것이다. 따라서 구
원의 첫 단계는 육체를 하나님의 관점에서 다루는 것이다. 하나님
의 관점을 따른다는 것은 곧 무엇을 의미하는 것일까? 그것은 육
신을 못 박으려고 노력하는 것이 아니라 육신이 못 박혔음을 시인

하는 것이며, 보이는 것을 따라 행하는 것이 아니라 하나님 말씀에 대한 믿음을 따라 행하는 것이다. 우리가 이 육신이 이미 못 박혔다는 것을 시인하는 문제에 있어서 확고하다면, 나아가서 실제적으로 육신을 다룰 수 있게 될 것이다. 그러나 이 사실 앞에서 우왕좌왕한다면 결정적으로 이 진리를 체험하는 것이 우리에게 불가능해지는 것이다. 함께 십자가에 못 박히는 체험을 하기 위해서는 우선 현재의 나의 상태는 제쳐놓고 단순히 하나님의 말씀을 신뢰해야 한다!

성령과 경험

"우리가 육신에 있을 때에는 죄의 정욕이 우리 지체 중에 역사하여 우리로 사망을 위하여 열매를 맺게 하였더니 이제는 우리가 ……죽었으므로"(롬 7:5, 6). 이 사실 때문에 육신은 더 이상 우리를 주관할 권리가 없는 것이다.

우리는 우리의 육체가 십자가에 못 박혔다는 것을 믿고 시인했다. 그러니 이제는 경험의 문제로 시선을 돌릴 수 있다. 지금 경험을 강조해서 말하지만, 여전히 우리가 그리스도와 함께 십자가에 못 박힌 사실을 굳게 잡고 있다. 하나님께서 우리를 위해 하신 일과 우리가 그 하나님의 완전한 일을 경험하는 것은 서로 구분은 되지만 분리될 수는 없다.

하나님께서는 자신이 할 수 있는 일을 하셨다. 다음 문제는 우리가 하나님께서 이루어 놓으신 일에 대해 어떤 태도를 취하느냐는 것이다. 하나님께서는 말로만이 아니라 실제로 우리의 육신을 십자가에 못 박으셨다. 하나님께서 우리를 위하여 이루어 놓으신 일을 믿고 의지적으로 선택한다면 그것은 우리 생활의 경험이 될 것이다. 하나님께서 다 해 놓으셨기 때문에 우리는 아무것도 할 것이 없다. 우리는 육체를 십자가에 못 박을 필요가 없다. 하나님께서 이미 우리의 육신을 십자가에 못 박았기 때문이다. 이것이 사실임을 믿는가? 또 당신의 삶 가운데 이것을 소유하기 원하는가? 믿고 또 원한다면, 성령과 협력하여 풍성한 경험을 얻을 수 있을 것이다.

골로새서 3:5은 "그러므로 땅에 있는 지체를 죽이라"고 강권한다. 이것이 바로 경험을 향해 가는 길이다. "그러므로"라는 말은 그 앞에 있는 3절, "이는 너희가 죽었고"라는 내용의 결과를 가리키는 것이다. "이는 너희가 죽었고"가 바로 하나님께서 우리를 위하여 이루어 주신 일이다. "너희가 죽었기" 때문에, 그러므로 "땅에 있는 지체를 죽이라"는 것이다. 앞에 나오는 죽음은 그리스도 안에서 우리의 실제 위치를 말하는 것이고, 뒤의 죽음은 우리의 실제 경험을 의미하는 것이다. 오늘날 신자들의 실패는 이 두 죽음 사이의 관계를 바로 보지 못하는 데 그 근본 원인이 있다.

어떤 이들은 죽음의 경험만을 강조하여 그들의 육신을 죽이려고 시도한다. 따라서 그들의 육신은 그 때마다 더욱 강하게 나타난다. 또 다른 사람들은 그들의 육신이 십자가상에서 그리스도와 함께 못 박혔다는 사실은 시인한다. 그러나 이에 대한 실제적 경험을 추구하지 않는다. 이들 가운데 어느 누구도 "육신을 십자가에 못 박는 일"을 실제로 경험하여 자신의 것으로 삼을 수 없다.

우리가 우리의 지체를 죽이기 원한다면, 먼저 그러한 행동을 취할 수 있는 근거가 있어야 한다. 그렇지 않으면 우리는 단순히 우리의 힘을 의지하는 것밖에 되지 않는다. 아무리 강한 열심을 가지고 있어도, 그것은 우리가 원하는 경험을 가져다 줄 수 없다.

　더군다나 우리의 육신이 그리스도와 함께 십자가에 못 박혔다는 것을 알고만 있고, 주님께서 이루어 놓으신 일을 우리 안에서 실행시키려고 노력하지 않는다면, 우리의 지식 또한 아무 쓸데가 없는 것이다.

　육신을 죽이려면, 우선 내가 주님의 죽음에 동참했다는 것을 아는 것이 필요하고, 그것을 안 후에는 실제로 육신을 죽여야 한다. 이 두 가지는 병행해야 한다. 주님의 죽음에 동참했다는 사실을 아는 데서 만족하고, 육은 이제 파괴되었기 때문에 나는 신령한 사람이라고 생각한다면, 자신을 속이고 있는 것이다. 또 우리가 육신의 악한 행실을 죽이는 데 있어서 육신의 행실을 지나치게 강조하고 육신을 죽은 것으로 대하지 않는다면 이것 역시 똑같은 기만이 아닐 수 없다. 육신이 죽었다는 것을 잠시라도 망각한다면, 우리는 아무것도 죽일 수가 없다. "죽이라"는 말은 "너희가 죽었다"는 말에 근거하는 것이다. 죽이라는 말의 의미는 곧 주 예수님의 죽음이 모든 육체의 행실에 영향을 미치게 하라는 것이다. 주님의 십자가의 죽음은 그와 만나는 모든 것을 제거하기 때문에 아주 강력한 권위를 지니고 있다. 우리는 주님의 십자가의 죽음 안에서 그와 연합되었기 때문에, 죄에 대한 유혹을 느끼는 어떠한 지체에도 "주님의 죽음"을 적용시켜 즉시 그것을 죽일 수 있는 것이다.

　우리가 그리스도의 죽음 안에서 그와 연합한다는 것은 그것이 우리의 영에서 이루어진 사실임을 뜻한다. 이제 믿는 사람이 해야 할 일은 이 확실한 죽음을 그의 영에서 이끌어내어, 악한 정욕이 발동할 때마다 그의 지체에 이를 적용하는 것이다. 이러한 영적인 죽음은 단번에 이루어지는 것이 아니다. 신자가 방심하거나 믿음을 상실할 때마다 육신은 틀림없이 날뛸 것이기 때문이다. 우리가 주의 죽음에 완전히 연합되기를 원한다면, 끊임없이 지체의 행위를 죽임으로써 우리의 영에 실재하는 것이 몸에서도 실행되도록 해야 할 것이다.

그러나 주님의 십자가의 죽음을 우리의 지체에 그와 같이 적용할 수 있는 힘은 어디에서 올까? "너희가 영으로써 몸의 행실을 죽이면 살리라"(롬 8:13)고 바울은 주장한다. 이런 몸의 행실들을 제거하려면 온전히 성령을 의지하여 내가 그리스도와 함께 십자가에 못 박힌 사실을 개인적 경험으로 만들어야 한다. 우리는 성령께서 무엇이든지 죽을 필요가 있는 것에는 십자가의 죽음을 적용시킨다는 사실을 믿어야 한다. 신자의 육신이 십자가상에서 그리스도와 함께 못 박혔다는 사실에 비추어 볼 때, 우리는 오늘날 다시 십자가형을 받을 필요가 없다. 우리에게 요구되는 것은 다만 성령에 의해, 이제 다시 고개를 들려고 하는 몸의 악한 행실에 우리를 위한 주 예수의 죽음을 적용하는 것이다. 이렇게 할 때 악한 행실은 주님의 죽음의 힘에 의해 물러서게 된다.

육신의 악한 행실은 언제 어디서 나타날지 모른다. 따라서 하나님의 자녀가 성령에 힘입어 주 예수의 거룩한 죽음의 힘을 지속적으로 사용하지 않으면 승리는 요원한 것이다. 그러나 신자가 이런 식으로 몸의 행실을 죽인다면 그 안에 내재하시는 성령께서는 죄의 몸을 멸하려는 하나님의 목적을 끝내 관철시키고 말 것이다(롬 6:6). 이와 같이 십자가를 적용시킴으로써, 그리스도 안의 어린아이는 육신의 세력에서 해방되어 부활의 생명 안에서 주 예수와 연합될 것이다.

그러므로 그리스도인은 "성령을 좇아 행해야" 하며 "육체의 욕심을 이루지 말아야" 한다(갈 5:16). 주님의 십자가가 아무리 깊숙이 우리 생활에 침투되었다 하더라도, 끊임없는 경계 태세를 취하지 않고서는 우리 지체의 악한 행실이 재발하는 것을 피할 수 없다는 사실을 항상 기억해야 한다. 하나님의 자녀가 언제라도 성령을 따르지 않으면, 그는 즉시 육신을 따르는 생활로 되돌아간다.

하나님께서는 로마서 7:5부터 나오는 그리스도인의 자아에 대한 사도 바울의 묘사를 통하여 우리 육신의 진상을 낱낱이 보여주신다. 그리스도인이 성령께 귀를 기울이지 않는 순간부터 그는 위에서 말한 육에 속한 그리스도인의 생활로 들어가게 되는 것이다. 어떤 사람들은 로마서 7장이 6장과 8장 사이에 놓여 있기 때문에 신자가 그것을 통과하여 로마서 8장의 영의 생활로 들어가자마자 육신의 활동은 과거사가 될 것이라고 생각한다. 실제로 로마서 7장과 8장은 서로 병행하는 것이다. 신자가 로마서 8장에 있는 성령을 따라 행하는 생활을 중단할 때, 그는 즉시 로마서 7장의 경험에 빠지게 된다. "그런즉 내 자신이 마음으로는 하나님의 법을 육신으로는 죄의 법을 섬기노라"(롬 7:25).

여기서 바울이 7장에서 자기의 경험에 대한 묘사를 끝내기 전에 25절에서 "그런즉"이란 말을 사용하고 있음을 볼 수 있다. 바울은 24절까지 계속 실패를 거듭하고 있다. 그러다가 25절에 들어서서 비로소 그는 승리의 개가를 부른다. "우리 주 예수 그리스도로 말미암아 하나님께 감사하리로다"(25절 전반). 거듭되는 실패를 거쳐 승리를 얻은 바울은 "내 자신이 마음으로는 하나님의 법을 섬긴다"고 말하고 있다. 여기서 바울은 자신의 새 생명은 하나님께서 원하시는 것을 원한다고 말하고 있는 것이다. 그러나 그것이 전부가 아니다. 왜냐하면 바울은 계속해서 "육신으로는 죄의 법을 섬기노라"고 선언하고 있기 때문이다. 그리고 우리는 25절 전반의 승리 **직후**에 이 말이 따르는 것을 볼 수 있다. 결론은, 바울이 속 마음으로는 아무리 하나님의 법을 섬긴다고 해도 그의 육신은 언제나 죄의 법을 섬긴다는 것이다. 아무리 바울이 육신으로부터 해방되었다고 해도, 육은 변함없이 죄의 법을 섬기는 것이다. 육은 영원히 육이기 때문이다.

성령 안에서의 우리의 생활이 아무리 깊어진다 하더라도, 이것이 육의 본성을 변화시킬 수 없으며 육이 죄의 법을 섬기는 것을 막을 수도 없다. 그러므로 우리가 하나님의 영으로 인도함을 받고 (롬 8:14) 육신의 억압으로부터 자유하기를 원한다면, 몸의 악한 행실을 죽이고 성령을 따라 행해야 하는 것이다.

육신의 존재

비록 육신이 이와 같이 죽임을 당하여 "무능하게" 된다(로마서 6:6의 "멸한다"는 말의 참뜻) 하더라도, 그래도 역시 존재한다는 것에 유의하자. 우리에게서 육신이 완전히 제거되었다고 생각하거나 죄의 근성이 완전히 전멸되었다고 생각하는 것은 큰 잘못이다. 이러한 그릇된 가르침이 많은 사람을 타락시키고 있다. 거듭난 생명이 육신을 변화시키지 못하고, 십자가에 함께 못 박히는 경험이 육신을 없애지 못하며, 내주하시는 성령께서도 우리가 육신을 따라 행하는 것을 불가능하게 만들지 못한다. 육신은 그 육신적인 성품을 지니고 언제까지나 신자 안에 거하는 것이다. 육은 언제든지 발동할 수 있는 기회만 주어지면 즉시 행동을 개시한다.

우리는 앞에서 인간의 몸과 육신이 얼마나 밀접한 관계를 맺고 있는지를 보았다. 우리가 육체적으로 몸에서 벗어날 때가 오기까지는, "육이 활동할 가능성이 더 이상 존재하지 않는다"고 할 정도로 육신에서 해방될 수는 없다. 육에서 난 것은 어디까지나 육이다. 아담으로부터 부패된 이 몸이 변화되기 전에는 우리 육신의 제거란 절대로 불가능한 것이다. 우리의 몸은 아직 구속되지 않았다(롬 8:23). 우리의 몸은 주 예수 그리스도의 재림 때 구속될 것을 기다리고 있다(고전 15:22, 23, 42-44, 51-56; 살전 4:14-18; 빌 3:20, 21 참조). 그러므로 우리가 몸 안에 있는 동안에는, 육신이 그 악한 행실을 드러내지 않도록 매일 경계 태세를 유지해야 하는 것이다.

지상에서의 우리의 생활은 "우리가 육체에 있어 행하나 육체대로 싸우지 아니한다"(고후 10:3)고 한 바울의 생활에 가장 잘 비유될 수 있다. 바울은 아직 몸을 소유하고 있기 때문에 육체 안에서 행한다. 그러나 육체의 성품이 너무나 부패했기 때문에 바울은 육체를 따라 싸우지 않는다고 했다.

그렇다. 그는 육체 안에서 행한다. 그러나 육신을 좇아 행하지는 않는다(롬 8:4). 신자가 물리적인 몸으로부터 해방되기 전에는, 육신에서 완전히 해방된다는 것은 불가능하다. 물리적으로 말하면 우리는 육체 안에 살아야 한다(갈 2:20). 그러나 영적으로 말하면 우리는 육체를 따라 싸울 필요도 없고 또 싸워서도 안 된다. 고린도후서 10:3에 분명히 나와 있듯이, 육체 가운데 있는 바울은 육체를 따라 싸울 가능성이 있다고 시사하는데(4절에서 바울이 이런 식으로 싸우고 있지 않다는 것을 알 수 있긴 하지만), 누가 감히 "나는 더 이상 육의 성품을 지니고 있지 않다"고 말할 수 있겠는가? 다 이루어진 십자가의 공로와 계속해서 성령을 따라 이것을

십자가와 성령

적용시키는 일은 결국 분리될 수 없는 것이다.

이 점에 각별한 주의를 기울여야 한다. 왜냐하면 이것이 심각한 결과를 초래하기 때문이다. 만일 어떤 신자가 "나는 완전히 성화되었기 때문에 더 이상 육을 지니고 있지 않다"고 생각한다면 그는 위선의 생활에 빠지지 않으면 경계심이 결여된 나태한 생활에 빠지게 될 것이다. 여기서 한 가지 강조해 둘 사실이 있다. 중생해서 성화된 부모에게서 난 자녀라도 육신에 속해 있기 때문에 다른 어린이들과 마찬가지로 거듭날 필요가 있다는 것이다. 이 세상에 "나는 육신에 속하지 않았기 때문에 거듭날 필요가 없다"고 말할 수 있는 사람은 한 사람도 없다. 주 예수께서 "육에서 난 것은 육이요"(요 3:6)라고 말씀하셨다. 만일 태어난 것이 육이라면 육을 태어나게 한 것도 역시 육임에 틀림없다. 육만이 육을 낳을 수 있기 때문이다. 어린아이들이 육신적이라는 사실은 부모들이 완전히 육신에서 해방되지 않았음을 잘 증명해 주는 것이다.

성도들은 자녀에게 그들의 타락한 성품을 물려준다. 왜냐하면 그것이 원래 그들의 본성이기 때문이다. 성도들은 거듭날 때 받은 하나님의 성품을 자녀에게 줄 수 없다. 그 이유는 이 "하나님의 성품"이 원래 그들의 것이 아니고 하나님의 값없는 은사로서 개인적으로 받은 것이기 때문이다. 성도들이 그들의 악한 성품을 자녀들에게 전해 준다는 사실은, 이 성품이 항상 성도들 안에 존재하고 있음을 시사하는 것이다.

이러한 관점에서 볼 때, 그리스도 안에 있는 새로운 피조물도 아담이 타락하기 전에 가졌던 지위를 완전히 회복하는 것은 이 생에서 불가능하다는 것을 깨닫게 된다. 적어도 몸이 아직 구속을 기다리고 있기 때문이다(롬 8:23). 새로운 피조물이 된 인격도 계속 자기 안에 죄의 성품을 지니고 있다. 그는 아직 육체 안에 있는 것이다. 그의 감정과 욕망은 때때로 불완전하며, 타락하기 전 아담의 감정과 욕망에 미치지 못한다. 인간의 육신이 속에서부터 제거되기 전에는 완전한 감정과 욕망과 사랑을 지닐 수가 없는 것이다. 사람은 육신이 존재하는 한 죄를 지을 가능성이 없는 경지에 결코 도달할 수 없다. 신자가 성령을 좇지 않고 육에 굴복할 때, 그는 틀림없이 육의 지배를 받게 된다. 그러나 이런 현실에도 불구하고 우리는 그리스도에 의하여 완성된 구원을 약화시켜서는 안 되겠다.

성경은 여러 곳에서, 무엇이든지 하나님에게서 난 것과 하나님으로 충만한 것은 죄를 짓는 성향이 없음을 우리에게 명백히 가르쳐 주고 있다. 그러나 이 말은 죄를 짓고 싶어할 가능성이 절대로 없다는 의미가 아니다. 예를 들어 생각해 보자. 우리는 나무가 물에 뜬다고 말한다. 그것은 곧 나무가 가라앉는 성향이 없다는 것이다. 그러나 나무가 절대 가라앉지 않는다는 말은 아니다. 나무에 어느 선까지 물에 배면 저절로 가라앉게 된다. 그러나 나무 조각 하나의 성질은 분명히 가라앉지 않는 것이다. 마찬가지로 하나님께서는 우리가 죄를 짓는 성향을 지니지 잃을 정도까지 우리를 구원하셨으나, 죄를 지을 수 없을 정도까지 우리를 구원하신 것은 아니다.

신자가 완전히 죄로 기울어진 생활을 하고 있다면, 그것은 그가 육에 속해 있고 아직 "완전한 구원"을 자신에게 적용시키지 못했음을 증명하는 것이다. 주 예수께서는 우리를 죄에서 멀어지도록 만드실 수 있다. 그러나 이와 더불어 우리는 경계 태세를 견지해야 한다. 세상의 영향력과 사탄의 유혹 아래서 생활하는 우리에게는 죄를 지을 수 있는 가능성이 언제나 있는 것이다.

따라서 신자는 그리스도 안에서 새로운 피조물임을 이해해야 한다. 성령은 신자의 영 안에 거하시는데, 이것은 예수의 죽음과 함께 그 몸에 강력히 역사하여 그로 하여금 거룩한 생활을 하도록 인도한다. 이러한 생활은 성령께서 육신의 행실을 죽임으로써 신자의 육신에 십자가를 적용하시기 때문에 가능한 것이다. 이 때 육신은 활동력을 잃게 된다. 그러나 이 말은 신자가 더 이상 육신을 가지지 않게 된다는 말이 아니다. 왜냐하면 신자는 계속 죄스러운 육신을 지니고 있으며 육신의 존재와 더러움을 의식하고 있기 때문이다. 죄의 성품이 아이들에게 유전되어 전해진다는 사실 자체가 우리가 지금 소유하고 있는 것이 죄 없는 아담의 완전한 성품이 아니라는 것을 증명하고도 남는다.

신자는 가장 성스러운 시간에도 연약해지는 때가 있다는 것을 솔직히 고백하지 않으면 안 된다. 즉 악한 생각이 무의식적으로 그 마음에 침투해 들어오거나, 경우에 합당치 않은 말이 모르는 사이에 입에서 튀어나올 때가 있다. 주님의 뜻에 복종하기 힘들 때가 종종 있고, 은근히 자기 만족에 빠질 때가 있다. 이러한 것들이 바로 육신의 일이다. 그러므로 신자들은 육신이 어느 때든지 다시 힘을 행사할 수 있다는 사실을 명심해야 한다. 육신이 몸에서 완전히 제거된 것이 아니다. 그러나 육신이 존재한다고 해서 신자에게 성화가 불가능한 것은 아니다. 우리 몸을 주님께 드릴 때에만 우리가 육신의 지배하에서 벗어나 주님의 지배하에 놓일 수 있는 것이다(롬 6:13). 우리가 성령을 따르고 죄가 몸을 지배하지 못하도록 하는 태도를 계속해서 유지한다면(롬 6:12), 틀림없이 넘어지지 않을 것이며 지속적인 승리를 경험하게 될 것이다. 이와 같이 구원받은 몸은 성령의 전이되어 자유롭게 하나님의 일을 할 수 있게 된다.

육신으로부터의 자유를 **계속 누리는** 방법은, 처음 신자가 하나님께 "예"라 하고 육신에 대하여 "아니오"라고 대답한, 생과 사의 중대한 시점에서 처음 자유를 얻은 방법과 같다. 이것은 결코 일생에 한번 경험하는 사건이 아니다. 신자는 일생을 통하여 하나님을 향해 긍정적인 태도를 유지해야 하며 육신을 향해서는 부정적인 반응을 보여야 한다. 오늘날 지상의 어떠한 신자도 "유혹을 절대로 받지 않는 경지"에는 이를 수 없다. 우리가 성령을 따라 행하는 방법을 알기 위해서 깨어 기도하고 또 금식하는 것이 얼마나 필요한가!

그렇지만 신자는 하나님의 목적과 자기 자신의 희망을 번복해서는 안 된다. 신자는 죄를 지을 수 있는 가능성을 지니고 있다. 그러나 죄를 지어서는 안 된다. 주 예수께서 우리를 위해 죽으시고 우리 육신을 자신과 함께 십자가에 못 박으셨다. 성령께서는 주 예수께서 이루어 놓으신 일을 우리로 실감케 하기 위하여 우리 안에 거하신다. 우리는 육신의 지배를 받지 않을 수 있는 절대적인 가능성을 지니고 있다. 육신이 우리에게 존재하는 것은 깨어 있으라는 경고이지 육신의 죄에 굴복하라는 신호가 아니다. 십자가는 우리 육신을 완전히 십자가에 못 박았다. 우리가 성령의 능력 안에서 몸의 악한 행실을 죽이려 한다면, 우리는 십자가에서 이루어진 일을 실제로 체험할 수 있을 것이다. "그러므로 형제들아 우리가 빚진 자로되 육신에게 져서 육신대로 살 것이 아니니라 너희가 육신대로 살면 반드시 죽을 것이로되 영으로써 몸의 행실을 죽이면 살리라" (롬 8:12-13). 하나님께서 이와 같은 은혜와 구원을 주셨거늘 계속 육신대로 산다면 잘못은 우리에게 있는 것이다. 우리가 이러한 구원을 알기 전에는 육신에 빚진 자였으나 지금은 아니다. 우리가 지금 육신을 따라 살고 있다면 그것은 그렇게 살기를 원하기 때문이지, 그렇게 살아야 하기 때문이 아니다.

많은 장성한 그리스도인들이 육신에 대하여 지속적인 승리를 경험해 왔다. 비록 육신이 존재하긴 하지만, 그 힘은 사실상 없어졌다. 육신의 생명이 그 성품과 활동과 함께 성령의 능력 안에서 주님의 십자가에 의해 계속 죽음을 당했기 때문에, 육신은 사실상 없는 것 같이 존재하는 상태에 놓이게 된 것이다. 십자가의 심오하고 지속적인 역사와 성령을 따르는 성도의 성실함으로 인하여 육신은 존재하기는 하지만 그 모든 저항력을 상실한다. 신자들을 자극하는 힘마저도 사라진 것처럼 보인다. 육신에 대한 이와 같은 완전한 승리는 모든 신도가 획득할 수 있는 것이다.

"(만일) 영으로써 몸의 행실을 죽이면 살리라." 이 구절에 나타나 있는 모든 상호 관계는 "만일"이라는 말에 달려 있다. 하나님께서 필요한 모든 일을 다 해주셨다. 하나님께서는 더 이상 하실 일이 없다. 이제는 우리가 어떠한 태도를 취하느냐에 달려 있다. 이와 같은 완전한 구원을 소홀히 하면, 다음과 같은 하나님의 경고를 어떻게 피할 수 있겠는가? "육신을 따라 살면 정녕 죽으리라." 우리가 비록 거듭났다 하더라도, 마치 살아 있지 않은 것처럼 영적 생활에서 실패를 하고 말 것이다.

우리가 "영으로써" 살면 또한 죽는다. 그러나 그리스도의 죽음 안에서 죽는다. 이러한 죽음은 아주 값진 것이다. 왜냐하면 이러한 죽음이 모든 육신의 행실을 죽일 것이기 때문이다. 이렇게 죽든 저렇게 죽든, 우리는 죽는다. 당신은 어떤 죽음을 택하겠는가? 살아 움직이는 육신에서 나오는 죽음을 택할 것인가, 아니면 활동적인 영에서 솟아나는 죽음을 택할 것인가? 육신이 살아 있으면 성령은 활발하게 살아 움직이지 못한다. 당신은 어느 삶을 원하는가? 육신의 삶을 원하는가, 아니면 성령의 삶을 원하는가?

우리를 위한 하나님의 계획은 우리의 육신과 육신의 모든 힘과 활동이 그리스도의 죽음의 능력 아래 놓이게 되는 것이다. 우리에게 결핍되어 있는 것은 죽음이다. 삶을 논하기 전에 죽음을 강조하자. 왜냐하면 먼저 죽음이 있어야 부활이 있을 수 있기 때문이다. 참으로 하나님의 뜻에 순종하기 원하는가? 그리스도의 십자가가 실제적으로 우리 생활 가운데 나타나기를 원하는가? 만일 그렇다면, 우리는 영으로써 몸의 모든 악한 행실을 죽여야 한다.

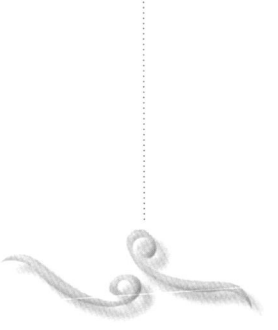

제4장
육신의 자랑들

육신의 이면

  육신의 일이라 하면 지금까지 언급한 것만 포함하는 것일까? 그렇지 않으면 다른 육신의 일들이 또 있는 것인가? 이제 육신은 십자가의 능력 아래서 활동력을 상실한 것일까?
  지금까지 강조한 것은 몸의 정욕, 즉 육신의 죄였다. 그러나 이제는 육신의 다른 면을 살펴볼 필요가 있다. 앞에서 육신이 몸의 정욕과 혼의 일로 이루어져 있다고 한 것을 기억할 것이다. 지금까지 우리는 몸의 양상만을 다루고 혼은 거의 다루지 않았다. 신자가 몸의 더러운 죄를 없애야 하는 것은 사실이다. 그러나 또한 혼의 일도 물리쳐야 한다. 왜냐하면 하나님이 보시기에는 혼의 일도 몸의 죄와 똑같이 더럽고 부패한 것이기 때문이다.
  성경에 의하면 "육신"의 일에는 두 종류가 있다(비록 둘 다 육신

SPIRITUAL

에서 나온 것이지만), 즉 불의한 것과 스스로 의롭다 하는 것이다. 육신은 더러운 죄를 생산해낼 뿐만 아니라 칭찬할 만할 품행을 자아내기도 한다. 천하고 저속한 죄뿐만 아니라 높고 고상한 행위도 생산해낸다. 악한 정욕뿐만 아니라 선한 의지도 육신에서 나온다. 이제부터 생각해 보아야 할 것은 후자이다.

성경에서는 인간의 부패한 성품이나 혼과 몸을 둘러싸고 있는 생명을 묘사할 때 "육신" 또는 "육체"라는 말을 쓰고 있다. 하나님께서 인간을 창조하실 때 혼을 영과 몸 사이에, 즉 신령하고 하늘에 속한 것과 물질적이고 땅에 속한 것 사이에 놓으셨다. 혼의 임무는 영과 몸이 적절한 위치에서 상호 교통을 할 수 있도록 둘을 잘 혼합하는 것이다. 또 이와 같은 완전한 조화를 통하여 사람이 마침내 완전한 영성에 도달하는 것이 하나님의 의도였다. 불행하게도 혼은 육체의 기관으로부터 비롯된 유혹에 굴복함으로써 영의 권세에서 벗어나 대신 몸을 주관하는 자리를 차지하였다. 따라서 혼과 몸이 연합하여 육신을 이루었다. 육신에는 "영이 없을" 뿐만 아니라, 직접적으로 영을 반대하고 있다. 성경에서는 결국, "육체의 소욕은 성령(영)을 거스린다"(갈 5:17)는 결론을 내리고 있다.

육신이 영과 성령을 대적하는 방법은 두 가지가 있다.

(1) 죄를 범함으로써, 즉 하나님께 반항하고 하나님의 법을 어김으로써 대적하는 것과 (2) 선을 행함으로써, 즉 하나님께 순종하고 하나님의 뜻을 따름으로써 대적하는 것이다.

육신 가운데 몸의 요소는 죄와 정욕이 가득 차 있기 때문에 자연히 여러 가지 죄 가운데 자신을 나타낼 수밖에 없다. 물론 이것은 성령을 슬프시게 한다. 그러나 육신 가운데 혼의 요소는 몸만큼 더럽지는 않다. 혼은 인간의 삶의 원칙이다. 혼은 또한 의지와 지성과 감정의 기능으로 구성되어 있는 자아이다. 인간적 관점에서 볼 때 혼의 일은 모두 다 더러운 것이 아닐 수도 있다. 혼이 하는 일은 주로 생각과 느낌과 기호를 중심으로 이루어지고 있다. 비록 이 모든 것들이 자아에 초점을 두고 있긴 하지만, 반드시 추잡스러운 죄는 아니다.

혼이 하는 일의 근본적인 특징은 독립 아니면 자기 의존이다. 따라서 혼은 몸만큼 더러운 것은 아니지만 성령을 대적하는 것이다. 육신은 자아를 중심으로 만들고, 자기의 뜻을 하나님의 뜻 위에 올려놓는다. 육신은 하나님을 섬겨도 언제나 하나님의 뜻을 따르지 않고 육신의 생각을 따라 섬긴다. 육신은 자기가 보기에 좋은 것을 행한다. 모든 행동의 이면에는 자아가 도사리고 있다. 육신은 사람들이 죄라고 생각하는 것을 하지 않을지도 모른다. 심지어 온 육신의 힘을 동원하여 하나님의 계명을 지키려고 할 수도 있다. 그러나 모든 활동의 중심부에는 언제나 "자아"가 앉아 있다. 누가 이 자아의 속임수와 능력을 다 헤아려 알 수 있겠는가?

육신은 하나님을 거슬러 죄를 범함으로써 영을 대적할 뿐 아니라, 이제 하나님을 섬기고 하나님을 기쁘시게 하는 문제에서도 영을 대적한다. 육신은 전적으로 하나님의 은혜에 의지하여 단순히 성령의 인도하심을 받지 않고, 자신의 힘에 의지하여 성령을 대적하고 소멸한다.

주변의 신자들 가운데 날 때부터 천성이 착하고 인내심이 있고 사랑이 많은 사람을 볼 수 있다. 신자가 증오하는 것은 죄이다. 따라서 갈라디아서 5:19-21에 기술된 것과 같은 육신의 일들과 죄에서 해방될 수만 있다면 그는 만족한다.

그러나 신자가 갈망하는 것은 의이다. 따라서 신자는 갈라디아

육신의 자랑들

서 5: 22-23에 나온 성령의 열매를 소유하기 위해서 의롭게 행하려고 갖은 노력을 다할 것이다.

그러나 바로 여기에 위험이 있다. 왜냐하면 이러한 그리스도인은 아직 자기 육신 **전체**를 증오하는 법을 배우지 못했기 때문이다. 그는 단지 육신에서 기인하는 죄로부터 구원받기만을 원한다. 그는 육신의 행실을 어느 정도 저항하는 법은 알고 있다. 그러나 그는 육신 자체가 완전히 부서질 필요가 있다는 것을 깨닫지 못하고 있다. 그가 모르고 있는 것은, 육신이 죄를 짓게 할 뿐만 아니라 선도 행할 수 있다는 사실이다. 만일 육신이 아직 선을 행하고 있다면 그것은 분명히 육신이 아직 살아 있다는 증거이다. 육신이 틀림없이 죽었다면, 신자가 지니고 있는 선을 행하는 능력과 악을 행하는 능력도 육신과 함께 소멸되었을 것이다. 선을 행할 수 있는 능력이 있다는 것은 육신이 아직 죽지 않았음을 시사하는 것이다.

사람은 원래 육신에 속해 있다는 것을 우리는 알고 있다. 성경은 세상에 육신에 속하지 않은 사람이 한 사람도 없다는 것을 분명히 가르치고 있다. 모든 죄인은 육에서 나기 때문이다. 그러나 동시에 우리는 많은 사람들이 거듭나기 전이나 주 예수를 전혀 믿지 않을 때에도 칭찬할 만한 선을 행했고 또 지금도 계속 행하고 있다는 사실을 알고 있다. 어떤 사람은 태어날 때부터 친절과 인내와 착한 성품을 지니고 있는 것 같다. 주 예수께서 니고데모에게 하신 말씀(요 3:6)을 유의해 보라. 니고데모는 원래 아주 선한 사람인데도 육신에 속한 사람으로 간주되고 있지 않은가! 이것은 육신이 선을 행할 수 있다는 사실을 확증해 주는 것이다.

바울이 갈라디아인들에게 보낸 편지에서, 우리는 다시 한번 육신이 선을 행할 수 있다는 사실을 볼 수 있다. "성령으로 시작하였다가 이제는 육체로 마치겠느냐"(3:3). 갈라디아에 있는 하나님의 자녀들은 육신을 따라 선을 행하는 잘못에 빠져 있었다. 그들은 성령 안에서 시작했다. 그러나 성령 안에서 계속 행하여 완전케 되기를 원치 않았다. 오히려 자신의 의, 심지어 율법을 따른 의를 통하여 완전케 되기를 원했다. 그래서 바울 사도는 그들에게 그와 같은 질문을 던졌던 것이다. 갈라디아의 신자들 안에 있는 육신이 오직 악만을 행할 수 있었다면, 바울이 이러한 질문을 제기할 필요가 없었을 것이다. 왜냐하면 그들 자신이 성령으로 시작된 일을 육신의 죄가 완성시킬 수 없다는 것을 너무나도 잘 알고 있었기 때문이다.

성령께서 시작하신 일을 그들이 육신으로 완성시키려 했다는 사실은, 곧 그들이 완전한 위치에 도달하기 위해서 선을 행할 수 있는 육신의 능력에 의존하고 있었음을 증명해 주는 것이다. 그들은 참으로 선을 행하기 위해서 대단한 시도를 했다. 그러나 바울은 여기서 육신의 의로운 행위와 성령의 일은 엄청난 차이가 있다는 것을 보여 주고 있다. 사람이 육신으로 행한 일은 자기 자신에 의하여 된 것이다. 그것은 절대로 성령이 시작하신 일을 완성시킬 수 없다.

바로 앞장에서 바울은 이것에 대한 또 하나의 중요한 말을 했다. "만일 내가 헐었던 것을 다시 세우면 내가 나를 범법한 자로 만드는 것이라"(2:18). 바울은 구원을 받고 성령을 받았는데도 아직 육신으로 말미암은 율법의 행위를 따라 의를 이루려고 하는 사람들을 지적하고 있다(16, 17, 21절). 우리는 행위가 아니라 주를 믿음으로 말미암아 구원을 얻었다. 이것이 바로 바울이 말한 "헐었던 것"의 의미이다. 우리는 바울이 항상 죄인의 행위를 무시하여 이러한 행위가 구원에 아무 가치가 없다고 주장한 것을 알고 있다. 그런데 이제 우리가 의를 행함으로 "파괴했던 것을 다시 세우려고" 노력한다면, "우리가 우리를 범법한 자로 만드는 것"이라고 바울은 결론을 지었다. 다시 말해서 바울은 죄인이 자신의 노력을 통하여 구원을 받을 수 없듯이, 마찬가지로 거듭난 사람도 육신의 의로운 행위로 말미암아 완전케 될 수 없다고 말하고 있는 것이다. 이러한 의로운 행위를 지속하는 것은 얼마나 헛된 일인가!

바울은 또한 로마서 8장에서 "육신에 있는 자들은 하나님을 기쁘시게 할 수 없느니라"(8절)고 했다. 이 말은 육신에 속한 사람들이 하나님을 기쁘시게 하려고 노력해 보았지만 성공하지 못했음을 암시하고 있다. 이 말은 물론 하나님을 전혀 기쁘시게 해드릴 수 없는 육신의 의로운 행위를 꼬집어서 지적하는 것이다. 육신이 할 수 있는 일이 무엇인가를 깊이 생각해 보자. 육신은 의로운 행위를 할 수 있을 뿐만 아니라 그것도 아주 능란하게 해낼 수 있다. 우리는 종종 육신을 정욕과 관련시켜 생각한다. 따라서 우리는 육신에 정욕적인 면 외에도 다른 것이 포함되어 있다는 사실을 알지 못하며, 육신을 아주 더러운 것으로만 간주한다. 혼의 다양한 기능에 따르는 활동은 정욕만큼 더러운 것이 아닐 수도 있다. 게다가 "정욕"(lust, 소욕)이라는 말은 성경에서 반드시 더럽고 추잡하다는 의미만으로 쓰이는 것이 아니다.
예를 들어 갈라디아서 5:17에서 "육체의 소욕은 성령을 거스리고 성령의 소욕은 육체를 거스리나니"라고 할 때의 소욕은 단순히 "강한 의욕"을 뜻하는 것이다. 우리는 성령도 소욕을 가지고 있다는 것을 알 수 있다. 그 소욕은 육체를 거스리는 것이다.

  사람이 거듭나기 전에 행하고 또 행할 수 있는 모든 것은 육신의 노력에 불과한 것이다. 따라서 육신은 악뿐 아니라 선도 행할 수 있다. 신자가 범하는 오류는 바로 육신의 선도 청산될 필요가 있다는 것을 알지 못하고 육신의 악만을 파멸되어야 할 것으로 오해하는 데 있다. 그는 육신의 의도 육신의 악과 똑같이 육신에 속한다는 것을 모르고 있다. 좋건 나쁘건 육신은 어디까지나 육신이다. 그리스도인이 빠지기 쉬운 함정의 하나는, 선한 것을 포함해서 육신에 속한 모든 것을 자신으로부터 제거해야 한다는 사실을 깨닫지 못하거나 직면하기를 꺼리는 것이다. 그는 육신의 선이 육신의 악보다 조금도 더 나을 것이 없다는 사실을 완전히 인식해야 한다. 왜냐하면 육신의 선과 악은 둘 다 육신에 속한 것이기 때문이다. 선한 육신이 처리되기 전에는 어떠한 그리스도인도 육신의 지배에서 벗어날 수 없다. 육신으로 선을 행하게 내버려두면 곧 그 육신이 악을 행하고 있는 것을 발견하기 때문이다. 육신의 자기 의(self-righteousness)가 파괴되지 않으면, 틀림없이 불의가 뒤따를 것이다.

육신이 행하는 선행

  하나님께서는 육신의 실상을 너무나 잘 알고 있기 때문에 육신을 철저하게 적대하신다. 하나님은 그의 자녀들이 옛 사람에서 완전히 벗어나 새 사람이 되는 것을 경험하기를 원하신다. 선하건 악하건 간에 육은 어디까지나 육이다. 육신에서 나오는 선과 새 생명에서 나오는 선의 차이는, 육신이 언제나 자아를 그 중심에 둔다는 점에 있다. 선을 행하거나 행할 수 있는 것은 나 자신이다. 거기에는 성령을 의지할 필요도 없고, 겸손할 필요도 없고, 하나님을 바랄 필요도 없고, 하나님께 기도할 필요도 없다. 하나님을 필요로 하지 않고 의도하고 생각하고 행하는 일체가 나 자신이기 때문에, 또 결국 내가 스스로 많이 향상되고 내 노력을 통하여 대단한 사람이 되었다고 생각하기 때문에, 영광을 나 자신에게 돌리는 것은 당연한 결과가 아니겠는가? 이러한 행위가 절대로 사람을 하나님께로 인도하지 못한다. 오히려 이러한 행위는 자신을 교만하게 할 뿐이다. 하나님께서는 모든 사람이 성령께 완전히 순종하고 겸손히 주님을 바라며 전적으로 의존하는 태도로 하나님께 나오기를 원하신다. 자아를 둘러싸고 있는 어떠한 육신의 선도 하나님 보시기에는 가증한 것이다. 왜냐하면 이러한 선은 주 예수의 생명의 성령에서 나오는 것이 아니라 자신에게서 나오며 자기에게 영광을 돌리기 때문이다.

바울 사도는 빌립보서에서 자기는 "육체를 신뢰하지 않는다" (3:3)고 썼다. 육신은 자기 자신을 신뢰하는 경향이 있다. 육신에 속한 사람들은 자신들이 능력이 있기 때문에 성령을 의지할 필요를 느끼지 않는다. 십자가에 못 박히신 그리스도는 하나님의 지혜다. 그러나 신자는 얼마나 많이 자신의 지혜를 신뢰하는가! 그는 성경을 읽고 설교할 수 있다. 또 말씀을 듣고 믿을 수 있다. 그러나 성령의 가르침에 전적으로 의지해야 된다는 내적인 충동을 조금도 경험하지 않고, 모든 것이 그의 지성의 능력 가운데서 진행된다. 따라서 많은 사람들은 자신이 모든 진리를 소유하고 있다고 믿고 있다. 사실 이들이 가지고 있는 것은 다른 사람들에게 들어서 얻은 것이 아니면 스스로 성경을 상고함으로써 얻은 것이다. 인간으로부터 온 것이 하나님으로부터 온 것보다 훨씬 많다. 이들은 주님으로부터 배우고 싶은 마음도 없고, 주님께서 주님의 빛 가운데 주님의 진리를 계시해 주시기를 기다리며 바랄 마음도 없다.

십자가에 못 박히신 그리스도는 또한 하나님의 능력이다. 그러나 그리스도인의 일 가운데 얼마나 많은 자기 의존이 판치고 있는가! 주님을 바라고 기다리는 것보다 계획하고 준비하는 데 더 많은 노력을 기울인다. 위로부터 오는 능력을 받는 데보다 설교의 짜임새를 고르고 결론을 준비하는 데 배의 시간을 소비한다. 이 모든 일들이 하나님 앞에서 죽은 것으로 나타나는 이유는 진리를 선포하지 않아서도 아니고, 그리스도의 인격과 업적을 시인하지 않아서도 아니며, 하나님의 영광을 추구하지 않아서도 아니다. 그 이유는 단순히 육신을 너무나 신뢰했기 때문이다.

우리는 얼마나 인간의 지혜를 강조하며, 메시지에서 만족스러운 논증을 하기 위해 얼마나 노력하는가! 사람들을 자극하기 위해 적절한 예화와 갖가지 다른 수단들을 사용하려고 얼마나 노력하는가! 사람들로 하여금 결단을 내리도록 유도하는 데 얼마나 지혜로운 권고를 동원하는가! 그러나 실제적인 결과는 어디에 있는가? 어느 정도까지 성령을 의존하고 어느 정도까지 육신을 의존하는가? 도대체 육신이 다른 사람들에게 어떻게 생명을 전할 수 있단 말인가? 사실 새 사람에게 일부라도 물려줄 만한 힘이 옛 사람 속에 존재하는가?

자기 신뢰와 자기 의존은 앞서 지적한 대로 육신의 선행의 두드러진 특징이다. 육신은 절대로 하나님께 의지할 수 없다. 육신은 조금이라도 참고 기다리는 것을 싫어한다. 육신이 스스로 강하다

육신의 자랑들

고 생각하는 한 절대로 하나님께 의지하지 않는다. 심지어 아주 절박한 시기에도 육신은 계속 출구를 찾아 헤매며 책략을 세운다. 육신에게는 결코 전적인 의존이라는 것이 있을 수 없다. 이것 하나만으로도 신자가 하는 일이 육신에 속한 것인지 아닌지를 시험해 볼 수 있다. 무엇이든지 하나님을 바라고 기다리는 가운데서, 즉 성령을 의지하는 데서 나온 것이 아니면 의심할 여지없이 육신에 속한 것이다. 무엇이든지 우리가 하나님의 뜻을 구하는 대신에 자신의 뜻에 따라 결정하는 것은 육신에서 나오는 것이다. 전적인 신뢰심이 결여되어 있는 곳에 육신의 일이 있다. 우리가 하는 일이 악하거나 옳지 않은 것이 아닐 수도 있다. 오히려 그 일이 (성경 읽고, 기도하고, 예배 드리고, 설교하는 것같이) 경건하고 선한 일일 수도 있다. 그러나 이러한 일들이 성령께 완전히 의존하는 마음 자세로 행해지지 않으면, 육신이 모든 일의 원천인 것이다. 옛 사람은 살아서 활동하는 것만 허락된다면 무엇이든지 - 심지어 하나님께 순종하는 것까지 - 해낼 용의가 있다. 육신의 행실이 아무리 선한 것처럼 보일지라도, 거기에는 항상 "나"(자아)가 눈앞에 크게 나타나는 것이다. 육신은 결코 자신의 약함을 인정하지 않으며, 자신의 무능함을 시인하려 들지 않는다. 심지어 우스갯 거리가 되어도 육신의 자신의 능력을 신뢰하는 믿음에는 변함이 없다.

"성령으로 시작하였다가 이제는 육체로 마치겠느냐?" 이 말씀은 위대한 진리를 드러내고 있다. 우리는 성령 안에서 훌륭하게 시작할 수 있으나 성령 안에서 계속하지 못할 수가 있다. 어떤 일은 성령 안에서 시작했다가 육체로 끝을 맺기 쉽다는 사실을 우리의 경험이 잘 실증하고 있다. 우리는 종종 성령의 도움으로 새로운 진리를 깨닫는다. 그러나 얼마 후 이 진리는 육신의 자랑으로 변해 버린다. 초대교회의 유대인들은 바로 이러한 오류를 범했다. 주님께 순종하는 문제나, 자신을 새로이 부인하는 것이나, 영혼을 구하는 데 필요한 힘을 부여받는 문제에 있어서 우리는 순수한 마음으로 성령께 의존함으로 시작한다. 그러나 얼마 가지 않아 하나님의 은혜를 자신의 영광으로 바꾸어 버리고 하나님에게서 난 것을 "내 것"처럼 취급한다. 똑같은 원칙이 우리의 행동에도 적용된다. 성령의 역사로 말미암아 처음에는 우리 생활에 강력한 변화가 일어난다. 그리하여 우리는 전에 싫어하던 것을 좋아하고 전에 좋아하던 것을 싫어하게 된다. 그러나 점차 모르는 사이에 "자신"이 침투해 들어온다. 이 사람은 날이 갈수록 이러한 생활의 변화를 자기 자신이 이룩한 것이라고 생각하게 되고, 스스로 감탄해 마지않는다. 아니면 그는 점차 부주의해지고 성령을 의지하기보다는 자신을 신뢰함으로 나아간다. 성도들의 경험 가운데서도 성령으로 잘 시작하였다가 불행히도 육신에서 끝을 맺는 일이 너무나 많다.

하나님의 귀한 자녀들 가운데 많은 이들이 전적으로 헌신된 생활을 하기를 원하고 진정으로 보다 풍성한 생활을 갈망하는데도 실패하는 이유가 어디에 있는가? 말씀을 들을 때, 사람들과 이야기를 나눌 때, 복음적인 책을 읽을 때, 아니면 혼자 기도할 때 주님께서는 주 안에서 풍성한 생활을 누리는 것이 얼마든지 가능하다는 것을 종종 우리들에게 알려 주신다. 우리는 이러한 생활의 단순함과 달콤함을 느끼게 되며, 그것을 얻는 데 아무런 장애물을 보지 못한다. 참으로 우리들은 과거에 경험하지 못했던 영광과 능력과 축복을 경험한다. 아! 그것은 얼마나 좋은 경험인가? 그러나, 오호라! 이 모든 것은 얼마나 빨리 자취를 감추는가! 왜? 어떻게? 이것은 우리의 믿음이 불완전하기 때문인가? 그렇지 않으면 우리의 헌

육신의 자랑들

신이 온전하지 않기 때문인가? 아니다. 우리의 믿음과 헌신은 전적으로 주님을 향한 것이었다.

그렇다면 왜 이러한 실패가 따를까? 체험을 상실하는 이유는 무엇이며, 그것은 어떻게 회복될 수 있는가? 대답은 간단하고 명확하다. 우리는 육체를 신뢰하고 있으며, 성령으로 시작된 일을 육체로 완전케 하려고 노력하고 있다. 우리는 자신이 성령을 대신하려고 한다. 성령께서 옆에 오셔서 도와주시길 바라면서도, 자신이 길을 인도해 나가기를 갈망한다. 성령의 지위와 사역이 육신의 것으로 대치되었다. 일의 성취를 위해서 성령의 인도하심을 전적으로 의존하는 믿음은 전혀 없다. 주님을 간절히 바라고 기다리는 것도 없다. 자신을 부인하지 않고 주님을 따르려고 시도하는 것이 모든 실패의 요인인 것이다.

육신을 따르는 죄들

신자가 이와 같이 자신을 신뢰하는 가운데 육신의 힘으로 성령의 일을 완성하려 할 때는 도저히 완전한 영적 성숙에 이를 수 없다. 그는 오히려 이전에 이겨냈던 죄들이 다시 자기 생활에 들어와 득세하는 것을 발견하게 될 것이다. 이 말에 놀라서는 안 된다. 언제 어디서든지 육신이 하나님을 섬기면 죄의 힘이 강세를 떨치게 된다는 것은 영적 진리이다. 교만한 바리새인들이 왜 죄의 종이 되었는가? 너무나 자기 의를 내세우고, 하나님을 너무나 열성적으로 섬겼기 때문이 아닌가? 왜 사도는 갈라디아 사람들을 책망했는가? 왜 그들은 육의 행실을 드러냈는가? 선행으로 그들 자신의 의를 세우려 하고, 성령으로 시작된 일을 육신으로 마치려 했기 때문이 아닌가? 젊은 신자들에게 위험한 것은, 십자가가 죄를 짓는 육신에 대하여 무슨 일을 하는가 만을 알고 선을 행하는 육신의 능력을 죽이는 일은 하지 않는 것이다. 이렇게 함으로써 이들은 육신의 죄 가운데로 다시 후퇴하게 된다.

  그리스도인들이 죄에 대한 승리를 경험하자마자 범하는 가장 큰 잘못은 그 상태를 유지하기 위하여 그 승리의 방법을 더 이상 사용하지 않는다는 것이다. 오히려 이들은 그들의 선행과 결심으로 그 승리를 연장시키려고 한다. 이렇게 하면 아마 잠깐 동안은 성공할지 모른다. 그러나 얼마 가지 않아 이들은 형태는 다르지만 본질적으로는 다를 것이 없는 "이전의 죄들"에 빠져드는 자신을 발견할 것이다. 이들은 결국 계속적인 승리는 불가능하다고 결론을 내리고 절망에 빠지거나, 죄를 범했다는 것을 솔직히 고백하지 않고 자신의 죄를 위장하려고 노력한다. 그렇다면 이러한 실패를 초래하는 것은 무엇일까? 육신은 우리에게 의롭게 행할 수 있는 힘을 제공하는 것처럼 죄를 지을 수 있는 힘도 부여한다. 선한 행위든 악한 행위든 간에 모든 것은 똑같은 육신의 표현에 불과하다. 죄를 지을 수 있는 기회가 주어지지 않으면 육신은 선을 행하려 할 것이고, 일단 선을 행할 수 있는 기회가 주어지면 육신은 곧 죄로 돌아갈 것이다.

  여기서 사탄은 하나님의 자녀들을 기만한다. 신자들이 습관적으로 육신을 십자가에 못 박는 태도를 견지한다면, 사탄에게 기회가 주어지지 않을 것이다. "육신은 사탄의 일터"이기 때문이다. 만일 육신이 부분적으로가 아니고 전적으로 주님의 죽음의 능력 아래 놓인다면, 사탄은 완전히 일터를 잃을 것이다. 사탄은 우리를 기만하여 육신의 선한 부분을 그대로 두게 할 수만 있다면, 육신의 악

육신의 자랑들

한 부분은 기꺼이 죽음에 내어준다. 선한 면이 그대로 남아 있기만 하면, 육신의 생명이 계속 살아 활동하리라는 것을 사탄은 잘 알고 있다. 사탄은 자기가 상실한 면을 되찾기 위해 활동할 기지를 아직 자기 수중에 가지고 있는 것이다. 육신이 하나님을 섬기는 일에 있어서 성령을 빼돌릴 수만 있다면, 죄의 영역에서 승리를 되찾을 수 있다는 것을 사탄은 잘 알고 있다. 많은 그리스도인들이 자유함을 얻은 후에 다시 죄를 섬기는 일에 빠지는 원인이 여기에 있다.

예배에 있어서 영이 계속해서 완전한 통치권을 행사할 수 없으면 일상 생활에서 영의 통치는 불가능한 것이다. 내가 하나님 앞에서 아직 전적으로 나를 부인하지 않았다면, 사람 앞에서도 나를 부인할 수 없는 것이다. 따라서 나는 증오심과 분노와 이기심을 극복하지 못한다. 이 두 가지는 분리될 수 없는 것이다.

이 진리를 몰랐기 때문에 갈라디아의 성도들은 "서로 물고 먹는" (갈 5:15) 지경에 이르렀다. 그들은 성령으로 시작된 일을 육신으로 끝내려고 시도했다. 즉 그들은 "육체로 자랑하려고" "육체의 (좋은) 모양을 내려 했던 것이다"(갈 6:12-13). 당연히 육신으로 선을 행하는 데 있어서 그들이 성공을 거두는 일은 아주 희박했으며, 악을 이기는 데 있어서 그들이 실패하는 일은 아주 허다했다. 그들이 자신의 힘과 생각으로 하나님을 섬기려 하는 한, 틀림없이 육신으로 죄를 섬기는 결과에 이른다는 것을 그들은 깨닫지 못했다. 그들이 육신으로 선을 행하는 것을 금하지 않는 한 육신이 악을 행하는 것도 막을 수가 없었다.

범죄로부터 나를 지키는 최선의 방법은 자신의 힘으로 선을 행하지 않는 것이다. 육신이 송두리째 부패해 있다는 사실을 인식하지 못한 갈라디아 성도들은 어리석게도 그 육신을 사용하길 원했다. 그들은 정욕을 따르는 것이나 선행을 자랑하는 것이나 똑같이 부패한 육신의 특징이라는 것을 깨닫지 못했다. 그들은 하나님께서 그들에게 원하시는 바를 행할 수 없었다. 왜냐하면 이들은 한편으로 성령께서 시작하신 일을 이루려고 노력하면서, 다른 한편으로 육신의 정욕과 욕망을 없애는 헛된 시도를 거듭하고 있었기 때문이다.

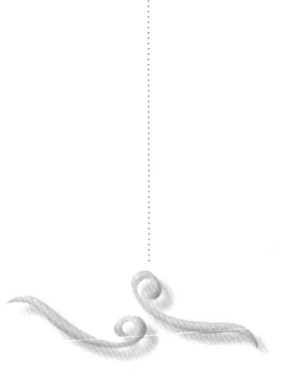

제5장
육신에 대한 신자의 궁극적인 태도

육신에 대한 하나님의 견해

우리 그리스도인들은 육신에 대한 하나님의 판결을 다시 생각해 볼 필요가 있다. 주 예수께서는 "육은 무익하니라"(요 6:63)고 선언하셨다. 육신의 죄나 육신의 의나 모두 무익한 것이다. 육에서 난 것은 그것이 무엇이든 간에 육이며, 육적이지 않은 것으로 바뀔 수 없다. 강대상 앞에 서 있는 육신이든, 설교를 듣고 있는 육신이든, 기도하는 육신이든, 헌신된 육신이든, 성경을 읽는 육신이든, 선을 행하는 육신이든, 찬송을 부르는 육신이든, 모든 것이 무익하다는 것이다. 신자들이 아무리 육신으로 열심을 품어도 하나님께서는 그 모든 것들이 무익하다고 선언하신다. 육신은 영적 생활에 유익을 줄 수 없고, 하나님의 의를 이룰 수도 없기 때문이다. 이제 주님께서 사도 바울을 통해 로마인들에게 보낸 편지 가운데서 밝힌 육신의 정체를 몇 가지 관찰해 보기로 하자.

(1) "육신의 생각은 사망이요"(롬 8:6). 하나님의 견해에 의하면 육신 안에 영적인 죽음이 있다. 이러한 죽음으로부터 빠져 나오는 유일한 방법은 육신을 십자가에 못 박는 것이다. 육신이 사람들의 인정을 받기 위해 아무리 훌륭한 계획을 세우고 조직을 짜 맞추고 선을 행한다 해도, 그와 상관없이 하나님께서는 육신에 대해 단 한 가지 판결을 내리셨는데, 그것이 곧 "사망"이다.

(2) "육신의 생각은 하나님과 원수가 되나니"(8:7). 육신은 하나님을 대적하고 있다. 육신과 하나님 사이에 평화 공존이란 있을 수 없다. 육신에서 나오는 죄뿐만 아니라 육신에서 기인하는 모든 고상한 생각과 행동도 하나님과 원수가 된다는 것이다. 추잡스러운 죄가 하나님과 원수가 되는 것은 말할 필요도 없다. 그러나 의로운 행위도 하나님과 상관없이 독립적으로 행해질 수 있다는 사실에 유의하자.

(3) "이는 하나님의 법에 굴복치 아니할 뿐 아니라 할 수도 없음이라"(8:7). 육신이 일을 잘하면 잘할수록 하나님으로부터 멀어진다. 얼마나 많은 "선량한" 사람들이 주 예수를 믿으려고 하는가? 그들의 자기 의는 전혀 의가 아니다. 그것은 사실상 불의다. 세상에 그 누구도 성경의 모든 가르침에 순종할 수는 없다. 사람이 착하든 악하든 간에, 한 가지 사실은 분명하다. 즉 그는 하나님의 법에 굴복하지 않는다. 그는 악을 행함으로 법을 어기거나, 선을 행함으로 그리스도 외에 또 하나의 의를 세운다. 이렇게 함으로써 그

는 율법의 목적을 빗나가는 것이다. "율법으로는 죄를 깨달음이니라"(3:20).

(4) "육신에 있는 자들은 하나님을 기쁘시게 할 수 없느니라"(8:8). 이것이 육신에 대한 마지막 평가다. 사람이 아무리 선하다 하더라도, 행함이 자신에게서 나온 것일 때 그것은 절대로 하나님을 기쁘시게 할 수 없다. 하나님께서는 자기 아들만을 기뻐하신다. 아들과 아들의 일을 떠나서는 어떠한 사람, 어떠한 일도 하나님을 기쁘시게 할 수 없다. 육신이 행한 일이 아주 선한 것처럼 보일 수도 있으나, 그 행위는 자신에게서 나와 자연적인 힘으로 행해진 것이기 때문에 하나님을 만족시킬 수 없다. 사람은 선을 행하고 향상하고 전진하기 위해서 많은 방법을 고안해 내지만, 이 모든 것은 육신에 속한 것이며 하나님을 기쁘시게 할 수 없다. 이것은 거듭나지 않은 사람에게만 적용되는 것이 아니다. 거듭난 사람도 마찬가지다. 신자가 자기 능력으로 행한 일이 아무리 칭찬받을 만한 일이고 효과적인 일이라 할지라도 그는 하나님의 인정을 받지 못한다. 하나님의 만족과 불만족은 선과 악의 원칙에 근거하는 것이 아니다. 오히려 하나님께서는 매사의 원천을 더듬어 추적하신다. 어떤 행위가 아주 옳은 것일지라도 하나님께서는 그 원천이 무엇인지를 물으신다.

이상의 성경 말씀에서 우리는 육신의 노력이 얼마나 헛되고 무익한 것인가를 알게 되었다. 육신에 대한 하나님의 평가를 자세히 살펴본 신자라면 쉽게 넘어지지 않을 것이다. 우리는 인간으로서 악한 일과 선한 일을 구분한다. 반면에 하나님께서는 모든 일의 원천을 따지신다. 가장 더럽고 추악한 일이 하나님의 불만을 자아내듯이 가장 훌륭한 육의 행실도 하나님의 분노를 초래할 뿐이다. 왜냐하면 그 모든 것은 육에 속한 것이기 때문이다. 하나님께서는 "불의"를 싫어하시는 것과 마찬가지로 인간 스스로가 가지는 "자기 의"를 증오하신다. 중생이나 그리스도와의 연합이 없이, 성령을 의지하지 않고 육의 힘으로 행한 선행은 하나님 앞에서 부도덕이나 음란이나 방탕함 같은 죄보다 조금도 덜 육신적이지 않다. 사람의 행동이 아무리 아름답게 보일지라도 그 행동이 성령을 완전히 신뢰하는 가운데서 나온 것이 아니면 육적인 것으로 간주되고 하나님께 받아들여지지 않는다. 하나님께서는 겉모양과 상관없이, 또 죄인이 한 일이든 성도가 한 일이든 간에 육에 속한 것이면 무엇이든지 대적하시고, 거부하시고, 싫어하신다. 주님의 판결은 어디까지나 "육신은 죽어야 한다"는 것이다.

신자의 경험

그러나 신자는 하나님께서 보신 것을 어떻게 볼 수 있는가? 하나님은 육신과 육신의 모든 행동을 단호하게 거부하신다. 그런데도 신자는 육신의 나쁜 양상만을 거부하고 육신 그 자체에 대해서는 애착심을 가지고 달라붙는 것 같다. 신자는 전체를 거부하지 않는다. 오히려 육신으로 많은 것을 계속 행하고, 마치 하나님의 은혜를 풍성히 받고 의롭게 행할 수 있는 자격이라도 얻은 것처럼 이에 대하여 자신만만한 태도를 취하기도 한다. 신자는 문자 그대로 자기의 육신을 이용하고 있다. 이와 같은 신자의 자기 기만 때문에 하나님의 성령께서는 신자가 자기 육신의 정체를 깨닫고 하나님의 견해에 도달하게 하기 위하여 그를 가장 수치스러운 길로 인도하시는 것이다.

하나님께서는 신자의 혼이 넘어지고 약해지고 심지어 죄를 범하는 것까지도 허용하신다. 이렇게 해서 그로 하여금 육신에 선한 것이 거하는지의 여부를 깨닫게 하시는 것이다. 이러한 일은 보통 자기가 영적으로 자라고 있다고 생각하는 사람에게 일어난다. 주님께서는 우리 자신을 파악하게 하실 목적으로 우리를 시험하신다. 하나님은 종종 이러한 사람에게 하나님의 거룩함을 계시해 주시기 때문에 신자는 자기 육신이 더럽다는 판단을 내릴 수밖에 없다. 때때로 주님께서는 신자로 하여금 자신을 인식하도록 하기 위하여 사탄이 그를 공격하는 것을 허락하신다. 이것은 매우 어려운 교훈이며, 하루 이틀 사이에 배울 수 있는 것이 아니다. 여러 해가 지난 후에야 신자는 자기 육신이 얼마나 믿을 수 없는 것인가를 점차 깨닫게 된다. 그의 최선의 노력에도 더러움이 있다. 따라서 하나님께서는 신자로 하여금 로마서 7장을 깊이 체험하게 하셔서, 마침내 "내 속 곧 내 육신에 선한 것이 거하지 아니하는 줄을 아노니"(18절)라는 바울의 고백에 동의하게 하신다. 이것을 참으로 진지하게 고백하는 것은 얼마나 어려운 일인지! 고통스러운 실패를 여러 차례 경험하지 않으면, 신자는 계속 자신을 신뢰하고 자신을 유능한 사람으로 간주할 것이다. 수천 수백 번의 실패의 체험이 그로 하여금 모든 자기 의는 전적으로 믿을 수 없는 것이며 자신의 육신에 선한 것이 거하지 않는다는 사실을 인정하도록 이끄는 것이다.

그러나 이러한 체험은 여기서 끝나는 것이 아니다. 자기 비판이 계속되어야 한다. 그리스도인이 육신을 무익하고 전적으로 가증스러운 것으로 보지 않고 조금이라도 자만하는 태도나 허영심을 드러냄으로써 자기 비판을 멈출 때마다, 하나님께서는 마지막 찌끼까지 태워 버리기 위해서 그를 불의 시험 가운데 다시 통과시킬 수밖에 없다. 자신을 낮추어 자신의 불결함을 인정하는 사람이 얼마나 드문가! 이러한 상태가 되기 전에는 하나님께서 그 시험을 중단하지 않으신다. 신자는 잠시라도 육신의 영향권에서 벗어날 수 없기 때문에 자신을 살피는 일에 계속 마음을 쓰지 않으면 안 된다. 이를 게을리 할 때 그는 다시 육신의 자랑 가운데 빠지게 되는 것이다.

많은 사람들은 성령께서 죄를 책망하시는 일이 세상 사람들에게만 해당되는 것이라고 생각한다. 성령께서 사람들의 죄를 깨닫게 하셔서 주 예수를 믿게 하시기 때문이다. 그러나 그리스도인들은 그러한 성령의 역사가 죄인들에게 중요한 것처럼 성도들에게도 중요하다는 것을 알아야 한다. 성령께서는 한두 번이 아니라 매일 계속적으로 성도들의 죄를 깨우쳐 주시고자 하신다. 성령께서 죄를 깨닫게 해주시는 것을 점점 더 깊이 체험하여, 우리의 육이 끊임없이 심판을 받고 주권을 잡지 못하게 되어야 한다. 육신의 참된 정체와 육신에 대한 하나님의 평가 내용을 잠시라도 잊지 말자. 절대로 우리 자신을 믿지 말고, 마치 육신이 하나님을 기쁘시게 할 수 있는 것처럼 다시 우리의 육신을 신뢰하지 말자. 항상 성령을 신뢰하고 자아에게 조그만 자리라도 내어주는 일이 없도록 하자.

세상에 자기 육신을 자랑할 수 있는 사람이 있다면, 그 사람은 바울일 것이다. 왜냐하면 바울은 율법의 의로 흠이 없는 사람이었기 때문이다. 그리고 거듭난 후에 자기 육신을 자랑할 수 있는 사람이 있다면, 그 또한 바울일 것이다. 왜냐하면 그는 부활하신 예수를 자기 눈으로 본 사람이요, 주님께 크게 쓰임을 받은 사도였기 때문이다. 그러나 바울은 감히 자랑하려 하지 않는다. 그는 자신의 육신을 잘 알기 때문이다. 그의 로마서 7장의 경험은 자신이 어떠한 사람인지를 충분히 깨닫게 해주었다. 하나님께서는 이미 바울의 눈을 열어, 경험을 통해 그 육신 안에 선한 것이 거하지 않고 오직 죄만이 거한다는 사실을 보여 주셨다. 바울이 과거에 자랑하던 "자기 의"도 이제는 쓰레기와 배설물과 같이 여겼다. 그는 이 교훈을 아주 잘 배웠다. 그래서 다시는 육신을 신뢰하려고 하지 않았다. 그러나 바울은 여기서 멈춘 것이 아니라, 계속해서 배웠다. 그래서 바울 사도는 "육체를 신뢰하지 아니하노니……그러나 나도 육체를 신뢰할 만하니 만일 누구든지 다른 이가 육체를 신뢰할 것이 있는 줄로 생각하면 나는 더욱 그러하다"(빌 3:3-4)라고 선언한다.

바울은 자기 육체를 신뢰할 만한 많은 이유가 있는 데도 불구하고(5, 6절), 하나님께서 그것을 어떻게 보시는지를 깨닫고 그것이 얼마나 믿을 수 없고 무가치한 것인가를 잘 알고 있었다. 빌립보서 3장을 계속 읽어 나가다 보면, 바울이 자신을 신뢰하는 문제에 있어서 얼마나 겸손한 태도를 취하고 있는가를 발견하게 된다. "내가 가진 의는 율법에서 난 것이 아니요"(9절), "어찌하든지 죽은 자 가운데서 부활에 이르려 하노니"(11절), "내가 이미 얻었다 함도 아니요 온전히 이루었다 함도 아니라 오직 내가 그리스도 예수께 잡힌 바 된 그것을 잡으려고 좇아가노라"(12절).

어떠한 신자라도 영적인 성숙을 원한다면 바울이 그의 영적 생활을 통하여 줄곧 유지했던 태도, 즉 "내가 이미 얻었다 함도 아니요"라는 태도를 견지해야 한다. 그리스도인은 마치 육체가 신뢰할 만한 것이라도 되는 것처럼 잠시라도 자기 만족이나 자기신뢰, 자기 희열을 즐겨서는 안 된다.

만일 하나님의 자녀가 보다 풍성한 생활을 솔직하게 갈구하고 육신에 대한 하나님의 평가를 받아들일 준비가 되어 있다면, 그는 아무리 큰 영적 진보를 하고 있더라도 자신을 남보다 더 낮게 여기거나 더 강하게 여기지 않을 것이다. 영적으로 성장하고 있는 그리스도인이라면 "물론, 나는 다른 사람들과는 다릅니다"와 같은 말을 하지 않을 것이다. 이러한 신자들이 성령께서 그들에게 하나님의 거룩하심과 그들의 부패상을 계시해 주시기를 원하고, 자신들이 아주 분명히 있는 그대로 드러나는 것을 두려워하지 않는다면, 성령의 도움으로 좀더 빨리 자신의 더럽고 추잡스러운 모습을 인식할 수도 있을 것이다. 이렇게 되면 실패를 거듭하는 고통스러운 경험도 줄어들 것이다. 그러나 우리가 육신을 신뢰할 의도가 없을 때에도, 겉으로 보이지 않는 어떤 불결함이 아직 잔재해 있다는 사실은 참으로 통탄할 일이 아닐 수 없다. 이러한 사람은 아직도 자기에게 약간의 힘이 있다고 생각하는 것이다. 이러한 경우에는 그에게 남아있는 그 약간의 자신에 대한 신뢰마저 제거하기 위해 하나님께서 그로 하여금 갖가지 실패에 부딪히도록 허용하신다.

십자가와 성령의 더 깊은 역사

육신은 속이는 성질이 너무나 강하기 때문에, 신자에게는 십자가와 성령의 도움이 필요하다. 일단 하나님 앞에 서 있는 자기 육신의 진상을 분별한 신자에겐 성령을 통하여 매순간 십자가의 더 깊은 역사를 체험하는 것이 필요하다. 그리스도인은 십자가로 말미암아 육신의 죄에서 해방되어야 하는 것처럼, 이제 같은 십자가로 말미암아 육신의 의로부터 해방되어야 한다. 그리스도인이 성령 안에서 행함으로 육신을 따라 죄를 짓지 않는 것처럼, 역시 성령 안에서 행함으로 육신을 따라 자기 의에 이르지 않게 된다.

십자가는 신자의 밖에 있는 하나의 사실로서, 이미 완전하게 이루어진 것이다. 십자가를 더 깊이 있게 한다는 것은 있을 수 없는 일이다. 다만 신자 안에서 이루어지는 하나의 과정으로서 십자가는 점점 더 깊이 경험되는 것이다. 성령께서는 십자가의 원칙을 하나씩 하나씩 가르쳐 주시고 적용해 주신다. 믿음으로 순종하는 신자는 십자가가 자신을 위해서 이루어 놓은 일들을 계속해서 더욱 깊이 경험하도록 인도를 받게 된다. 십자가는 객관적으로 아무것도 더 부가될 수 없는, 완성된 절대적 사실이다. 그러나 주관적으로 볼 때 그것은 끊임없는 점진적 체험으로서, 신자의 삶에 점점 더 깊이 침투해 들어오는 것이다.

독자는 지금쯤 자신이 주 예수님과 십자가에 못 박혔다는 사실이 함축하고 있는 의미에 대해 더 많은 것을 알게 되었을 것이다. 오직 이 기반 위에서만 성령은 일하실 수 있다. 성령은 이 십자가 외에는 다른 도구를 가지고 있지 않다. 신자는 시금쯤 갈라디아서 5:24을 새롭게 깨달아야 한다. 십자가에 못 박힌 것은 "그 정과 욕심"만이 아니다. 의를 행할 수 있는 힘은 물론 육신의 의를 포함한 육신 자체가 십자가에 못 박혔다. "정과 욕심"이 아무리 마음을 끄는 것이라도 십자가는 이 정과 욕심은 물론 그 원천(육신)까지도 못 박은 것이다. 우리가 이것을 알고 **모든** 좋고 나쁜 육신을 모조리 부인할 자세를 갖추었을 때, 참으로 성령을 따라 행하고, 하나님을 기쁘게 하며, 진정으로 신령한 생활을 할 수 있다. 이러한 준비된 자세는 필수적이다. 하나의 완성된 사실로서 십자가는 그 자

육신에 대한 신자의 궁극적인 태도

체가 완전한 것이지만 신자의 삶에서 그것이 실현되는 정도는 그 사람의 지식과 준비된 자세와 믿음에 따라 달라지기 때문이다.

하나님의 자녀가 육신의 좋은 면을 부인하기를 거부했다고 하자. 이 사람은 어떤 경험을 하게 될까? 그의 육신은 많은 활동을 하는 데 있어서 극히 영리하고 능력 있는 것처럼 나타날 것이다. 그러나 아무리 선하고 강하다 할지라도, 육신은 하나님의 요구를 만족시킬 수 없다. 그래서 하나님께서 실제로 갈보리로 가서 고난 받을 준비를 하라고 부르실 때, 그리스도인은 곧 뒤로 물러서서 물처럼 연약해지는 자신을 발견하게 된다. 제자들은 겟세마네 동산에서 왜 그와 같이 비참하게 실패의 고배를 마셔야 했는가? "마음에는 원이로되 육신이 약하기"(마 26:41) 때문이다. 여기에서의 약함이 저기에서의 실패를 불러온다. 육신은 자기의 구미에 맞는 문제에서만 우수한 능력을 발휘한다. 하나님이 부르실 때 육신이 주저하는 이유가 여기에 있다. 따라서 육신의 죽음은 필수적인 것이다. 그렇지 않으면 하나님의 뜻은 결코 이루어질 수 없는 것이다.

우리 자신을 향상시키고 싶은 욕망과 의도가 어떻든 간에, 다른 사람들에게 보이고 칭찬을 받기 원하는 것은 모두 육신에 속한 것이다. 육신 속에는 타고난 선과 타고난 악이 잠재해 있다. 요한복음 1:13은 "육신(사람)의 뜻"에 대해 언급하고 있다. 하나님의 호감을 사기 위해서 육신은 선을 행하기 위한 뜻을 세우고 결심을 하고 계획을 세울 수 있다. 그러나 이것도 인간의 육신에 속한 것이기 때문에 십자가로 가야 한다. 골로새서 2:18은 "육체(육신)의 마음"을 말하고 있다. 그리스도인의 자신감은 자기의 지혜를 믿고, 자기가 성경의 모든 가르침을 알고 하나님을 섬기는 법도 안다고 생각하는 것에 지나지 않는다. 그리고 고린도후서 1:12은 "육체의 지혜"를 언급하고 있다. 인간의 지혜를 가지고 성경의 진리를 받아들이는 것은 극히 위험한 일이다. 이것은 언제나 신자로 하여금 성령의 일을 육체로 마치도록 하는 간교한 방법이기 때문이다. 우리는 매우 귀중한 진리를 기억 속에 담아 둘 수 있다. 그러나 그것은 육체의 마음에 있을 뿐이다! 성령만이 우리를 소생시킬 수 있다. 육은 무익한 것이다. 모든 진리는 주님에 의하여 계속 살아 약동하지 않는 한, 우리 자신에게도 다른 사람에게도 유익을 주지 못한다. 우리는 지금 인간의 육적 생활의 필연적인 결과를 논하는 것이지 죄를 논하는 것이 아니다. 무엇이든지 육에 속한 것은 영적인 것이 아니다. 우리는 우리의 의뿐만 아니라 우리의 지혜 또한 부인해야 한다. 육의 지혜도 십자가에 못 박아야 한다.

골로새서 2:23은 육신의 자의적 "숭배" 또는 "예배"에 대하여 말하고 있다. 이것은 우리의 생각에 따라 드리는 예배이다. 경건한 느낌을 불러일으키기 위하여 우리가 동원하는 모든 방법은 다 육체의 자의적 예배다. 이러한 예배는 성경의 가르침에 따른 예배도 아니고 성령의 인도하심에 따른 예배도 아니다. 육체를 따라 행할 가능성은, 예배하는 일에나, 그리스도의 일에나, 성경 지식에나, 영혼을 구원하는 일에나 어디든지 존재한다.

성경은 종종 육신의 "생명"에 대하여 언급하고 있다. 이것을 십자가에 넘겨주기 전에는, 죄인 속에 살아있는 것처럼 똑같이 성도 속에도 살아 있다. 단 하나의 차이는, 성도에게는 이에 대한 영적인 반발이 있다는 것이다. 그러나 성도에게도 그 생명을 취하여 그것에 의존할 가능성이 남아 있다. 육체의 생명은 신자를 도와 하나님을 섬기게 할 수도 있고, 진리를 묵상하게 할 수도 있고, 자신을 주님께 드리도록 할 수도 있다. 이 육체의 생명은 그를 자극하여

육신에 대한 신자의 궁극적인 태도

많은 선행을 하게 할 수도 있다. 그렇다. 그리스도인은 이와 같이
타고난 육체의 생명을 참된 생명으로 착각하여, 자신이 하나님의
뜻을 행하고 있다고 생각할 수 있다.

　우리는 사람 속에 두 개의 서로 다른 생명 원칙이 존재하고 있다
는 것을 알아야 한다. 우리 가운데 많은 이들은 이 두 개의 원칙 가
운데 하나를 따르다가 또 다른 원칙을 따르며, 혼동된 생활을 하고
있다. 때때로 우리는 전적으로 성령의 힘에 의지할 때가 있다. 그
러나 종종 우리 자신의 힘을 섞는다. 아무것도 확실하고 견고한 것
이 없는 것 같다. "혹 경영하기를 육체를 좇아 경영하여 예, 예하고
아니, 아니라 하는 일이 내게 있었겠느냐"(고후 1:17). 육신의 특징
은 변덕스러운 것이다. 육신은 "예"와 "아니오" 사이를 수시로 왕
래한다. 그러나 하나님의 뜻은 "(한 순간도) 육신을 좇지 않고 그
영을 좇아 행하는"(롬 8:4) 것이다. 우리는 하나님의 뜻을 따라야
한다.

　"그 안에서 너희가 손으로 하지 아니한 할례를 받았으니 곧 육적
몸을 벗는 것이요 그리스도의 할례니라"(골 2:11). 우리는 십자가
가 할례를 행하는 칼처럼 육신에 속한 모든 것을 완전히 잘라내기
를 원하는 마음이 있어야겠다. 육신 가운데 은닉되어 있는 것이 없
고 또 아무것도 남아 있지 못하도록 깊고 깨끗한 수술을 해야 한
다. 십자가와 저주는 서로 분리될 수 없는 것이다(갈 3:13). 우리
육신을 십자가에 넘겨줄 때, 우리는 육신에 아무런 선한 것이 거하
지 않으며 육신은 하나님의 저주밖에 받을 것이 없는 무가치한 것
임을 인정하고, 육신을 저주에 처하게 하는 것이다. 이러한 마음가
짐이 없이 육신의 할례를 받는 것은 극히 힘든 일이다. 육신에 속
한 모든 애정과 욕심과 생각과 지식과 의도와 예배와 일은 모두 십

자가로 가야 한다.

그리스도와 함께 십자가에 못 박힌다는 것은 주님이 받으신 저주를 내가 받는 것을 의미한다. 그리스도께서 갈보리산상에서 십자가에 못 박히는 순간은 영광스러운 순간이 아니었다(히 12:2). 주님께서 나무에 달리셨다는 것은 곧 그가 하나님의 저주를 받았음을 의미한다(신 21:23). 결국 육신이 그리스도와 함께 십자가에 못 박힌다는 것은 주님과 함께 저주받는 것을 의미하는 것이다. 우리가 그리스도께서 십자가상에서 다 이루어 놓으신 일을 받아들여야 하는 것과 마찬가지로 십자가의 교제 안으로 들어가야 한다. 신자는 육신이 마땅히 죽음의 저주를 받아야 한다는 것을 인정할 필요가 있다. 신자와 십자가의 실제적 교제는, 그가 자기 육신을 하나님이 보시는 것과 같이 보게 되면서부터 시작된다. 성령께서 한 사람을 완전히 주관할 수 있으려면, 먼저 육신을 십자가에 완전히 넘겨주는 일이 전제되어야 한다. 육신의 정체가 정확하게 무엇이며 그것을 어떻게 십자가에 못 박아야 하는지를 알 수 있도록 우리 함께 기도 드리자.

형제여, 우리는 그리스도의 십자가를 기꺼이 받아들일 정도로 겸손하지 못하다. 우리는 자신이 너무나 무력하고 쓸데없으며 완전히 부패해서 죽어야 마땅하다는 것을 시인하지 않으려 한다. 오늘날 우리에게 결핍되어 있는 것은 "더 잘 사는 것"이 아니라 "더 잘 죽는 것"이다. 우리는 훌륭한 죽음과 철저한 죽음을 당할 필요가 있다.

우리는 생명과 힘과 거룩함과 의에 대하여는 충분히 이야기했다. 이제 죽음을 살펴보자! 아, 성령께서 그리스도의 십자가로 인해 우리의 육신을 깊이 관통하여, 그것이 우리 생활의 타당한 경험이 될 수만 있다면! 우리가 바르게 죽으면, 바르게 살 수 있을 것이다. 우리가 주님의 죽음과 같은 죽음 안에서 주님과 연합된다면, 틀림없이 주님의 부활과 같은 부활 안에서 주님과 연합될 것이다. 죽음의 절대적인 필요성을 깨달을 수 있도록 우리 눈을 열어 달라고 주님께 간구하자. 준비가 되어 있는가? 주님께서 당신의 약점을 모두 지적하여도 기꺼이 받아들일 준비가 되어 있는가? 영문 밖에서 공개적으로 십자가에 못 박히는 것을 감수할 수 있는가? 십자가의 영이 당신 안에서 역사하도록 허용할 용의가 있는가? 아! 주님의 죽음을 좀더 깨달을 수 있다면! 우리가 완전히 죽을 수만 있다면!

십자가의 죽음이 계속해서 역사하고 있음을 분명히 알아야겠다. 죽음을 완전히 뒤로한 채 부활의 단계에 들어간다는 것은 있을 수 없는 일이다. 부활의 경험은 죽음의 경험에 의하여 판가름되기 때문이다. 승천하는 삶을 추구하는 사람들 가운데 항상 존재하는 위험은, 육신을 계속적으로 십자가에 못 박아야 할 절대적인 필요성을 잊는 것이다. 그들은 죽음의 자리를 떠나 부활로 나아간다. 그 결과 신자는 마치 육신의 일이 영적 성장에 별로 심각한 장애가 되지 않는 것처럼 경시하거나, 또는 육신의 일을 영의 일로 생각하게 된다. 죽음이 모든 것의 기반이 된다는 사실을 깨닫는 것이야말로 얼마나 중요한 일인가! 집을 짓기 위해서 앞으로 나아가는 것은 좋지만 기반을 무너뜨려서는 안 된다.

육신의 죽음이 계속해서 유지되지 않으면, 부활이나 승천의 영역은 실재하지 않을 것이다. 우리가 영적으로 이만큼 자랐으니까 이제는 육신이 우리를 유혹할 힘이 없다는 생각은 사탄의 기만이다. 이것은 우리들을 십자가의 기반으로부터 이탈시켜 외적으로는 신령하게 보이지만 실은 육체적인 사람으로 만들려는 원수의 시도에 지나지 않는다. "주님, 제가 이제 더 이상 이러이러하지 않고 이러이러한 것을 감사하나이다"와 같은 기도는 누가복음 18:11-12에 기록된 주님께 열납되지 않는 기도의 반복에 지나지 않는다. 우리는 육신에서 해방될 바로 그 시점에 놓여 있을 때, 가장 육신의 속임수에 넘어가기가 쉽다. 우리는 항상 주님의 죽음에 거하지 않으면 안 된다.

우리의 안전은 성령 안에 있다. 안전한 길은, 혹 내가 육신에 진지를 내어주지 않을까 하는 두려움을 가지고, 언제든지 가르침을 받겠다는 자세를 취하는 데 있다. 즐거운 마음으로 우리 자신을 그리스도께 드리고, 성령께서 예수의 죽음을 우리에게 적용시키도록 의탁해야 한다. 이렇게 할 때 그리스도의 생명이 우리에게 나타날 것이다. 이전에 우리가 육신으로 충만한 상태에 있었듯이, 이제는 성령으로 충만한 상태에 이를 것이다. 성령께서 완전한 주권을 잡으실 때, 그는 육신의 능력을 뒤엎어 버리고 그리스도를 우리의 생명으로 나타내 주실 것이다. 이렇게 될 때, 우리는 "이제는 내가 산 것이 아니요 오직 내 안에 그리스도께서 사신 것이라"고 말할 수 있다. 그러나 이 생활의 기초는 어디까지나 "내가 그리스도와 함께 십자가에 못 박혔다"(갈 2:20)는 것이다.

우리가 믿음과 순종의 생활을 한다면, 성령께서 우리 안에 가장 거룩하고 놀라운 일을 이루어 주실 것을 기대할 수 있다. "만일 우리가 성령으로 살면"-이것이 우리의 믿음이다. 우리는 성령께서 우리 안에 거하신다는 것을 믿기 때문이다. "성령으로 행할지니"-이것이 우리의 순종이다(갈 5:25). 우리는 주님께서 그의 성령을 우리에게 주셨고, 그 성령이 지금 우리 안에 거하고 계심을

육신에 대한 신자의 궁극적인 태도

단순히 그리고 편안하게 믿어야 한다. 주님의 은사를 믿으라. 그리고 성령께서 당신 안에 거하심을 믿으라. 이것을 당신 안에 있는 그리스도의 생명의 비밀로 여기라. 주님의 성령이 당신의 가장 깊은 영 안에 거하신다. "성령이 참으로 내 안에 거하신다"는 이 놀라운 진리가 당신 안에 거룩한 두려움과 놀라움을 불러일으킬 때까지 그것을 묵상하고, 믿고, 기억하라. 그리고 이제 성령의 인도를 따르는 법을 배워야 한다.

이러한 인도는 마음이나 생각에서 나오는 것이 아니다. 그것은 생명에 속한 것이다. 하나님께 복종하고, 그의 성령으로 하여금 모든 것을 지배하도록 해야 한다. 성령께서 우리의 삶 속에서 주 예수를 나타내 주실 것이다. 이것이 성령의 임무이기 때문이다.

권고의 말

하나님의 성령께서 십자가로 말미암아 더 깊은 역사를 하실 수 있도록 우리가 허락한다면, 우리의 할례는 날이 갈수록 실제적이 될 것이다. "하나님의 성령으로 봉사하며 그리스도 예수로 자랑하고 육체를 신뢰하지 아니하는 우리가 곧 할례당이라"(빌 3:3). 우리는 손으로 행하지 아니한 할례를 통하여 육체에 대한 신뢰를 버리게 된다. 사도 바울은 그리스도 예수 안에서 자랑하는 것을 매사의 중심으로 삼았다. 그는 한편으로는 위험스럽지만 다른 한편으로는 안전하다는 것을 우리에게 설명하고 있다. 육신을 신뢰하는 것은 그리스도 예수 안에서 자랑하는 것을 파괴시키는 경향이 있다. 그러나 영으로 드리는 예배는 우리에게 생명과 진리의 복된 기쁨을 안겨 준다.

성령께서는 주 예수를 높이시는 반면에 육신은 낮추신다. 우리가 그리스도 안에서 참으로 자랑하기를 원한다면, 그리고 주님이 우리 안에서 영광받으시기를 원한다면, 십자가의 할례를 받고 성령 안에서 예배하는 것을 배워야 한다. 조급해 하고 불안해 하지 말아라. 그것은 육신에 속한 것이다. 여러 가지 방법을 시도해 볼 생각도 말아라. 이런 방법은 육신을 돕는 일에나 유용할 뿐이다. 육신이 아무리 선하고 능력이 있다고 하더라도 우리는 육신을 전적으로 불신해야 한다. 그 대신 우리는 성령을 믿고 그에게만 복종해야 한다. 이러한 믿음과 순종이 있을 때, 육신은 제자리를 찾아 저주 아래 처하여 고개를 숙일 것이며, 따라서 모든 능력을 상실할 것이다.

하나님께서 우리에게 은혜를 베푸셔서, 우리가 육신을 신뢰하지 않고, 우리 자신을 멸시하고, 우리 육신이 믿을 수 없고 전혀 열매를 맺을 수 없다는 것을 시인하게 되기를 바란다. 이것이 진짜 죽음이다. 이러한 죽음이 없이는 생명이 있을 수 없다.

"그러나 그 자유로 육체의 기회를 삼지 말라"(갈 5:13). 우리는 주 안에서 자유를 얻었다. 그러므로 육체에게는 아무런 기회도 주지 말자. 육체가 있어야 마땅한 곳은 죽음이다. 무의식적으로라도 성령의 활동을 자신의 활동으로 오인하는 일이 없도록 하자. 다만 언제나 육체가 다시 살아나지 못하도록 경계해야 한다. 주님의 승리의 영광을 빼앗아, 육체에게 활동을 재개할 기회를 주는 일이 없도록 하라. 몇 가지 승리를 거두었다고 지나치게 자신감을 갖지 말라. 그렇게 되면, 당신의 실패는 멀지 않다. 당신이 이기는 법을 습득하여 육신이 오랫동안 그 힘을 상실하고 있다고 해서, 이후부터는 육신을 얼마든지 이길 수 있다고 상상하는 일이 없어야겠다. 성

육신에 대한 신자의 궁극적인 태도

령을 의지하지 않으면, 당신은 다시 한번 가슴 아픈 경험을 하게 될 것이다.

거룩한 근면함과 함께, 의지하는 태도를 길러야 한다. 그렇지 않으면, 당신은 육체의 공격 목표가 될 것이다. 아주 작은 교만이 육체에 기회를 제공한다. 다른 사람들 앞에서 위신이 떨어지는 것을 두려워 말라. 바울은 육신을 십자가에 못 박을 것과 성령 안에서 행할 것을 가르친 후에 즉시 "헛된 영광을 구하지 말자"(갈 5:26)고 했다. 만일 당신이 하나님 앞에서 얼마나 무가치한 존재인가를 겸손히 시인한다면 사람들 앞에서 자신을 높이려고 하지 않을 것이다. 당신이 칭찬을 받기 위해서 육신의 약점을 사람들 앞에서 숨겼다고 하자. 그러면 당신은 자기도 모르는 사이에 육체에 활동할 기회를 주는 것이 아닌가? 성령은 우리를 도우시고 강건케 하실 수 있는 분이다. 그러나 우리를 밀어내고 우리의 책임을 대행하시는 분은 아니다. 그러므로 그 책임을 이행하려면 우리는 한편으로는 육체에 기회를 주지 않는 태도를 항상 견지해야 하고, 또 한편으로는 일상 생활 중에 육체를 부인하라는 요구가 있을 때마다 이를 실천에 옮길 수 있는 자세를 갖추고 있어야 한다.

바울은 "육신의 일을 도모하지 말라"(롬 13:14)고 권고한다. 육신이 활동을 개시하려면 유인자가 필요하다. 그렇기 때문에 육신을 위해서 유인자를 마련해 주면 안 된다. 육신을 저주의 자리에 묶어 두려면, 항상 깨어 있어야 한다. 혹시 조금이라도 허영심을 품고 있지 않은지, 늘 우리의 생각을 살펴야 한다. 왜냐하면 허영심은 육체에 아주 좋은 기회를 제공하기 때문이다. 여기서는 우리의 생각이 아주 중요한 위치를 차지하고 있다. 왜냐하면 우리의 사고 생활의 이면에 숨겨져 있는 것이 말과 행동을 통해 나타나기 때문이다. 육신에게 절대로 활동의 근거가 주어져서는 안 된다. 심지어 다른 이들과 대화를 나눌 때도 많은 말 속에 육신이 자기 일을 도모할 근거를 찾지 못하도록 경계를 게을리 하지 말아야 한다. 우리는 말을 늘어놓기를 좋아한다. 그러나 그 많은 말들이 성령 안에서 나오는 것이 아닐 때는 아예 아무 말도 않는 것이 좋다. 우리의 행동도 마찬가지다. 육신은 많은 계획과 방법을 구상하고, 기대로 가득 차 있다. 육신은 자기 의견이 있고 힘이 있고 능력이 있다. 다른 이들에게, 아니 우리 자신에게도, 이들은 아주 칭찬할 만하고 권장할 만한 것들로 보일 수 있다. 그러나 우리 주님의 명령을 거스르지 않기 위해서, 육신의 기능 가운데 제일 좋은 것이라도 단호히 부서뜨릴 수 있는 과감성을 가지자.

육신에서 나오는 제일 좋은 것도, 단순히 그것이 육신에 속한다는 이유로, 사정없이 죽음에 넘겨야 한다. 육신의 의는 육신의 죄와 마찬가지로 가증스러운 것이다. 육신이 행하는 선행도 육신이 범하는 죄와 똑같이 겸허한 마음으로 회개하여야 한다. 우리는 항상 육신에 대한 하나님의 견해를 유지해야 한다.

우리가 실패할 경우에는, 자신을 살피고, 죄를 자백하고, 우리를 깨끗하게 해주는 보혈을 의지해야 한다. "육과 영의 온갖 더러운 것에서 자신을 깨끗케 하자"(고후 7:1). 여기에는 성령의 역사뿐 아니라 보혈의 역사도 있어야 한다. 우리들 자신도 깨끗하게 되기 위하여 노력해야 한다. 육체의 모든 더러움을 샅샅이 찾아내어 우리 주님의 십자가에 못 박아야 한다. 우리가 행한 일 중에 제일 선한 일도 – 인간이 보기에는 전혀 죄된 것으로 보이지 않는다 하더라도 – 하나님께서는 더럽다고 판정하신다. "육에서 난 것은 육이다." 이것은 사람과 그 사람의 행위를 두고 한 말이다. 하나님은 모양이나 형태보다 원천에 더 큰 관심을 가지고 계시다. 그러므로 우리는 죄로부터 정결하게 되어야 할 뿐 아니라, 모든 육신의 행위로부터도 정결케 되어야 한다. "사랑하는 자들아 나그네와 행인 같은 너희를 권하노니 영혼을 거스려 싸우는 육체의 정욕을 제어하라" (벧전 2:11).

SPIRITUAL

제 **3** 부

혼

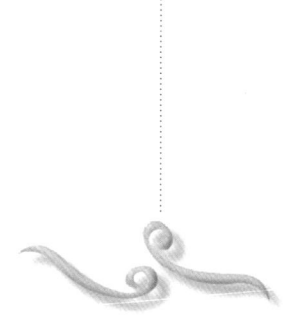

제 1 장
죄로부터의 구원과 흔적 생명

구원의 길

로마서 6장은 죄로부터의 구원에 대한 기초를 놓고 있다. 하나님께서는 모든 신자들에게 이러한 구원을 적용하신다. 누구나 이 구원에 들어갈 수 있다. 더구나, 이 죄의 권세로부터의 해방은 죄인이 주 예수를 구주로 영접하여 거듭나는 순간에 경험할 수 있는 것이다. 그리스도인이 된 지 오래되고 갖은 실패의 고초를 겪어야만 이 복음을 받을 수 있는 것은 아니다. "로마서 6장의 복음"을 일찍 받지 못하는 것은, 그가 들은 복음이 온전하지 못하거나, 아니면 들은 복음을 온전히 받아들여 전적으로 신뢰하지 않은 데 그 원인이 있는 것이다. 사실 이 축복은 모든 거듭난 사람들이 공통으로 가진 것이다.

로마서 6장은 기대가 아니라 회고를 권하는 말로 시작되고 있다.

이미 우리의 소유가 된 과거에 우리의 주목을 끌고 있다.

"우리가 알거니와 우리 옛 사람이 예수와 함께 십자가에 못 박힌 것은 죄의 몸이 멸하여 다시는 우리가 죄에게 종노릇하지 아니 하려함이라"(6절). 이 한 구절에서 우리는 세 가지 주요 요소를 발견한다.

(1) "죄"(sin, 단수로 기록됨)와
(2) "옛 사람"과
(3) "몸"(죄의 몸)이 그것이다.

이 세 가지는 서로 판이한 성격을 지니고 있으며, 죄를 범하는 일에서 독특한 역할을 하고 있다. 여기서 말하는 죄(sin)는 우리가 흔히 죄의 **근원**(root)이라고 하는 것이다. 성경은 우리가 전에는 죄의 종이었다고 알려 준다. 그 동안은 죄가 주인이었다. 그래서 우선 우리는 죄가 힘을 소유하고 있음을 인식해야겠다. 죄가 우리를 종으로 만들기 때문이다. 이것은 우리로 옛 사람에게 순종하여 죄를 범하도록 하기 위하여 계속 힘을 방출한다. 옛 사람은 우리가 아담으로부터 물려받은 모든 것을 나타낸다. 우리는 "새 사람"이 무엇인가를 앎으로써 옛 사람을 파악할 수 있다. 새 사람에게 속하지 않는 것은 옛 사람에게 속한 것이기 때문이다. 우리의 새 사람은 우리가 거듭날 때 주님으로부터 새로 받은 모든 것을 포함한다. 따라서 옛 사람은 우리의 인격 가운데 새 사람 밖에 있는 모든 것을, 우리의 옛 인격과 옛 성품에 속하는 모든 것을 나타낸다. 우리는 이 옛 사람이 죄를 사랑하며 죄의 권세하에 있기 때문에 죄를 짓는다. 죄의 몸이란 우리의 이 몸을 가리킨다. 이 인간의 실체적인 부분이 우리가 범죄하는 일에서 꼭두각시 노릇을 해 왔다. 이에는 "죄의 몸"이라는 명칭이 따른다. 이 몸은 죄의 정과 욕심으로 충만한 상태로 죄의 권세하에 놓여 있기 때문이다. 그리고 죄가 자신을 나타내는 것은 언제나 이 몸을 통해서다. 그렇지 않으면 죄는 보이지 않는 힘에 불과할 것이다.

다시 말해서, 죄는 죄를 범하도록 우리를 끄는 힘이다. 옛 사람은 우리가 아담으로부터 물려받은 것 가운데 "비실체적인 부분"을 말한다. 한편 죄의 몸이란 우리가 아담으로부터 전해 받은 실체적인 부분을 가리킨다.

범죄의 과정은 언제나 다음 순서를 따른다. 첫째: 죄 → 둘째: 옛 사람 → 셋째: 몸. 죄는 사람을 유혹하기 위하여 그 힘을 발휘하고, 죄를 범하도록 강요한다. 옛 사람은 죄를 즐기기 때문에, 그는 죄를 두둔하고 몸을 자극하여 죄를 범하도록 유인한다. 몸은 꼭두각시의 역할을 하여 실제로 죄를 범한다. 이와 같이 이 세 가지 요소의 합동 작전에 의하여 죄가 범해지는 것이다. 죄의 강요하는 힘과 옛 사람의 성향과 몸의 실행이 언제나 존재하는 것이다.

그러면, 사람은 어떻게 죄로부터 구원받을 수 있는가? 어떤 사람은 죄가 제일 원인이기 때문에 승리를 거두려면 죄를 멸절시켜야 한다는 이론을 편다. 따라서 이 사람들은 "죄의 제거"를 주장한다. 이 사람들은 "일단 죄의 뿌리가 뽑히면 우리가 다시는 죄를 짓지 않고 분명히 성화되지 않겠느냐?"고 생각한다.

또 어떤 사람들은 죄를 실행해 옮기는 것은 몸이 아니냐고 반문하면서, 우리가 죄를 이기려면 몸을 굴복시켜야 한다고 주장한다. 그래서 기독교계 내에 금욕주의를 내세우는 사람들이 일어난다. 이들은 많은 기교를 사용하여 자신을 제어하려고 노력한다. 이들은 일단 몸의 요구만을 극복하면 거룩해질 수 있다는 기대를 가지고 있는 것이다.

이 둘 중 어느 것도 하나님의 방법이 아니다. 로마서 6:6은 하나님의 방법을 분명히 보여 주고 있다. 하나님께서는 우리 속에 있는 죄의 근원을 제거하시지도 않고 밖에 있는 몸을 억압하시지도 않는다. 오히려 하나님께서는 둘 사이에 있는 "옛 사람"을 처리하신다.

하나님의 사실

주 예수께서는 십자가를 지실 때 우리의 죄뿐 아니라 우리의 존재 자체까지 담당하셨다. 바울은 "우리 옛 사람이 그리스도와 함께 못 박혔다"고 선언함으로써 이 사실은 갈파하고 있다. 원어의 "못 박혔나니"는 완전 과거시제로 되어 있다. 이는 우리의 옛 사람이 그리스도와 함께 단번에 영원히 못 박혔음을 의미하는 것이다. 그리스도의 십자가가 이미 이루어진 사실인 것처럼, 우리가 그리스도와 함께 못 박힌 것도 이미 이루어진 사실이다. 그리스도가 십자가에 달린 사실을 누가 의심할 수 있는가? 그런데 왜 우리는 우리의 옛 사람이 십자가에 못 박힌 것을 의심하는가?

많은 성도들은 "우리가 주님과 함께 십자가에 못 박힌" 사실에 대해 듣고는, 즉시 "나도 죽어야 할텐데"라고 생각하고 자신을 못 박으려고 최선을 다한다. 이러한 태도는 우리에게 하나님의 계시가 부족하거나 믿음이 부족하기 때문에 나타나는 것이다. 그들은 자신만 이렇게 행하는 것이 아니고 다른 사람들에게도 그렇게 하라고 가르친다. 결과는 너무나 분명하다. 우리들에겐 죄에서 해방될 힘이 없다. 그리고 그들이 느끼는 옛 사람은 죽지 않는다.

이것은 여간 잘못된 판단이 아니다. 성경은 결코 우리에게 우리 자신을 십자가에 못 박으라고 가르치지 않는다. 성경의 가르침은 정반대다. 우리는 성경에서 주님께서 갈보리로 가실 때 우리를 데리고 가서 거기서 우리를 못 박았다고 배운다. 이제 새로이 우리 자신을 못 박아야 한다는 가르침은 성경 어느 곳에서도 찾아볼 수 없다. 오히려 성경은 그리스도께서 십자가에 달리실 때 우리의 옛 사람이 함께 처리되었다고 확증하고 있다. 이것을 증명하는 데는 로마서 6:6만으로도 충분하다. 여기에는 우리 자신을 십자가에 못 박기 원한다는 뜻이 조금도 없다. 우리의 십자가 처형이 실천될 것을 기대한다는 암시 같은 것도 전혀 없다. 로마서 6장의 이 구절은 이미 이루어진 사실로서, "우리가 그리스도와 함께 십자가에 못 박혔다"고 선언할 때, 조금도 의심의 여지를 남겨놓지 않고 있다. 이것이야말로 성경 말씀 가운데 가장 귀한 구절인 "그리스도 안에"라는 말의 의도이다. 그리스도께서 십자가로 가셨을 때 우리도 그 안에서 함께 갔으며, 그리스도께서 십자가에 못 박히셨을 때 우리도 역시 그 안에서 못 박혔다고 말할 수 있는 것은, 우리가 주님 안에 있고 주와 연합되어 있기 때문이다. 우리가 그리스도 안에 있다는 것이 얼마나 귀하고 놀라운 사실인가!

그러나 단순히 이 진리를 지적으로 소화하는 것으로는 유혹을 이길 수 없다. 여기에는 하나님의 계시가 절대적으로 필요하다. 하나님의 성령께서 우리가 어떻게 그리스도 안에 있으며, 어떻게 그리스도와 하나로 연합되었는지를 계시해 주셔야 한다. 성령께서는 또한 우리가 주님 안에 있다는 단순한 이유로 어떻게 우리의 옛 사람이 그리스도와 함께 못 박혔는가를 명백히 보여 주셔야 한다. 이것이 단순히 지적인 이해로 끝나서는 안 된다. 이것은 성령의 드러냄이어야 한다. 하나님에 의해 하나의 진리가 계시될 때 그것은 아주 자연스럽게 그 사람 안에서 힘이 되어 믿을 수 있게 된다. 믿음은 계시를 통하여 온다. 계시가 없으면 믿음은 불가능하다. 이것은 많은 사람들이 믿음을 갖지 못하는 이유를 설명해 준다. 즉 그들은 지적으로 알고는 있어도 하나님의 계시를 받지 못한 것이다. 그러므로 형제여, 우리가 "영으로 이것을 알고(깨닫고)" 참으로 "우리 옛 사람이 그리스도와 함께 십자가에 못 박혔다"고 고백할 수 있도록 하나님께서 우리에게 계시하실 때까지 기도하라.

    우리의 옛 사람이 십자가에 못 박힌 결과는 무엇인가? "죄의 몸을 멸하는" 것 – 대답은 너무나 명백하다. "멸한다"는 것은 사실상 "시들게 만든다", 또는 "못쓰게 한다"라 번역되어야 한다. 이전에는 죄가 발동하면 우리 옛 사람이 응답하였고, 결국 몸이 죄를 범하였다. 그러나 옛 사람이 십자가형을 당하고 새 사람으로 대치되고부터는, 죄가 아직 우리 속에서 발동하여 압력을 행사하려고 시도는 하지만 몸으로 하여금 범죄하게 하는 일에 있어서 옛 사람의 동의를 얻지 못한다. 죄는 더 이상 신자를 유혹할 수 없다. 옛 사람이 죽고 새 사람이 되었기 때문이다. 몸의 일은 이전에는 "죄를 범하는 것"(sinning)이었으나, 이제 이 죄의 몸은 옛 사람이 물러남으로써 그 힘을 잃어버렸다. 죄를 범할 수 없다. 몸이 일자리를 잃었기 때문이다. 주께 찬양을 드리라. 이것이 주님께서 우리를 위해 베푸신 일이 아닌가!

    왜 하나님께서는 우리 옛 사람을 그리스도와 함께 못 박으시고 우리의 몸으로 실직자가 되게 하시는가? 그의 목적은 "우리가 다시는 죄의 종이 되지 않게 하려는 것"이다. 주님께서 이루어 주신 것을 깨닫는다면, 우리는 다시는 죄의 압력에 굴복하거나 죄의 권능에 얽매이지 않을 수 있게 된다. 더 이상 죄가 우리를 다스리지 못하는 것이다. 할렐루야! 우리는 이 구원을 인하여 하나님께 찬양을 드려야 한다.

두 가지 필수요건

어떻게 하면 이러한 축복에 들어갈 수 있는가? 두 가지 요소가 필수적이다.

"이와 같이 너희도 너희 자신을 죄에 대하여는 죽은 자요 그리스도 예수 안에서 하나님을 대하여는 산 자로 여길지어다"(롬 6:11). 이것이 믿음의 진수다. 하나님께서 우리 옛 사람이 그리스도와 함께 십자가에 못 박혔다고 말씀하시면, 우리는 그의 말씀을 믿고 "우리 자신을 죽은 자로 여긴다." 하나님께서 우리가 그리스도와 함께 부활했다고 확언하시면 우리는 다시 그 말씀을 믿고 "우리 자신을 산 자로 여긴다." 그러면 우리는 이렇게 사는가? 우리는 자신을 "하나님을 대하여 산 자로 여긴다." 이 "여김"이 바로 하나님의 말씀대로 하나님을 믿는 것이다. 하나님께서 우리 옛 사람이 십자가에 못 박혔다고 말씀하시면, 우리는 우리 자신을 죽은 것으로 간주한다. 하나님께서 우리가 살아난 바 되었다고 주장하시면, 우리는 우리 자신을 산 자로 여긴다. 많은 이들이 실패하는 이유는, "십자가에 못 박힌 것"과 "부활한 것"을 느끼고, 보고, 경험하고 나서 하나님의 말씀을 믿으려 하는 데 있다. 이들은 하나님께서 이미 그것을 그리스도 안에서 이루어 놓으셨다는 것과, 주님께서 하신 일이 진실이라고 여김으로써 그 말씀을 믿을 때 주의 성령께서 경험을 주신다는 것을 깨닫지 못하고 있다. 주의 영이 그리스도 안에 있는 것을 그들에게 전해 주려 하시는 것이다.

둘째로, "또한 너희 지체를 불의의 병기로 죄에게 드리지 말고 오직 너희 자신을 죽은 자 가운데서 다시 산 자같이 하나님께 드리며 너희 지체를 의의 병기로 하나님께 드리라"(롬 6:13). 이것이 성별의 핵심이다. 하나님께서 우리에게 내어놓기를 원하는 것을 끝까지 놓지 않고 붙들고 있으면, 죄가 우리 위에 왕 노릇할 것이며, 우리의 "여김"은 헛될 것이다. 우리가 우리의 지체를 거룩한 의의 병기로 드려 하나님께서 원하시는 것을 말하며 행치 못하고, 주님이 지시하는 곳으로 가지 못한다면, 우리가 아직 죄로부터 구원받지 못했다고 해서 놀라울 것이 있겠는가? 우리가 내어놓기를 거부하거나 하나님께 반항할 때 죄는 다시 왕 노릇하게 될 것이다. 이러한 상황하에서 우리는 자연히 "여김"의 힘을, 즉 하나님의 말씀을 믿는 힘을 상실한다. 믿음을 행사하여 여기는 일이 중단되었는데도 우리가 아직 위치적으로 그리스도 안에 있다고 말할 수 있겠는가? 그렇다고 할 수도 있다. 그러나 우리는 요한복음 15장의 "내 안에 거하라"는 의미로 주 안에서 사는 것은 아니다. 따라서 우리는 그리스도 안에서 사실인 것, 심지어 십자가에 못 박혔다는 것도 경험할 수 없게 된다.

이제 우리는 실패의 경험으로부터 실패가 "믿음의 부족"이나 "불순종"에 기인하는 것임을 유추할 수 있다. 다른 이유가 있을 수 없다. 우리의 실패는 이 두 가지 이유에 기인되는 것이 아니면 둘 중에 하나 때문에 일어나는 것이다. 우리는 자신이 그리스도 밖에 있는 것으로 보거나 생각하지 말고, 믿음으로 그리스도 안에 사는 법을 배워야 한다. 우리가 그리스도 안에 있으며, 주님께 해당되는 것은 우리에게도 해당된다는 것을 매일매일 믿는 법을 익혀야 한다. 마찬가지로, 하나님의 능력을 통해 우리의 성별 됨을 흠 없이 유지하는 법을 매일매일 배워야 한다. 모든 것을 쓰레기같이 여기라. 세상에서 우리가 주님을 위해 버릴 수 없는 것이 무엇이 있겠으며, 자신을 위해 가지고 있기를 바랄 것이 무엇이 있겠는가! 하나님의 요구조건이 아무리 육신에 어렵고 거슬린다 해도 이에 적극적으로 응할 수 있도록 자신을 가다듬어야 한다. 하나님을 위해서는 어떠한 대가를 치른다 해도 아까울 것이 없다. 하나님을 기쁘게 해드릴 수 있다면, 어떤 것도 희생할 수 있다. "순종할 줄 아는 자녀"가 되는 법을 매일매일 배우도록 하자. 우리가 이와 같이 여기고 이와 같이 드렸다면, 하나님의 말씀에 "죄가 너희를 주관하지 못하리니"라고 명확하게 선포하신 것을 즐기고 있을 것이다.

죄와 몸의 관계

"함께 죽는 진리"를 알게 되고 죄로부터의 해방을 어느 정도 경험하게 되면서부터 그리스도인은 일생 중 아주 위험한 시기에 돌입한다. 만일 이 지점에서 신자가 좋은 가르침을 받고 성령으로 하여금 자신에게 십자가를 더 깊이 적용하시도록 허락한다면 그는 결국 영적인 성숙에 이르게 될 것이다. 그러나 만일 신자가 죄를 다스리는 승리의 생활을 경험했다고 해서 이것을 최고의 경험으로 보고, 십자가로 자기의 혼적인 생활을 제재하지 않는다면, 그는 혼의 세계에 살면서 혼적인 생활을 신령한 생활로 오해하는 잘못을 범하게 될 것이다. 옛 사람이 처리되었음에도 불구하고 신자의 "혼적 생명"은 십자가를 거치지 않고 아직 그대로 있다. 그렇기 때문에 의지와 지성과 감정은 아무런 제재도 받지 않고 계속 작용하고 있으며, 그 결과 신자의 경험은 혼의 세계 안에 국한되는 것이다.

우리는 이러한 죄로부터의 구원이 실제로 우리의 존재 가운데 어느 곳까지 영향을 끼쳤는지, 즉 영향을 끼친 곳과 아직 끼치지 못한 곳이 어디인지를 알아야 한다. 특별히 우리는 죄와 몸이 특별한 관계를 맺고 있다는 점을 알아야 한다. 우리는 많은 철학자들이 생각하는 것처럼 몸을 본질적으로 악한 것으로 간주하지는 않는다. 그러나 우리는 몸이 "죄가 지배하는 영역"이라는 것을 고백한다. 로마서 6:6에서 성령이 우리의 몸을 "죄의 몸"이라고 기술하고 있음을 본다. 사실 우리가 십자가의 치유를 경험하고 우리의 지체를 하나님께 의의 병기로 드리기 전에 우리의 몸은 "죄의 몸"이었다. 죄는 몸을 붙잡아 종노릇할 것을 강요했다. 몸은 죄의 요새와 병기와 수비대가 되었다. 따라서 "죄의 몸"이라는 명칭보다 더 적절한 명칭이 없다.

죄로부터의 구원을 다루고 있는 로마서 6, 7, 8장을 자세히 읽어보면, 몸과 죄의 관계뿐 아니라, 우리 몸을 죄를 섬기는 데서 건져내어 하나님을 섬기도록 하는 하나님의 완전한 구원에 대해서도 알 수 있다.

로마서 6장에서 사도 바울은 다음과 같이 말한다.

"죄의 몸이 멸하여"(6절).
"그러므로 너희는 죄로 너희 죽을 몸에 왕 노릇하지 못하게 하여 몸의 사욕을 순종치 말고"(12절).
"너의 지체를 불의의 병기로 죄에게 드리지 말고"(13절).

"너희 지체를 의의 병기로 하나님께 드리라"(13절).

로마서 7장에서는 하나님께서 바울을 통하여 우리 몸에 대해 다음과 같이 말씀하신다.

"우리 지체중에 역사하여"(5절).
"내 지체 속에서 한 다른 법이……보는도다"(23절).
"내 지체 속에 있는 죄의 법 아래로 나를 사로잡아 오는 것을 보는도다"(23절).
"이 사망의 몸에서 누가 나를 건져내랴"(24절).

로마서 8장에서는 바울을 통한 성령의 계시가 너무나 분명하다.

"몸은 죄로 인하여 죽은 것이나"(10절).
"너희 안에 거하시는 그의 영으로 말미암아 너희 죽을 몸도 살리시리라"(11절).
"영으로써 몸의 행실을 죽이면 살리니"(13절).
"우리 몸의 구속"(23절).

이상의 성경 말씀에서, 하나님께서 우리 몸에 대하여 관심을 가지고 계신 것을 알 수 있다. 하나님께서는 우리의 "몸"이 죄의 특별한 활동 영역이라는 것을 알고 계신다. 몸이 죄의 꼭두각시 노릇을 하기 때문에 인간은 죄의 노예가 되었다. 그러나 몸이 죄로부터 해방되는 순간 사람은 더 이상 죄의 노예가 아니다. 이와 같이 죄로부터 해방된 사람은 실제로 자기 몸이 죄의 능력과 영향력에서 해방되는 것을 경험한다.

옛 사람을 십자가에 못 박는 목적은 몸을 죄의 지배로부터 건져 내는 데 있다. 죄의 반려자인 옛 사람이 십자가에 못 박히고 새 사람이 그 자리를 대치함으로써 몸에 대한 죄의 권세는 무너진다. 옛 사람의 협조 없이는 죄가 직접 몸을 사용할 수 없기 때문이다.

죄의 권세에서 해방된다는 것은 단순히 우리 몸을 해방시키는 것을 의미한다(물론 죄의 존재 자체로부터의 해방을 포함하는 우리의 완전한 구속은 미래의 일이다). 아직 처리되지 않은 것은 우리가 늘 의존하고 있는 "혼적 생명"이다. 죄에 대한 승리를 가장 높은 차원의 생활로 생각한다면 우리는 커다란 어리석음에 빠져있는 것이다. 우리는 몸을 "없이 하거나" "멸하는 것"을 가장 고상한 생활로 받아들이고 있다. 그러나 죄의 몸 이면에 몸과 똑같이 처리될 필요가 있는 혼이 도사리고 있다는 사실은 망각하고 있다. 신자가 몸이 무력하게 되는 것만 알고(이것이 놀라운 경험이긴 하지만) 혼적 생명을 부인하는 경험을 하지 못한다면 신자의 영적 노정은 피상적일 수밖에 없다.

앞에서 하나님의 일에 열심을 내는 자아나 혼에 대하여 언급한 적이 있다. 몸은 "시들어 없어질" 수 있지만, 혼은 그대로 살아 움직인다. 혼은 여러 가지 모양으로 자신을 나타낸다. 그러나 혼은 언제나 자아(self)에 중심을 두고 있다. 혼을 의지하며 사는 신자들은 의지나 지성이나 감정으로 기울어진다. 또 이런 신자들은 그 성향이 변하기도 한다. 외적인 모습은 다를지라도 이들의 특징은 내적으로 혼을 의지하는 것이다. 강한 의지를 가지고 있는 사람은 자신의 원하는 바를 따라 행하고 하나님의 뜻을 거부한다. 지성이 강한 사람은 자신의 지혜를 따라 행하기를 좋아하고 조용히 성령의 인도하심을 직관적으로 받는 것을 소홀히 한다. 반면에 천성적으로 감정적인 사람은 그들의 감정 속에서 기쁨을 찾는다. 각 신자의 성향이 어떻든 간에, 그들은 나름대로 자신의 성향을 가장 고상한 것으로 생각한다.

성향이 어떻든 간에 이러한 신자들에겐 한 가지 공통점이 있다. 그것은 이들 모두 자신 안에 파묻혀 산다는 것이다. 모두가 주를 믿기 전에 가지고 있던 재능과 능력과 언변과 지능과 매력과 열심……속에서 행하고 있다. 혼의 생명은 원칙적으로 육적인 힘이다. 그것은 완고한 고집이나 허영심이나 쾌락을 사랑하는 것으로 나타난다. 그러므로 신자가 혼에 의해 생활한다면, 그는 자기 안에 저장된 힘을 의지하여 위와 같은 방법으로 자신의 특별한 능력을 과시할 것이다. 신자가 혼의 생명을 죽음에 내어주지 않는다면, 그는 이 생명을 기르는 중에 하나님의 노여움을 살 것이며 결국 성령의 열매를 맺지 못할 것이다.

생명으로서의 혼

우리가 혼을 인간의 육적인 생명이라고 말하는 것은 혼이 우리를 육신 가운데 살아 움직이게 하는 힘이라는 뜻이다. 우리 혼은 우리의 생명이다. 창세기 1:21, 24에 나오는 "생물"이라는 말이 원어에는 "혼"으로 표현되어 있다. 이 혼은 인간과 다른 생물들이 공통으로 지니고 있는 생명이기 때문이다. 이것은 우리가 날 때부터 소유하고 있는 힘이며, 거듭나기 이전에 우리는 이 힘에 의해 살아왔다. 혼은 모든 사람이 가지고 있는 생명이다. 헬라어 사전을 보면 *psuche*(푸쉬케)라는 말의 뜻을 "동물의 생명"(animal life)이라고 설명하고 있다. 그러므로 사람으로 생물체가 되게 하는 것은 곧 혼의 생명이다. 이것은 우리가 타고나는 것, 곧 육적인 것이다. 혼의 생명이 반드시 악한 것은 아니라 할지라도 – 신자의 옛 사람이 십자가에 못 박힘으로 인해서 많은 죄가 정복되었다 – 어디까지나 혼의 생명은 육적인 것이다. 그것은 인간의 생명이다. 그러므로 극히 인간적이다. 그것은 사람을 가장 인간적인 존재로 만든다. 그것은 선하고 겸손하며 사랑할 수도 있다. 그러나 그것은 어디까지나 인간적인 것이다.

이 생명은 우리가 거듭날 때 성령께서 우리에게 주시는 새 생명과는 완전히 다르다. 성령께서 나누어 주시는 것은 하나님의 "창조되지 않은 생명"이다. 그러나 혼적 생명은 인간의 피조된 생명일 뿐이다. 성령께서는 우리에게 초자연적인 힘을 주신다. 그러나 혼적 생명은 자연적인 것이다. 성령이 주시는 것은 *zoe*(조에)이고, 혼적 생명은 *psuche*(푸쉬케)이다.

생명은 우리 몸의 각 지체에 생기를 주는, 사람 안에 있는 힘이다. 따라서 이 내적인 혼의 힘은 외적 신체 활동을 통하여 표현된다. 외적 활동은 내적인 힘의 결과일 뿐이다. 따라서 활동의 이면에는 불가시적인 힘이 있다. 이것이 생명의 본질이다. 육적으로 우리는 모두 이 생명 안에 포함되어 있다. 이것이 우리의 혼적 생명이다.

혼과 죄

혼적 생명은 무엇이든지 명령받은 것을 실행에 옮길 수 있는 힘을 제공한다. 영이 지배할 때는, 혼이 영의 지시를 받아 영의 원하는 바에 따라 결정을 내리고 행할 수 있는 의지를 발휘한다. 그러나 죄가 몸을 지배할 때는, 혼이 죄에게 유혹되어 죄가 원하는 바를 따라 결정하고 행할 수 있도록 의지를 발휘한다. 혼은 주인의 명에 따라 일한다. 혼의 기능은 명령을 집행하는 것이기 때문이다. 인간의 타락 이전에는 혼이 영의 지시를 따라 그 힘을 발휘했다. 그러나 타락한 후부터는 혼이 죄의 강압에 완전히 순응하게 되었다. 사람이 육적 존재로 변했기 때문에 후에 몸을 지배한 이 죄는 사람의 본성이 되어 버렸다. 이것은 혼과 사람의 생명을 노예로 만들어 사람에게 죄를 따라 행할 것을 강요하기에 이르렀다. 이와 같은 방법으로 죄는 사람의 본성이 되었고, 혼은 사람의 생명이 되었다.

우리는 종종 생명과 본성을 동의어 내지 유사어로 취급할 때가 있다. 엄격히 말하면 이 둘은 서로 다르다. 생명은 본성보다 훨씬 더 광범위한 것처럼 보일 것이다. 각각의 생명은 특성을 지니고 있으며, 이 특성은 존재의 자연 원칙으로서 생의 성향과 욕구를 포함한다. 우리가 죄인으로 있을 동안에는, 우리의 생명은 우리의 혼이며 우리의 본성은 죄이다. 우리는 혼으로 말미암아 살며 우리 삶의 성향과 욕구는 죄를 따른다. 다른 말로 표현하면, 우리의 행함을 결정하는 것은 죄이며, 그런 식으로(죄스럽게) 행할 힘을 제공해 주는 것은 혼이다. 죄의 본성은 시동을 걸고 혼의 생명은 동력을 제공한다. 죄는 어떤 일을 일으키고, 혼은 이를 집행한다. 이것이 믿지 않는 자의 상태이다.

신자가 주 예수께서 그의 대속물로서 십자가를 지신 것을 은혜로 받아들일 때, 비록 자기가 그리스도와 함께 십자가에 못 박힌 것을 불행히 모르고 있다 하더라도 그에게는 하나님의 생명이 주어진 것이며 그의 영은 살아난 것이다. 이와 같이 우리에게 주어진 새 생명은 그와 더불어 새 성품을 가져온다. 따라서 이제 신자 속에는 두 개의 생명과 두 개의 성품이 존재하는 것이다. 즉 한편으로는 혼적 생명과 영적 생명이, 다른 한편으로는 죄의 성품과 하나님의 성품이 동시에 존재한다.

　이 두 가지 성품 - 옛 성품과 새 성품, 죄의 성품과 하나님의 성품 - 은 근본적으로 서로 다른 것이기 때문에 서로 양립할 수도 없고 혼합될 수도 없는 것이다. 새 성품과 옛 성품은 매일같이 전인에 대한 권세를 잡기 위해 권력 다툼을 벌인다. 이 초기 단계를 거치는 동안에는, 그리스도인이 아직 육신적이기 때문에 그리스도 안의 어린아이에 불과하다. 성공과 실패가 반복되는 이러한 신자의 경험은 극히 변화가 많고 고통스럽다. 후에 그는 십자가의 구원을 알게 되고 옛 사람이 그리스도와 함께 십자가에 못 박혔다고 여기는 믿음을 행사할 줄을 알게 된다. 이와 같이 하여, 그리스도인은 그 몸을 무력하게 만든 죄로부터 해방된다. 옛 사람을 십자가에 못박음으로써 신자는 이길 힘을 얻게 되고 실제 경험 가운데 "죄가 너희 위에 왕 노릇하지 못하리라"는 약속을 누리게 되는 것이다.

　죄를 짓밟고 육신의 모든 정과 욕심을 등뒤로 한 채 신자는 이제 새로운 세계에 들어간다. 그는 자신이 온전히 신령하다고 생각할지도 모른다. 죄에 매여 있는 다른 사람을 보면 그는 우쭐해져서 "내가 어느새 이러한 영적 생활의 극에 도달하게 되었는가!" 하고 경탄한다. 이러한 사람은 자기가 완전히 신령해지기는커녕 아직도 부분적으로 육적인 상태라는 것을 거의 깨닫지 못하고 있다.

혼적인 또는 육적인 그리스도인

이것은 왜 그런가? 십자가가 신자의 죄된 성품을 처리하긴 했지만 혼의 생명은 계속되기 때문이다. 혼은 단순히 순종하는 종일 뿐, 모든 죄는 죄된 성품으로부터 나오는 것이 사실이다. 그러나 "아담"으로부터 물려받은 혼은 아담의 타락에 영향을 받을 수밖에 없다. 혼은 전적으로 더러운 것이 아닐지라도, 타고난 것이며 하나님의 생명과 전혀 다른 것이다. 신자 안의 부패한 옛 사람은 죽어버렸다. 그러나 그의 혼은 그의 삶을 좌우하는 힘으로 남아 있다. 한편으로 죄의 성품은 철저하게 처리되었지만, 또 한편으로는 자아의 생명이 그대로 남아 있어서 혼적인 상태로 있을 수밖에 없다. 비록 옛 사람이 더 이상 혼을 주장하지 못하게 되었다 해도, 혼은 신자의 일상 생활에 계속 "에너지"를 제공하는 것이다. 하나님의 성품이 그의 죄된 성품을 대치시켰기 때문에, 인간의 모든 성향과 욕망과 바람은 자연스럽게 이전의 불결한 상태와 달리 선한 것으로 변했다. 그러나 이 새로운 욕망과 바람을 실행에 옮기는 것은 옛 혼의 힘임을 간과해서는 안 된다.

영의 소원을 실행에 옮기기 위해서 혼의 생명에 의존하는 것은 초자연적인 선(즉 하나님의 선)을 이루기 위해 자연적(인간적)인 힘을 사용하는 것이나 마찬가지다. 이것은 자신의 힘으로 하나님의 요구를 이루려는 노력에 불과하다. 이러한 상태에 있는 신자는 소극적으로 죄를 정복하긴 했지만 적극적으로 의를 행하기에는 아직 연약한 것이다. 자신의 약점과 무능력을 솔직히 인정하고 전적으로 하나님께 의존하는 사람은 너무나 적다. 하나님의 은혜로 말미암아 낮아진 사람이 아니라면 그 누가 자신의 무능함과 무력함을 인정하겠는가! 사람은 자신의 용기를 자랑스러워한다. 따라서 그는 의를 행하기 위해 성령을 의존할 생각은 하지 못하고, 오히려 혼의 힘을 이용하여 이전 행동을 시정하고 향상시킬 수 있다고 자신한다. 이런 사람의 위험은, 성령으로 말미암아 영적 생활에 힘을 얻어 새 성품의 요구에 따르려 하지 않고, 자신의 힘으로 하나님을 기쁘게 하려고 시도하는 데 있다. 사실상 그의 영적 생활은 아직 하나님의 성품의 모든 미덕을 표현할 수 있는 성숙함에 이르지 못하고 어린아이 단계에 맴돌고 있는 것이다.

신자가 겸손히 기다리지 못하고 전적으로 하나님께 의존하지 못할 때, 하나님의 자녀에게 부과된 하나님의 요구에 응하기 위하여 혼적인 힘, 즉 타고난 자아의 힘을 동원하게 되는 것이다. 이런 신자는 그의 노력이 인간의 눈에 아무리 고상하게 보일지라도 결코 그것으로 하나님을 기쁘시게 하지 못한다는 것을 이해하지 못한다. 왜냐하면 그렇게 함으로써 그는 하나님께 속한 것과 사람에게 속한 것을 혼합하며, 세상적인 힘을 사용하여 신령한 욕망을 표현하려 하기 때문이다. 그러면 결과는 어떻게 되는가? 그는 비참하게도 신령한 사람이 되지 못하고 계속 혼에 거하는 생활을 한다.

사람은 혼적인 생활이 어떤 것인지 잘 알지 못한다. 간단히 표현해서 이것은 우리가 통상 자아의 생활이라고 부르는 것이다. 죄와 자아를 구분하지 못하는 것은 커다란 잘못이 아닐 수 없다. 많은 주님의 사람들이 이 두 가지를 하나의 개체로 간주한다. 이들이 인식하지 못하고 있는 것은, 성경의 가르침으로 보나 우리의 영적 경험으로 보나 이 둘은 서로 구별된다는 것이다. 죄는 하나님께 반대하는 것이고, 더럽히는 것이며, 전적으로 악한 것이다. 그러나 자아의 경우에는 반드시 위와 같지는 않다. 오히려 자아는 때에 따라서는 존경할 만하고, 협조적이고, 사랑스럽다. 예를 들어 아주 칭찬할 만한 그리스도인의 활동이라고 할 수 있는 "성경 읽기"와 관련해서 혼을 생각해 보자. 자신의 타고난 재질이나 능력을 가지고 성경을 이해해 보려고 노력하는 것은 죄스러운 것으로 간주되지 않는다. 그러나 이런 식으로 성경에 접근하는 것은 틀림없이 "자아의 일"이다. 영혼을 구하는 일에서도, 단지 자신의 생각에만 일치하는 방법을 사용한다면 그 일은 자아로 가득 찬 것이 될 것이다.

우리의 영적 성장에 대한 추구가, 자신이 뒤쳐진다는 생각을 견딜 수 없기 때문에, 또는 개인적 유익을 얻기 위해 자아에서 발원되는 경우가 얼마나 많은가! 솔직히 말해서 선을 행하는 것은 죄가 아니다. 그러나 이러한 선행의 동기나 방법이 우리의 자아에 물릴 수가 있는 것이다. 그 원천은 인간의 타고난 선이지 거듭날 때 성령에 의해서 주어진 초자연적인 선이 아니다. 많은 이들은 날 때부터 자비롭고 인내심이 강하고 온유하다. 이런 이들이 자비나 인내나 친절을 나타내 보이는 것은 절대로 죄를 짓는 것이 아니다. 그러나 이러한 "훌륭한" 성품들은 육적 생명에 속하는 것이며 자아의 일이기 때문에 하나님께서는 이것을 신령한 것으로 받아들이실 수 없다. 이러한 행위는 하나님의 성령을 완전히 의존함으로써 행해지는 것이 아니고, 자아의 힘을 신뢰함으로써 행해지는 것이다.

이상의 몇 가지 예들을 통해 죄와 자아가 얼마나 다른지를 알 수 있다. 우리는 영적인 삶의 길을 걸어가면서, 나의 생활 가운데 죄는 없어도 자아가 드러나는 예를 수없이 발견하게 될 것이다. 자아가 가장 성스러운 사업이나 가장 고상한 영적 활동에까지 침투해 들어오는 것은 거의 불가피한 것처럼 보인다.

SPIRITUAL

　오랫동안 죄에 매여 있던 하나님의 자녀는 죄의 권세로부터의 해방을 최상의 생활 그 자체로 오해하기 쉽다. 바로 여기에 자기 안에 있는 모든 나쁜 요소가 근절되었다고 결론을 내리는 이들의 가장 큰 위험이 잠재해 있다. 비록 옛 사람이 죄에 대하여 죽고 죄의 몸이 멸한 바 되었다 해도, 죄는 죽지 않았다는 사실을 이들은 알지 못하고 있다. 죄는 말하자면, 임시로 왕좌를 내어놓았지만 기회만 주어지면 다시 왕좌를 되찾으려고 최대의 노력을 경주할 것이다. 신자가 죄로부터 구원받는 경험을 계속하고 있다고 해도, 그로 인해 완전해지는 것은 아니다. 그에게는 아직도 자신의 "자아"를 끊임없이 처리해야 할 임무가 있다.

　성화를 추구하다가 죄로부터의 구원을 경험한 그리스도인이 그것을 완전한 성화로 인식하고 자신을 온전히 성화 된 사람으로 간주한다면 얼마나 통탄할 일인가! 이들은 죄로부터의 해방이 승리하는 생활의 첫 단계에 지나지 않는다는 사실을 모르고 있다. 그것은 후에도 많은 승리가 따른다는 하나의 확증으로서 하나님께서 신자에게 허락하신 첫번째 승리인 것이다. 죄에 대한 승리는 마치 문과 같은 것이다. 즉 한 발짝을 내디디면 안으로 들어간다. 그리고 자아에 대한 승리는 마치 길과 같은 것이다. 우리는 여생 동안 이 길을 따라 매일 걸어야 한다. 죄를 정복하자마자, 그 다음에 우리 자신 — 가장 좋은 자아, 열성적이고 종교적인 자아까지도 — 을 정복해야 한다.

　만일 우리가 죄로부터의 구원만 알고 자기를 부인하거나 혼적 생명을 상실한 경험이 없다면, 우리는 불가피하게 우리의 삶에서 하나님의 뜻을 성취하기 위해 타고난 혼적인 힘에 의존하게 된다. 우리는 죄 말고도 우리 안에 두 개의 힘, 즉 영적인 힘과 혼적인 힘이 있다는 것을 깨닫지 못하고 있다. 영적인 힘은 우리가 거듭날 때 받은 하나님의 힘이며, 혼적인 힘은 우리가 모태로부터 태어날 때 주어진 자신의 힘이다.

우리가 신령한 사람인지 아닌지는 주로 이 두 가지의 힘을 어떻게 다루느냐에 좌우된다. 신자는 자신의 혼적인 힘을 배제할 만큼 영적인 힘에 의존하여 생활할 때 신령한 사람들의 대열에 들어간다. 그리스도인이 혼적인 힘을 사용하거나 혼적인 힘과 영적인 힘을 함께 사용하게 되면, 그 결과는 혼적인 그리스도인, 즉 육에 속한 그리스도인이 되는 것이다. 하나님의 길은 너무나 분명하다. 우리는 우리 자신에게서 나오는 것 ─ 우리의 현재 됨됨이, 우리가 가지고 있는 것, 우리가 할 수 있는 것 ─ 은 일체 부인하고, 매일 성령으로 말미암아 그리스도의 생명을 감지하면서, 전적으로 주님에 의해 움직여야 한다. 이해를 바로 하지 못하거나 순종하지 않을 때 우리는 혼의 힘에 의해 생활하는 수밖에 없다. 따라서 신령한 그리스도인이란, 그 영이 하나님의 영으로 인도함을 받는 그리스도인이다. 이러한 그리스도인은 매일 매일의 삶을 위해 그의 영에 내주하시는 성령께서 주시는 생명으로부터 힘을 얻는다. 그는 자신의 뜻이 아니라 하나님의 뜻을 구하면서 지상에 거한다. 하나님을 향한 봉사를 계획하고 실천하는 데 있어서 그는 자신의 지혜를 의지하지 않는다. 그의 생활 원칙은 더 이상 겉 사람, 즉 육체의 영향이나 통제를 받지 않고 조용히 영 안에 거하는 것이다.

혼적인 그리스도인은 명백하게 다르다. 그는 영적인 힘을 지니고 있음에도 불구하고 자신의 삶을 위해 그 힘을 의지하지 않는다. 매일 매일의 경험 가운데서 그는 혼을 자신의 생명으로 삼고, 계속 자아의 힘에 의존한다. 그는 하나님께 순종하는 법을 배우지 못했기 때문에 자신의 기뻐하고 즐거워하는 바를 따라 행한다. 그는 하나님의 일을 하는 데 타고난 지혜를 사용하여 많은 독창적인 방안을 고안해낸다. 그의 일상생활은 겉 사람에 의해 영향을 받고 겉 사람의 지배를 받는다.

지금까지 말한 것을 종합한다면, 두 가지 성품의 문제는 해결되었으나 두 가지 생명의 문제는 아직 해결되지 않은 채 남아 있다. 혼적 생명과 영적 생명이 우리 안에 공존하고 있다. 영적 생명은 그 자체가 극히 강력한 것이지만, 혼적 생명은 인간 속에 너무나 깊이 뿌리 박혀 있기 때문에 거의 전 인격을 통제하다시피 한다. 우리가 혼적 생명을 부인하고 영적 생명으로 지배권을 잡게 하지 않으면 영적 생명은 발전할 기회를 잃게 된다. 하나님의 자녀가 자신에게 영적 성장의 기회를 주지 않는 것은 하나님께서 가장 싫어하시는 일이다. 죄를 정복하는 것이 물론 복된 일이긴 하지만, 우리는 이것이 신자의 가장 기초적인 경험에 지나지 않는다는 것을 알아야 한다. 죄를 이기는 것은 전혀 놀라운 일이 아니다. 오히려 우리는 죄를 이기지 못하는 것에 놀라야 마땅하다. 성경도 "죄에 대하여 죽은 우리가 어찌 그 가운데 더 살리요"(롬 6:2)라고 정당한 질문을 던지고 있지 않은가? 주 예수께서 우리를 대신해서 죽으셨다는 사실을 믿는 것은 우리가 주와 함께 죽었음을 믿는 것과 분리해서 생각할 수 없는 것이다(롬 6:6). 그렇다면 우리가 놀라야 할 것은, 죄에 대하여 죽은 사람들이 범죄 행위를 중단하는 것이 아니라 마치 아직 죽지 않고 살아 있기라도 한 것처럼 그들 가운데 범죄가 계속되고 있는 것이다. 전자는 아주 정상적인 것이지만 후자는 완전히 비정상적인 것이다.

죄에서 해방된다는 것은, 이미 다 이루어졌고 완전하며 완성된 하나님의 구원에 비추어 볼 때 그리 어려운 과제가 아니다. 신자는 좀더 나아가, 자신의 혼적 생명을 증오하는 좀더 심오하고 큰 교훈을 배워야 한다. 우리는 아담으로부터 물려받은 죄의 성품만을 증오할 것이 아니라 지금 우리의 삶을 위하여 의존하고 있는 자연적 생명력 또한 증오해야 한다. 우리는 육신의 악은 물론 육신에서 산출되는 선도 기꺼이 거부할 수 있어야 한다. 단순히 모든 죄만 버릴 것이 아니라 이 죄의 생명을 죽음에 넘겨주어라. 성령 안에 행하는 것은 죄를 안 짓는 것만을 의미하는 것이 아니고 자아의 활동을 정지시키는 것까지를 말하는 것이다. 성령은 성령으로 생활하는 사람들 안에만 그 힘을 나타낼 수 있다. 누구든지 육적 힘에 의해 행하는 사람은 성령의 강력한 실재를 목격하리라고 기대할 수 없다. 우리는 일체의 죄된 것에서 뿐 아니라 일체의 자연적인 것에서도 해방될 필요가 있다. 우리가 끝까지 인간-죄 짓는 인간만이 아니라 총체적인 자연적 인간-을 따라 행하겠다고 우긴다면, 우리 생활에 대한 성령의 지배를 거부하는 것이다. 우리가 죄에서 해방되었는데도, "사람들"이 생각하는 대로 생각하고 "사람들"이 바라는 대로 바라고 "사람들"이 하는 대로 살고 일한다면 성령께서 어떻게 그의 능력을 나타낼 수 있단 말인가? 우리는 하나님의 성령이 우리 안에 역사하실 수 있도록 전적으로 성령을 의존하고 있지 않다. 우리가 참으로 성령의 충만을 갈망한다면, 우리는 먼저 모든 곳에 침투하는 혼의 영향력을 때려부수어야 한다.

혼합된 혼과 영의 경험

혼적인 그리스도인들이 혼에 속한 것만을 경험한다고 말하려는 것이 아니다(그러한 성도가 허다하긴 하지만). 혼적인 신자들도 몇 가지 영적인 경험을 즐긴다. 그러나 이러한 경험 속에는 혼적인 것과 영적인 것이 뒤범벅이 되어 있다. 이러한 신자들은 신령한 생활의 윤곽을 알고 있다. 성령께서 이들을 그렇게 인도하셨기 때문이다. 그러나 많은 방해물로 인하여 이들은 종종 자신의 육신으로 하나님의 거룩한 요구 조건을 이룰 것을 기대하면서, 육적 힘에 의존하여 삶의 힘을 공급받는다. 이들은 자신의 욕망과 생각을 따르며 육적 쾌락과 지적인 지혜를 구한다. 이들은 지식상으로는 신령할지 모르지만 사실은 혼에 속한 그리스도인들이다.

성령께서 참으로 그들의 영 안에 거하시며, 십자가의 역사를 통하여 죄를 정복하는 경험을 허락해 주셨다. 그러나 성령은 그들의 생활을 인도하도록 허락을 받지 못하고 있다. 일부 사람들은 성령의 법칙을 모르고 있기도 하지만, 많은 사람들이 혼적 생명을 포기할 수 없을 정도로 그것에 너무 많은 애착을 가지고 있다.

이제 우리의 경험 가운데서 영과 혼을 구분하는 것은 쉬운 일이다. 신령한 생활은 단순히 영의 직관에 주의함으로써 유지되는 것이다. 신자가 성령을 따라 행한다면, 그는 아무것도 스스로 시작하거나 규제하려 들지 않을 것이다. 오히려 성령의 음성이 자기의 영에 직관적으로 들려올 때까지 조용히 기다리며 스스로 "부하"의 입장을 취할 것이다. 내적인 음성을 듣자마자, 신자는 일어나서 직관이 지시하는 바를 따라 일하기 시작한다. 이렇게 행함으로써 신자는 견고하게 주를 따르는 사람이 되는 것이다. 오직 성령만이 발동을 거실 수 있는 분이다. 그는 자신을 의지하지 않는다. 그는 하나님의 뜻을 수행하는 데 자기의 용기를 동원하지 않는다. 신자는 활동이 요구될 때마다 자신의 약점을 충분히 인식하고 진지한 마음으로 하나님께 나아가 자신에게 약속을 주실 것을 간청한다. 하나님의 약속을 받자마자, 그는 성령의 능력을 자신의 능력으로 알고 행동한다. 하나님께서는 이러한 태도가 있는 곳에 틀림없이 그의 말씀대로 능력을 허락하실 것이다.

이와 반대되는 것이 혼적인 생활이다. 여기서는 자아가 중심이다. 그리스도인이 혼적인 생활을 한다고 할 때 그는 자아를 따라 행하고 있는 것이다. 모든 것이 자기 자신에게서 발원된다. 그는 속 사람에 들려오는 성령의 음성에 지배되는 것이 아니라 겉 사람의 생각과 결정과 욕망에 지배된다. 심지어 그의 기쁨의 감정까지도 자신의 욕구를 충족시키는 데서 일어난다. 몸은 혼의 외곽이고 혼은 영의 외곽이라고 한 것을 기억하고 있을 것이다. 성소가 지성소 밖에 있는 것처럼 혼은 영의 외곽에 있다. 이와 같이 서로 인접해 있는 상황에서 영이 혼의 영향을 받는 것은 여간 쉬운 일이 아니다.

혼은 실로 몸의 독재에서 벗어났다. 혼은 더 이상 육신의 정욕에 의해 지배되지 않는다. 그러나 영이 혼의 통제권으로부터 분리되는 일이 혼적인 그리스도인에게는 아직 일어나지 않았다. 신자가 육신의 정욕을 이기기 전에 혼은 몸의 반려자였다. 이들은 함께 하나의 거대한 생명, 즉 다른 성품을 형성했다. 혼과 몸이 그러했듯이, 이제는 영과 혼의 관계도 그렇다. 영은 혼과 병합되어 있다. 영은 힘을 제공하고 혼은 아이디어를 제공한다. 그 결과 영은 너무나 자주 혼의 영향을 받게 된다.

영은 혼에 둘러싸여 있기 때문에(묻혀 있다고 하는 편이 낫겠다) 쉽게 마음의 자극을 받는다. 거듭난 사람은 마땅히 그 영 안에 말할 수 없는 평안을 소유하고 있어야 한다. 불행히도 이 평안은 혼의 갖가지 욕망과 생각과 더불어 혼의 자극적인 욕심으로 인하여 흐트러진다. 때때로 혼에 밀려드는 기쁨은 영에까지 흘러 들어가, 신자로 하여금 "나는 세상에서 가장 행복한 사람이다"라는 생각을 하게 한다. 그런가 하면 어떤 때는 슬픔이 침범하여 그는 세상에서 가장 불행한 사람이 된다. 혼적인 그리스도인은 종종 이러한 경험을 하게 된다. 이것은 영과 혼이 아직 분리되지 않았기 때문이다. 영과 혼은 서로 분리되어야 한다.

이러한 신자들이 영과 혼의 분리에 관한 어떤 가르침을 듣게 되면, 그들의 영이 어디에 있는지를 무척 알고 싶어한다. 그들은 부지런히 애써 찾아보지만, 그들의 영의 실재를 감각할 수 없다. 여기서 아무런 실제적인 경험을 갖지 못하는 신자들은, 그들의 영과 혼을 구분하는 문제에 있어서 혼동하고 있다. 이 두 가지는 너무나 밀접하게 연결되어 있기 때문에 신자들이 기쁨, 환상, 사랑 등의 혼적 경험을 최선의 영적인 경험으로 오인하는 것은 아주 흔한 일이다.

성도가 신령한 단계에 이르기 전에 혼동된 상태에 거하고 있음이 분명하다. 그는 영의 평안으로 만족하지 않고, 기쁜 감정을 찾아 헤맨다. 매일 매일의 생활에서 그는 어떤 때는 직관적인 지식의 인도를 따르기도 하고 어떤 때는 자신의 생각과 감각과 욕망을 따르기도 한다. 이와 같은 영과 혼의 혼합된 상태는 두 개의 상반되는 자원이 신자 안에 거하고 있음을 시사한다. 하나는 하나님께 속해 있고 하나는 사람에게 속해 있다. 하나는 성령에게 속해 있고 하나는 자기 자신에게 속해 있다. 하나는 직관적이고 하나는 이성적이다. 하나는 초자연적이고 하나는 자연적이다. 하나는 영에 속해 있고 하나는 혼에 속해 있다. 만일 하나님의 자녀가 하나님의

영에 속한 사람

빛 아래서 자신을 주의 깊게 살펴본다면 자기 안에 있는 두 가지 세력을 감지할 수 있을 것이다. 그는 또한 어떤 때는 이 힘에 의해 생활하고 어떤 때는 저 힘에 의해 생활한다는 것을 인식할 것이다. 한편으로 그는 성령을 신뢰함으로 믿음을 따라 행해야 한다는 것을 안다. 그러나 또 한편으로는 자신이 신령한 감정이라고 생각하는 것을 근거로 해서 자신을 따라 행하는 편을 취한다. 그는 영 안에서 생활하는 때보다 혼 안에서 생활할 때가 훨씬 많다.

  신자의 혼적인 상태는 (1)하나님과 협조하는 원칙과 영적 생명을 이해하는 정도와 (2)실제로 혼적 생명에 얼마나 굴복하느냐에 따라 달라진다. 그는 전적으로 감정적이고 관념적이고 활동적인 세계에서 살 수도 있고, 혼과 영 사이를 교대로 왕래하는 생활을 할 수도 있다. 영이 성령의 계시로 말미암아 하나님의 가르침을 받지 않는 한, 신자는 혼적 생활을 증오하고 영적인 생활을 사랑할 수 없는 것이다. 그가 어느 생명을 선택하느냐가 그가 따를 길을 결정한다.

제 2 장
혼적인 신자의 경험

혼적인 신자의 생활

혼은 어쩔 수 없이 사람에 따라 다르다. 혼은 한마디로 "이런 것"이라고 못박을 수 없는 것이다. 우리들은 각자 독특한 개성 – 영원까지 계속될 특이성 – 을 지니고 있다. 이것은 우리가 거듭날 때 파괴되는 것이 아니다. 그렇지 않다면 앞으로 오는 영원한 세계에서 우리의 삶은 무척 단조로울 것이다! 모든 사람의 혼에 이와 같이 다양한 차이가 있다면, 혼적인 신자들의 생활도 마찬가지로 사람에 따라 다를 것이다. 결국 우리가 여기서 제시하는 것은 일반적인 기술에 지나지 않는다. 다만 그 중에 두드러진 양상을 제시하여 하나님의 자녀들이 자기들의 경험과 비교해 볼 수 있도록 했다.

혼적인 신자들은 이상스러울 정도로 호기심이 많다. 예를 들어 그저 장래에 무슨 일이 일어날 것인가를 알기 위해서 이들은 철저히 성경의 예언을 연구하여 호기심을 채우려고 노력한다.

　육적인 그리스도인들은 그들의 의복이나, 말이나, 행동에서 자기들의 다른 점과 우월함을 나타내 보이는 경향이 있다. 이들은 사람들에게 충격을 주어서라도 자기들이 하는 일을 남에게 알리고 싶어한다. 물론 이들에겐 구원받기 전부터 이러한 경향이 있었다. 그러나 구원받은 후에도 이 타고난 성향을 정복하기가 극히 힘든 일임을 발견하게 된다.

　설명과 이해보다도 하나님과 하나가 되는 경험을 추구하는 신령한 그리스도인과는 달리 이런 신자들은 지적인 이해를 추구한다. 이들은 변론하고 따지기를 좋아한다. 이들을 번뇌하게 하는 것은, 실생활의 경험이 이상과 일치되지 못하는 것이 아니라 영적 경험의 결핍을 이해할 수 없다는 것이다. 이들은 지적으로 아는 것이 체험적으로 소유하는 것이라고 착각한다. 이것은 엄청난 기만이다.

　언뜻 눈에 드러나는 것은 아니지만 대부분의 혼적인 그리스도인들은 "스스로 의롭다"는 태도를 지니고 있다. 이들은 자기의 사소한 의견을 끝까지 물고 늘어진다. 물론 기본적이고 근본적인 성경의 교리를 고수하는 것은 옳은 일이다. 그러나 사소한 문제나 부차적인 점들에 대해서는 어느 정도 다른 것을 허용할 수도 있다. 우리는 "내가 믿는 바"가 절대적으로 옳다고 확신을 가질 수 있다. 그러나 우리가 큰 일은 소홀히 여기고 작은 일에 집착하는 것은 전혀 하나님을 기쁘게 해드리지 못한다. 우리는 사소한 차이점은 제쳐두고 공통된 목표의 달성을 추구해야 한다.

　때에 따라서 혼적인 그리스도인들의 마음은 악령의 공격을 받는다. 이렇게 되면 그들의 생각이 혼동되고 흐려지며, 때로는 추잡스럽게 된다. 대화를 하는데, 이들은 종종 묻지 않은 것을 대답한다. 그들의 지성은 혼란스러워진다. 이들은 마치 자기들의 생각이 얼마나 산만하게 흩어져 있는가를 증명이라도 하듯이 토의제목을 계속 바꾸어 댄다. 심지어 기도를 하거나 성경을 읽을 때에도 이들의 마음은 멀리 방황하게 된다. 이러한 그리스도들은 보통 사전에 아무 생각도 하지 않고 행동하지만, 다른 사람들에게는 자기들이 항상 원칙대로 행동한다는 것과 행동 하나 하나를 신중히 생각한다는 것을 확신시키려 한다. 심지어 이들은 자기의 주장을 뒷받침할 만한 실생활의 예까지 인용하기도 한다. 그러나 이들은 이따금씩은 두세 번 생각한 후에, 아니 열 번을 심사숙고한 후에 행동에 옮길 때도 있다. 이들의 행동이야말로 도저히 예측하기가 힘든 것이다.

  육적인 그리스도인들은 너무 쉽게 감동을 받는다. 한때 매우 흥분하여 즐거워하다가도 다음에는 낙담하며 슬퍼한다. 행복한 순간에는 세계가 너무나 좁다 싶어 날개를 달고 하늘로 날아오르지만, 슬픈 순간에는 세상이 나를 더 이상 필요로 하지 않는 것 같아 차라리 세상에서 사라져 버렸으면 한다. 마치 마음에 불이라도 붙고, 보석이라도 갑자기 발견된 듯이 마음이 흥분할 때가 있다. 그런가 하면, 어떤 때는 마음이 상실감과 좌절감에 빠져, 낙담과 실의에 사로잡힐 때가 있다. 이들의 기쁨과 슬픔은 주로 기분에 따라 좌우된다. 감정의 지배를 받는 이들의 생활은 언제 어떻게 변할지 종잡을 수가 없다.

  일반적으로 혼적인 사람들의 특징이라고 할 수 있는 또 하나의 성향은 "지나치게 감수성이 예민하다"는 것이다. 이런 사람들과 생활하는 것은 극히 어려운 일이다! 이들은 주변의 움직임을 모두 자기 자신을 노리는 것으로 해석하기 때문이다. 자신이 소홀히 취급된다 싶을 때는 화를 낸다. 그들에 대한 주위의 태도가 변한다 싶을 때는 마음이 상한다. 이들은 쉽게 사람들과 친해진다. 이들은 이러한 친근감을 사는 보람으로 여기기 때문이다. 이들은 "서로 떨어져서는 못 살 것"같은 감정을 표현한다. 이러한 관계에 조그마한 변화만 있어도 이들의 혼에는 말할 수 없는 고통이 온다. 그리고 이렇게 되면 이들은 스스로를 기만하여, 자기가 주님을 위해서 고통을 당하고 있다고 생각한다.

하나님께서는 혼적인 그리스도인이 영적인 영역에서 조그마한 진보라도 이룩하기만 하면 스스로를 특별하게 생각하고 자신을 모든 일의 중심으로 여기는 그들의 연약함을 알고 계신다. 하나님께서는 이들에게 마치 주님을 직접 보고 만지기라도 한 것과 같은 친밀감을 느낄 수 있는 시간뿐 아니라, 그런 말할 수 없는 축복의 시간을 즐길 수 있도록 특별한 은사와 초자연적인 경험을 허락하신다. 그러나 하나님께서는 이와 같은 특별한 은혜를 이용하여 신자들을 낮추시고 그들을 모든 은혜의 하나님께 가까이 나아오도록 이끄신다. 불행히도 신자들은 하나님의 의도를 따르지 않는다. 이들은 하나님께 영광을 돌리고 더 가까이 나아가는 대신 하나님의 은혜를 자기 자신의 자랑거리로 삼는다. 그들은 이제 스스로 다른 사람들보다 더 강하다고 생각한다. 그리고 "누가 이런 경험을 한 나 자신보다 더 신령할 수 있겠는가?"라고 생각한다. 더군다나 혼적인 신자들은 수많은 감상적인 경험을 가지고 있다. 이러한 경험들은 오히려 그들이 육신적이라는 것을 증명하는 것임을 깨닫지 못하고, 그들은 스스로를 남보다 더 신령하다고 생각한다. 신령한 사람은 기분대로 살지 않고 믿음으로 산다.

육에 속한 그리스도인은 종종 외적인 문제로 마음이 불안해진다. 주변 세상의 사람이나 일이나 사물이 툭하면 속 사람을 침범하여 영의 평안을 뒤흔들어 놓는다. 혼적인 신자는 즐거운 상황에 처하면 즐거워한다. 또 슬픈 상황에 처하면 슬퍼한다. 그에게는 창조적인 힘이 결여되어 있다. 오히려 혼적인 사람은 자기가 접하는 사람들이나 환경에 꼭 어울리는 안색을 띤다.

　혼적인 사람들은 보통 감각에 따라 좌우되기가 쉽다. 주님께서는 이들이 신령한 상태에 이르기 전에 주님의 임재를 느끼게 하신다. 그들은 이러한 감각을 최상의 기쁨으로 생각한다. 이러한 기분을 느끼게 되면, 그들은 자신이 영적인 성숙을 향해 굉장한 진보를 하고 있다는 자기 환상에 빠진다. 그런데 주님께서는 이러한 경험을 주셨다 빼앗으셨다 함으로써 서서히 신자로 하여금 감정에서 떠나 믿음으로 행할 수 있도록 훈련시키신다. 그러나 이들은 주님의 방법을 이해하지 못하고, 주의 임재를 실감할 때만 그들의 영적 상태가 고조되고 그렇지 못할 때는 영적 상태도 저조하게 된다고 생각한다.

　육적인 그리스도인은 "말이 많다"는 공통된 특징을 지니고 있다. 말이 많아서는 안 된다는 것을 알고 있지만, 흥분된 감정 때문에 끝없는 토론을 벌인다. 그들은 말에 있어서 자제할 줄을 모른다. 일단 입을 열면, 그들의 마음은 모든 자제력을 상실하는 듯하다. 말이 마치 폭포수처럼 쏟아져 나온다. 이제 혼적인 그리스도인은 말을 길게 늘어놓아서는 안 된다는 것을 알고 있다. 그러나 어떻게 된 일인지 이들은 일단 대화가 고조되면 후퇴할 줄을 모른다. 그러면 갖가지 생각이 재빨리 대화를 침범하여, 화제를 계속 바꾸게 되고 말이 끊이지 않게 된다.

SPIRITUAL

"말이 많으면 허물을 면키 어렵다"고 잠언 10:19은 말한다. 말이 많으면 자제력을 잃거나, 논쟁을 통하여 마음의 평안을 상실하거나, 비판으로 말미암아 사랑까지 상실하게 되는 결과를 낳는다. 이들은 은밀하고도 위선적으로 수다스러운 사람을 정죄하며, 이렇게 남을 비판하는 것이 자기에게 극히 어울리지 않는 일이라고 생각하기 때문이다. 경망스러운 것은 성도에게 어울리지 않는 일임을 잘 알고 있으면서도 육적인 그리스도인은 너절하고 경박한 이야기를 좋아하고 조잡한 농담을 주고받는 것을 좋아한다. 아니면 마치 이런 열띤 대화를 어떻게 놓칠 수 있냐는 듯이, 이들은 활발하고 쾌활한 대화를 좋아한다. 비록 때에 따라서는 불경건하고 무익한 대화를 증오할 때도 있지만, 이것은 별로 오래 가지 못한다. 감정이 다시 한번 자극되면, 그는 자동적으로 그가 가장 좋아하는 오락-대화-으로 되돌아간다.

혼적인 신자는 또한 "안목의 정욕"에 빠진다. 종종 이들의 태도를 지배하는 것은 현재 세상에서 유행하고 있는 예술적인 견해나 심미적인 견해다. 이들은 아직 인간의 예술적 관념에 대하여 "죽었다"는 태도를 취하지 못하고 있다. 오히려 이들은 예술가의 통찰력을 소유하고 있다고 스스로 자랑한다. 반면에 예술을 열렬히 사모하는 신자가 아닐 경우에는 미에 대해서 전혀 무관심한 또 다른 극단으로 치우친다. 이들은 주님과 함께 고통당한다는 상징으로 누더기 같은 옷을 걸치고 다닌다.

혼을 따라 생활하는 이들 중에 지성인들은 스스로 "보헤미안"임을 자처하기 쉽다. 예를 들어 이런 사람들은 산들바람이 불어오는 아침이나 은은한 달밤이면, 감상적인 노래에 자신의 혼을 쏟아 놓기가 일쑤다. 이들은 종종 자기 연민의 눈물을 흘리며 자신의 신세를 한탄한다. 이런 사람들은 문학을 사랑하며 문학의 아름다움에 넋을 잃는다. 이들은 또한 몇 편의 서정시를 읊조리는 것을 즐긴다. 이것이 초탈감을 가져다주기 때문이다. 이들은 산과 호수와 냇물을 찾아간다. 이 곳에서 그들은 자연에 더 가까워질 수 있기 때문이다. 세상이 쇠퇴해 가는 것을 보면, 이들은 한적한 곳에서 속세와 격리된 생활을 꿈꾼다. 얼마나 고상하고 깨끗한 생활일까! 너무나 물질주의적이고, 세속적이고, 고민에 쌓여 있는 다른 신자들에 비하면 얼마나 다른가! 이런 그리스도인들은 실제로 자신이 얼마나 혼적인 상태에 빠져 있는지를 인식하지 못하고 스스로를 아주 신령하다고 생각한다. 이러한 상태는 이들이 온전히 영적인 세계에 들어가는 데 커다란 장애가 된다. 이들은 감정에 의해 완전한 지배를 받고 있기 때문이다. 이들에게 있어서 가장 큰 장애물은 "자신의 위험한 위치를 인식하지 못하는 것"과 "완전한 자기 만족"이다.

  육적인 그리스도인들은 소위 영적인 지식은 풍부할지 모르지만 일반적으로 경험은 부족하다. 따라서 이들은 다른 사람은 판단할 줄 알지만 자기 자신은 고칠 생각을 않는다. 영과 혼의 분리에 대한 가르침을 들으면, 이들의 마음은 이를 거침없이 흡수한다. 그러나 그 다음에는 어떻게 되는가? 그들은 자신의 생활이 아닌 남의 생활 가운데 나타나는 혼적인 생각과 행동을 분석하고 분별하기 시작한다. 이들이 습득한 지식은 남을 판단하도록 부추길 뿐이지, 자신들에게는 조금도 유익이 없는 것이다. 남을 비판하려는 경향은 혼적인 사람들 사이에 흔히 찾아볼 수 있는 양상이다. 이들은 지식을 받아들일 수 있는 혼적인 역량은 가지고 있지만 겸손해질 수 있는 영적 역량은 결핍되어 있다. 사람들과의 관계에 있어서도, 이들은 남에게 "차갑고 냉랭하다"는 인상을 준다. 신령한 신자와 달리, 이들의 겉 사람이 아직 부서지지 않고 있기 때문에 이런 사람들은 가까이 하기가 힘들고 동행한다는 것은 더욱 어려운 일이다.

혼의 생명에 의존해서 사는 그리스도인들은 매우 교만하다. 이는 그들이 자신을 중심으로 살기 때문이다. 하나님께 영광을 돌리고 모든 공로를 하나님의 은혜로 돌리려고 아무리 노력해도, 육적인 신자들의 마음은 자아에 고착되어 있다. 자신의 생활을 좋게 보건 나쁘게 보건 간에, 이들의 생각은 자기 주위를 맴돌고 있다. 이들은 아직 하나님 안에서 자신을 상실하지 못하고 있는 것이다. 이들은 무슨 일을 할 때나 다른 사람의 판단을 받을 때 자신이 따돌림을 당한다 싶으면 크게 마음이 상한다. 이들은 아직 그들보다 더 신령한 형제들처럼 결과가 어떻든 간에 기꺼이 하나님께서 하시는 일을 받아들이는 법을 배우지 못했기 때문에 오해를 받거나 비판을 받으면 이를 참지 못한다. 그들은 멸시받는 것만큼 남 앞에 조금이라도 열등하게 보이기를 싫어한다. 주님의 은혜로 육적인 생활이 얼마나 부패하고 추잡스러운 것인지, 그 실상을 깨달은 후에도, 또 하나님 앞에서 자신을 낮추고 난 후에도, 이들은 아이러니컬하게도 자신이 다른 이들보다 더 겸손하다는 결론으로 끝을 맺는다. 이들은 자신의 겸손을 자랑하는 것이다! 교만이 뼈 속 깊숙이 뿌리박고 있다.

혼적인 신자들의 일

혼적인 사람들은 일에 있어서 둘째가라면 서러워하는 사람들이다. 이들은 적극적이고 열심이 있으며 의욕에 차 있다. 그러나 이들은 하나님의 명령을 받았기 때문에 일을 하는 것이 아니고 일을 할 수 있는 열심과 역량이 있기 때문에 일을 한다. 이들은 하나님께서 "시키는 일"을 할 때에만 칭찬이 따른다는 것을 알지 못하고, 그저 "하나님의 일"을 하기만 하면 충분하다고 믿는다. 이런 이들은 신뢰할 마음도 없고 기다릴 시간도 없다. 이들은 결코 진심으로 하나님의 뜻을 찾은 적이 없다. 그와는 반대로 계획과 책략으로 가득한 지성으로, 자기의 생각에 따라 일한다. 이들은 부지런하게 일을 하기 때문에 자기들보다 한가한 형제들을 보면 자기들이 훨씬 앞서고 있다고 생각하는 오류에 빠진다. 그러나 하나님의 은혜로 말미암아 후자가 전자보다 더 쉽게 신령해질 수 있다는 것을 누가 부인할 수 있겠는가?

혼적인 신자들의 일은 주로 느낌에 따라 좌우된다. 이들은 일을 하고 싶은 기분이 날 때에만 일을 한다. 그러다가 이 기분이 사라지면 자동적으로 일을 놓는다. 마음속에 말할 수 없이 뜨겁고 기쁜 감정이 샘솟을 때는 몇 시간이고 지치지 않고 사람들에게 전도할 수 있다. 그러나 감정이 냉랭하거나 메말라 있을 때는 어간해서 입을 열지 않고, 가장 필요한 때에도, 이를테면 한 영혼이 임종하는 상황에서도 전혀 입을 떼지 않는다. 마음이 흥분되고 뜨거울 때는 천리길이라도 단숨에 달려가려 하나, 그런 감정을 느끼지 못할 때는 한 발짝도 떼려 하지 않는다. 이들은 배가 비어 있을 때에도 사마리아 여인에게 말을 하고, 졸음이 와서 눈이 감길 때에도 니고데모에게 이야기할 정도로 자기의 기분을 무시하지 못한다.

육신적인 그리스도인들은 일을 추구한다! 그러나 그처럼 많은 일을 하는데도 이들은 마음에 평안을 유지하지 못한다. 이들은 신령한 사람들처럼 조용히 하나님의 명령을 이행하지 못한다. 많은 일이 이들을 불안케 한다. 외부의 혼돈이 내부의 불안을 야기한다. 이들의 마음은 외적인 문제에 의하여 지배를 받는다. "준비하는 일이 많아 마음이 분주한"(눅 10:40) 것이 모든 혼적인 신자가 하는 일의 특징이다.

   육적인 그리스도인은 자기가 진력하는 일로 실망하기 쉽다. 이들에게는 주님의 일을 위해 하나님을 신뢰하는 고요한 확신이 결여되어 있다. 말하자면 내적인 감각과 외적인 환경에 규제를 받고 있기 때문에 이들은 "믿음의 법"의 진가를 인식하지 못한다. 결코 실패한 것이 아닌데도 기분에 실패했다 싶으면 포기한다. 주위가 어두워 보이고 마음에 들지 않을 때는 어찌할 바를 모른다. 이들은 아직 하나님의 안식에 들어가지 못한 것이다.

   혼을 신뢰하는 신자들은 원시적(遠視的)인 안목이 부족하기 때문에 쉽게 실망을 하게 된다. 이들은 바로 눈앞에 있는 것밖에 볼 줄 모른다. 순간적인 승리는 기쁨을 가져다 주지만 잠간의 패배가 슬픔을 가져온다. 이들은 일의 시종을 믿음의 눈으로 보는 법을 발견하지 못한 것이다. 이들은 마음의 위로를 받기 위하여 즉각적인 성공을 갈망한다. 그러나 일을 성취할 수 없을 때는 일을 끝까지 추진하지 못하고 계속되는 어둠 가운데서 하나님을 신뢰하지 못한다.

   혼적인 사람들은 반드시 자기가 남보다 나은 것이 아닌데도 남의 흠을 찾아내는 데 전문가다. 비판하는 데 빠르고 용서하는 데는 느리다. 남의 잘못을 찾아내어 시정할 때에 이들이 취하는 태도는 일종의 자기만족과 우월감이다.

   때로 사람들을 도울 때 이들이 쓰는 방법은 옳고 합법적이다. 그러나 이들의 동기는 항상 올바른 것이 아니다.

혼을 따르는 사람들의 또 하나의 특징은 "성급하다"는 것이다. 이들은 하나님을 바라고 기다리지 못한다. 무슨 일을 하든지 성급하고 무모하게 전격적으로 행한다. 이들은 원칙에 따라 행동하기보다는 충동에 따라 행동한다. 하나님의 일을 하는 데 있어서도, 이런 그리스도인들은 그들의 열심과 정열에 의하여 움직이기 때문에 하나님의 뜻과 길을 확인하기 위하여 하나님 앞에 잠잠히 기다리지를 못한다.

육적인 사람들의 마음은 온통 그들의 노력으로 가득 차 있다. 이들은 생각하고 계획하고 모의하고 예언한다. 때로는 밝은 미래를 내다보고 기쁨에 겨워 어쩔 줄을 모르다가도, 어떤 때는 어두운 내일을 예상하고 즉시 갖가지 비운에 시달린다. 그러면 이들은 그로 인해 주님을 생각하는가? 아니다. 이들은 자신의 일을 더 생각한다. 이들에겐 주님을 위해 일한다는 것이 무엇보다도 중요한 일이다. 그러나 이들은 종종 우리에게 일을 주시는 주님을 망각한다. 주님의 일이 중심이 되고, 일의 **주인**은 뒷전으로 물러선다.

영적인 통찰력이 결여되어 있는 혼적인 사람들은 머리 속에 갑자기 떠오르는 생각들을 따른다. 따라서 이들의 말과 하는 일들은 종종 온당치 못하다. 우선 이들은 필요가 있어서 말하는 것이 아니고 단순히 그러한 필요가 있을 것이라고 추정하고 말을 한다. 그래서 이들은 동정의 말이 필요할 때 나무라는 말을 하거나, 경고의 말이 요구될 때 위로의 말을 하게 된다. 이 모든 것이 영적 분별력이 부족한 데서 기인하는 것이다. 이들은 자신의 제한된 생각과 제한하는 생각을 너무나 지나치게 신뢰한다.

그리고 그들의 말이 무익하다는 것이 증명된 후에도, 이들은 하나님의 판단을 받아들이지 않는다.

혼에 속한 그리스도인에게는 무수한 계획과 허다한 의견이 있기 때문에, 이러한 신자와 함께 일한다는 것은 극히 어려운 일이다. 무엇이든지 그가 좋다고 생각하는 것은 다른 사람도 좋다고 인정하지 않으면 안 된다. 이러한 사람과 함께 일하는 데 필수 조건은 **그의 생각과 판단에 완전히 동의하는 것**이다. 그의 조그마한 판단도, 그가 성도들에게 단번에 주어진 믿음으로 여기는 것에 깊이 참여한 것으로 간주되어야 한다. 그는 어떠한 다른 의견도 절대로 용납할 수 없다. 비록 혼적인 신자가 자신의 의견을 **붙들고 늘어지지** 말아야 한다는 것을 알고 있을지라도, 의견이 무시당할 필요가 있을 때마다 그는 "내 의견만은 절대로 틀릴 수 없다!"고 확신한다.

그는 분파주의(Sectarianism)가 성경적이지 않다는 것을 인정하지만, **자기가 속해 있는** 파는 절대로 틀릴 리가 없다고 생각한다. (그렇다면 그와 같이 혼적인 다른 그리스도인들이 그의 믿음의 정당성을 똑같이 부인하고 나온다고 해서 이상할 것이 있겠는가!) 이 사람은 **자기의 일**에 깊이 빠져 있다. 그는 소위 자기 자신의 조그만 측근 그룹을 너무나 사랑하는 나머지 다른 하나님의 자녀들과는 함께 일을 할 수가 없다. 그리고 하나님의 자녀들을 자신의 취향에 따라서 분류해야 한다고 주장한다.

설교를 할 때도, 혼적인 사람들은 전적으로 하나님을 의지하지 못한다. 그들은 은근히 좋은 예화나 재치 있는 말이나 자신의 인격을 신뢰한다. 심지어 저명한 설교자들 가운데 몇몇은 완전히 자신을 의지하고 있다고 해도 과언이 아니다. "내가 말했으니 사람들은 반드시 경청하게 되어있다!"는 것이다. 이들은 하나님을 의지할지도 모른다. 그러나 동시에 자신을 의지하고 있다. 따라서 모든 세

밀한 준비가 되어 있다. 이들은 기도하고, 하나님의 마음을 구하고, 위로부터 오는 능력을 기다리는 것보다, 분석하고 자료를 모으고 생각을 짜내는 데 더 많은 시간을 보낸다. 이들은 메시지를 암기하여 그대로 전한다. 여기서 **그들의** 생각이 중추적인 자리를 차지한다. 이러한 신자들은 자연히 주님보다는 그들이 준비한 메시지를 더 신뢰하게 된다. 성령께서 인간의 필요를 계시하고 하나님께서 듣는 이들의 필요를 채워 주실 것을 믿는 대신, 이들은 전적으로 자기가 하는 말이 사람의 마음을 움직일 것이라고 믿는다. 이 육적인 신자들이 신뢰하고 강조하는 것은 그들이 하는 말뿐이다. 이들의 말이 진리를 전달하고 있다고 하자. 그러나 성령의 자극이 없이는 그 진리도 별 유익이 없는 것이다. 누구나 성령을 의지하지 않고 말을 의존할 때는 영적인 열매를 기대하지 않는 것이 좋다. 그러한 말들이 아무리 많은 환호와 갈채를 받는다 하더라도, 이것은 사람들의 지성에는 미칠지 몰라도 사람들의 마음까지는 미치지 못한다.

혼적인 신자들은 거창하고 고상한 말과 어구를 즐겨 사용한다. 이들은 적어도 이 점에서는 많은 경험을 통하여 그들의 선조들이 생각지 못했던 정확성과 깊이를 가지고 가르치고 있는 참으로 신령한 그리스도인들을 흉내내려고 하는 것이다. 육적인 사람들에겐 이것이 아주 매혹적이다. 그래서 이들은 설교에 갖가지 놀라운 상상력을 동원하기를 좋아한다. 언제든지-보행중이든, 대화중이든, 식사중이든, 잠을 잘 때이든 간에-훌륭한 아이디어가 떠오르면 나중에 사용하려고 즉시 종이를 꺼내 적어둔다. 이들은 그러한 아이디어가 성령에 의해서 그들의 영에 계시된 것인지 아니면 단순히 마음에 갑자기 떠오른 생각인지에 관하여 의문을 갖지 않는다.

혼적인 신자의 경험

혼적인 그리스도인 가운데는 남을 돕는 일에서 특별한 기쁨을 발견하는 이들이 있다. 이들은 아직 성숙한 단계에 이르지 않았기 때문에, 적절한 시기에 적당한 음식을 대접할 줄 모른다. 이 말은 이들에게 지식이 결여되어 있다는 말이 아니다. 사실 이들은 너무나 많은 지식을 가지고 있다. 부당한 요소를 발견하거나 남이 곤경에 처해 있다는 말을 들으면, 이들은 즉시 선배 그리스도인의 입장에서 자기의 제한된 통찰력을 가지고 돕겠다고 나선다. 이들은 성경의 가르침과 성도들의 경험을 무진장 쏟아 놓는다. 이들에겐 자기가 아는 모든 것, 아니 상상력과 추측까지 동원해서 자기가 알고 있는 것 이상을 말해 주는 경향이 있다. 이 "선배" 신자들은 자기 말을 듣고 있는 사람이 그러한 것을 정말 필요로 하는지, 혹은 한꺼번에 그와 같이 많은 가르침을 소화할 수 있는지에 대해서는 전혀 고려하지 않고, 자기 머리 속에 저장되어 있는 것을 하나하나 모조리 꺼내 놓는다. 이들은 마치 자기의 모든 창고를 열어 모든 보물을 꺼내 보인 히스기야 왕과 같다. 어떤 때는 아무런 외부의 자극도 없이, 그저 내적인 감정에 흥분되어 다른 사람들에게 영적인 가르침을 쏟아 붓는다. 이런 가르침의 대부분은 단순한 이론에 지나지 않는다. 이들은 자기의 지식을 과시하고 싶은 것이다.

그러나 위의 특징은 모든 혼적인 하나님의 자녀들에게 적용되는 것은 아니다. 이것은 사람에 따라 다르다. 어떤 사람은 한마디도 하지 않고 침묵을 지키려고 한다. 절박한 상황에 직면해서 꼭 말을 해야 할 때에도, 이들은 입을 떼려 하지 않는다. 이들은 아직 타고난 수줍음과 두려움에서 해방되지 못한 것이다. 이들은 수다스럽고 말 많은 신자들 옆에 앉아서 마음속으로 그 신자들을 비판할지 모른다. 그러나 이러한 침묵은 그들을 조금도 덜 혼적인 사람으로 만들어 주지 않는다.

  육적인 사람들은 하나님 안에 뿌리를 내리지 못하고 하나님 안에 숨는 법을 배우지 못했기 때문에 남에게 보이기를 원한다. 이들은 영적인 일에서 두드러진 위치를 차지하기 원한다. 어떤 회의나 모임에 참석할 때는 자기가 말할 것을 기대하지만 듣기는 원치 않는다. 이들은 남의 인정을 받고 존경을 받을 때마다 말할 수 없는 기쁨을 느낀다.

  혼적인 사람들은 영적 어구를 쓰기를 좋아한다. 이들은 많은 영적인 어휘를 암기해 두었다가 편리할 때마다 활용한다. 이들은 설교할 때도 이런 어휘를 쓰고 기도할 때도 쓰지만 마음에서 우러나서 그리하는 것이 아니다.

  혼의 세계에서 생활하는 사람들의 또 하나의 특징은 자기의 포부를 자랑한다는 것이다. 첫째는 대개 그들의 욕망이다. 이들은 자만심을 가지고 주의 일을 한다. 이들은 능력 있는 사역자로 주님께 크게 쓰임받기를 원한다. 왜 그런가? 한 자리 차지하여 어떤 영광을 취하기 위해서다. 이들은 자신을 남과 비교하기를 좋아한다. 그리고 자기가 모르는 사람들보다는 자기와 함께 일하는 사람들과 비교하기를 더 좋아한다. 이러한 어둠 속에서의 분쟁과 투쟁은 극히 심할 수도 있다. 그들은 영적으로 뒤진 사람들을 보고 너무 느리다고 멸시한다. 반면 영적으로 앞선 사람들을 보면 이들을 격하시켜 자기 자신과 동등하게 생각한다.

  이들이 끊임없이 추구하는 것은 위대하게 되고 우두머리가 되는 것이다. 이들은 자기가 하는 일이 번창하여 남의 칭찬을 들을 수 있기를 희망한다. 이러한 욕망은 물론 마음속 깊숙이 숨겨져 있기 때문에, 여간해서 남에게 드러나지 않는다. 비록 이러한 욕구가 거

혼적인 신자의 경험

의 숨겨져 있고 다른 순수한 동기들과 혼합되어 있다 하더라도, 이와 같은 비열한 욕망의 존재는 반박할 수 없는 사실이다.

혼적인 사람들은 지독한 자기 만족에 빠져 있다. 주님께서 그들을 사용하여 한 영혼을 구원하셨다 하면, 이들은 기쁨에 넘쳐 자신을 영적으로 성공한 사람이라고 생각한다. 이들은 단 한번 성공을 해도 스스로 자신을 높인다. 조그마한 지식과 조그마한 경험과 조그마한 성공이 이들로 하여금 대단한 성취를 한 것처럼 느끼도록 만든다. 혼적인 신자들 가운데서 찾아볼 수 있는 이 공통적인 특성은 쉽게 채울 수 있는 조그만 그릇에 비유될 수 있다. 이들은 아직 그릇에 담지 않은 대양의 물이 얼마나 깊고 방대한지를 모르고 있다. 자기의 그릇이 가득 차 있기만 하면 그것으로 만족한 것이다. 그들은 아직 자신이 하나님 안에서 상실되지 않았다. 그렇지 않다면, 이들의 노력으로 이루어지는 모든 일을 아무것도 아닌 것처럼 여길 수 있을 것이다. 이들의 눈은 보잘것없는 자기 자신에 초점이 가 있다. 그렇기 때문에 조그만 이득과 손실에 따라 크게 영향을 받는 것이다. 이러한 제한된 역량 때문에 하나님께서는 이들을 더 이상 사용하실 수가 없다. 열 사람의 영혼을 주님께 인도했다고 해서 이러한 교만에 빠진다면, 천 명의 영혼이 구원받을 때는 어떻게 되겠는가?

혼적인 사람이 설교를 성공적으로 하고 나면, 한 가지 생각이 계속 남아있다. 그것은 "내가 참 놀랍다"는 것이다. 이들은 자신의 우월함을 생각하고 큰 기쁨을 느낀다. "다른 뛰어난 성도들보다 더 뛰어난" 자로서, 다른 사람들과 얼마나 차이가 나는가! 그러다가 다른 사람들이 자기를 그렇게 보아주지 않을 때는 종종 마음이 상한다. 이들은 "나사렛에서 온 선지자"가 여기 있다고 인정해 주지 않는 사람들의 무지를 탄식한다. 이 혼적인 신자들은 자신의 메시지가 다른 사람이 이전에 발견하지 못한 생각을 담고 있다고 생각하고 있을 때, 청중이 그것의 놀라움을 알아채지 못하면 마음이 아프고 불안해진다. 한번 성공을 할 때마다 이들은 하루나 이틀, 아니면 몇 시간을 자축하면서 보낸다. 이러한 "기만" 속에 빠져 있는 신자들이 종종 하나님의 교회에 자기들 중에서 위대한 전도사나 부흥사나 작가가 나올 것이라고 생각하기에 이르는 것은 전혀 이상한 일이 아니다. 사람들이 이를 알아주지 못할 때 이들에겐 얼마나 큰 고뇌가 따르겠는가!

육적인 신자들은 원칙이 없이 헤매는 사람들이다. 이들의 말과 행동은 "고정된 격언"(진리의 말씀)을 따르지 않는다. 이들은 오히려 감정과 지성을 따라 생활한다. 이들은 느끼는 대로 행동하거나 생각하는 대로 행동하는데, 이는 때때로 그들의 일반적인 행동양식과 상반되기도 한다. 이 변화는 이들의 설교 후에 가장 두드러지게 나타난다. 그들은 자기가 최근에 설교한 내용대로 변한다. 예를 들어 인내에 대하여 설교하고 나서 하루 이틀 동안은 놀라울 정도로 인내심을 발휘한다. 사람들에게 주님을 찬양하라고 권고했으면, 이늘은 주를 찬양하고 또 찬양하기 시작할 것이다. 그러나 이것은 오래가지 않는다. 이들은 기분에 따라 행동하기 때문에, 그들의 말이 감정을 움직여 이런 저런 행동을 하도록 자극한다. 그러나 일단 감정이 지나가면 모든 것이 끝나는 것이다.

혼적인 그리스도인들의 또 하나의 특이한 양상은 유난히 타고난 재능이 많다는 점이다. 죄에 매여 있는 신자들은 별로 재능이 없다. 신령한 사람들도 마찬가지다. 하나님께서는 혼적인 사람들에게 풍성한 재능을 부여함으로써 그들로 하여금 자신의 재능을 자발적으로 죽음에 넘기게 하고 또한 부활의 경험 가운데서 새롭고 영광스럽게 된 재능을 되찾게 하시는 것 같다. 그러나 이러한 하나님의 성도들은 이 재능을 죽음에 넘기기 꺼려하고, 그대신 그것들을 최대한도로 활용하려 한다. 하나님께서 주신 능력은 하나님의 영광을 위해, 하나님에 의해 쓰여져야 한다.

그러나 육적인 그리스도인들은 종종 이것을 자기의 것으로 오인한다. 이들이 이런 마음가짐으로 하나님을 섬기는 한, 계속해서 그들은 성령께서 인도하시도록 맡기지 않고 그들의 생각대로 그 재능들을 사용할 것이다. 그리고 일이 잘될 때는 모든 영광을 자기에게 돌린다. 물론 이러한 자기 영광과 자기 찬미, 자화자찬은 교묘하게 숨겨져 있다! 그러나 아무리 자신을 낮추고 하나님께 영광을 돌리려고 노력한다 해도, 그들은 자기중심적이다. 하나님께 영광을 돌리라! 그러나 하나님께 - 그리고 나에게도 - 영광이 있을지어다!

육적인 사람들은 - 생각이 강하고, 감정이 풍부하며 - 재능이 많기 때문에 쉽게 사람들의 관심을 끌고 마음을 움직인다. 따라서 혼적인 그리스도인들은 대개 매력적인 인격을 지니고 있다. 이들은 쉽게 보통 사람들의 칭찬을 받을 수 있다. 그러나 실제로 이들에게 영적인 능력이 결여되어 있다는 사실에는 변함이 없다. 이들에게는 성령의 능력이 생명력 있게 솟아나지 않는다. 이들이 지니고 있는 것은 자기에게 속한 것이다. 사람들은 이들이 무엇인가를 소유하고 있다는 것을 알고 있다. 그러나 이 무엇인가가 사람들에게 영적인 생명력을 전해주지는 못한다. 이들은 아주 부유한 것처럼 보인다. 그러나 실제로 그들은 아주 가난하다.

결론적으로, 신자는 죄의 굴레에서 완전히 벗어나기 전에 위에

영에 속한 사람

열거한 경험들을 부분적으로나 또는 전부 경험할 수 있을 것이다. 성경과 우리의 실제 경험은, 많은 신자들이 한편으로 몸에 지배를 받아 죄에 이르고 또 한편으로는 혼의 영향을 받아 자신을 따라 생활하고 있다는 것을 실증해 주고 있다. 성경은 이상의 두 가지를 다 "육신에 속한" 것으로 규정짓고 있다. 그리스도인은 삶 가운데서 때로는 몸의 죄를 따르고, 때로는 혼의 자기 의지를 좇는다. 만일 우리가 많은 혼의 기쁨을 맛보는 동시에 몸의 정욕을 똑같이 즐길 수 있다면, 이와 마찬가지로 많은 영적인 경험과 함께 혼적인 감각을 가지고 있는 것도 가능하지 않겠는가? (물론 한 단계를 끝내고 다른 단계로 들어가는 그리스도인도 있다는 것을 간과해서는 안 되겠다.) 따라서 한 신자의 경험이란 결국 아주 복잡한 문제다. 우리가 비천하고 저속한 상태에서 해방되었는지의 여부를 스스로 결정하는 것은 불가피한 일이다. 영적 경험을 했다고 우리가 신령하게 되는 것은 아니다. 오직 우리가 우리의 죄와 자아에서 모두 해방되었을 때에야 비로소 신령한 사람으로 간주될 수 있다.

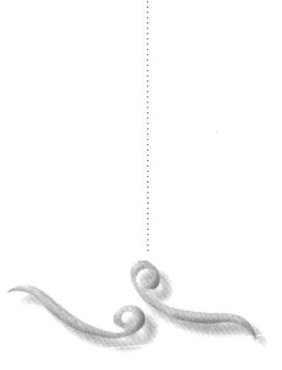

제3장
혼적인 생활의 위험

혼적 생명의 표현

일반적으로 우리는 "혼적 생명"이 네 가지로 표현된다고 볼 수 있다. (1) 육적인 힘, (2) 하나님에 대하여 굽힐 줄 모르는 강퍅한 마음, (3) 많은 의견과 계획을 가지고 있는 자기 나름대로의 시혜, (4) 영적인 경험 가운데서 추구되는 감정적 흥분이 그것이다. 이것은 혼적 생명이 자아, 곧 육적인 힘이기 때문이며, 혼의 주요 기능이 의지와 지성과 감정이기 때문이다.

혼 속에는 이와 같이 여러 기능이 있기 때문에, 많은 혼적인 그리스도인들의 경험은 극히 다양할 수밖에 없다. 어떤 사람은 이성 쪽으로 기울어지는 경향이 있고, 또 어떤 이들은 감정과 의지에 더 기울어진다. 비록 이들의 생활 모습이 크게 다르다 하더라도, 이들은 모두 "혼적인 생활"에 빠져 있는 것이다. 이성 쪽으로 기울어져 있는 사람은 감정에 빠져 있는 사람에게서 육적 특성을 식별해 낼 수 있을 것이다. 또 반대로 감정에 기울어져 있는 사람이 이성에 빠져 있는 사람의 육적 특성을 분별해 낼 수도 있다. 그러나 이들은 둘 다 "혼"에 속해 있다. 신자들에게 꼭 필요한 것은 하나님의 빛에 의해 자신의 참된 진상을 봄으로써, 새로운 지식으로 다른 사람을 판단하는 대신 자신이 진리에 의해 자유케 되는 것이다. 하나님의 자녀들이 주님의 빛을 이용하여 기꺼이 자기 자신을 비추어 보았다면, 그들의 영적인 상태가 오늘날과 같이 낮지는 않았을 것이다.

혼적 상태의 가장 두드러진 표시는 진리를 지적으로 추구하고, 지적으로 받아들이고, 지적으로 전파하는 것이다. 이러한 그리스도인들에게는 아무리 고상한 영적 경험과 심오한 진리라도 지성을 연마하는 데 그칠 뿐이다. 이 말은 반드시 우리의 영적 생활이 이러한 경험에 의하여 조금도 실제적인 영향을 받지 못한다는 것을 의미하는 것은 아니다. 다만 주요 동기가 분명히 이성을 충족시켜 주는 것임을 의미하는 것이다. 지적인 기능에 마음이 사로잡혀 있는 신자들은 영적 문제에 대단한 흥미를 가지고 있다. 그러나 이 갈구를 채우는 데 하나님의 계시보다 자기의 생각에 더 많이 의존한다. 이들은 기도보다는 계산하고 따지는 데 더 많은 시간과 노력을 소비한다.

신자들이 영적인 것으로 가장 많이 오인하는 것이 감정이다. 성격상 감정적인 경향이 있는 육적인 그리스도인들은 그들의 삶에서 습관적으로 감정적 흥분을 추구한다. 이들은 하나님의 임재하심을 마음속으로나 감각기관으로 느낄 수 있기를 바란다. 이들은 말하자면 사랑의 불꽃이 타오르는 것을 느끼고 싶어한다. 이들은 영적 생활이 향상되고, 자기가 하는 일이 번창하여 우쭐한 기분을 느끼기 바란다. 신령한 그리스도인들이 간혹 이러한 흥분을 경험하는 것은 사실이다. 그러나 그들의 진보와 기쁨은 이러한 흥분된 감정에 의하여 좌우되지 않는다. 바로 이 점에서 혼적인 그리스도인들은 아주 다르다. 즉 그들은 이런 흥분이 있을 때는 주님을 섬길 수 있으나, 이러한 흥분을 느끼지 못할 때는 거의 한 발짝도 움직일 수 없다.

혼적인 생활은 흔히 의지, 즉 자기 주장 능력에서 나타난다. 이를 통하여 혼 안에서 생활하는 신자들은 자기 자신을 모든 생각과 말과 행동의 중심으로 삼는다. 이들은 **자신의** 만족을 위하여 알기를 원하고, **자신의** 기쁨을 위해 느끼기를 원하고, **자신의** 계획에 따라 일하기를 원한다. 이들의 생활의 중심은 자신에게 있고, 이들의 최종적인 목표는 자신에게 영광을 돌리는 데 있다.

성경에서 "혼"이 "생물"이나 "동물"로도 번역되어 있다는 것을 앞에서 배운 바 있다. 이것은 단순히 "동물의 생명"을 의미하는 것이다. 여기에서 혼의 힘이 어떻게 나타나는가를 볼 수 있다. 혼적인 신자들의 생활과 일을 가장 잘 묘사해 주는 적설한 어구가 있다면, 그것은 "동물적인 활동" 또는 "동물적인 생활"일 것이다. 많은 계획과 허다한 활동과 혼동된 생각과 혼탁한 감정, 즉 전 존재가 안팎으로 혼란과 불안에 빠져 있는 것이다. 감정이 발동되면 나머지 기능도 자연히 따라 나선다. 그러나 감정이 침체되었거나 흥분이 어느 정도 가라앉았다 해도 지성은 제 나름대로 흥분 상태를 유지한다. 육적인 그리스도인의 생활은 계속적으로 움직이는 것이 특징이다. 몸이 움직이지 않으면, 마음이나 감정이 움직인다. 이러한 생활은 "동물적인 활동"으로 분주하다. 이것은 영의 생명을 전달해 주는 것과는 거리가 멀다.

이상을 요약해서 말한다면, 타락한 혼은 언제나 신자로 하여금 육적인 힘으로 행하게 하고, 자신의 힘과 자신의 생각에 따라 하나님을 섬기게 하고, 주님을 아는 일에나 주님의 임재를 경험하는 일에 있어서 신체적인 감각을 탐하게 하고, 이성의 힘을 빌어 하나님의 말씀을 이해하게 하려는 경향이 있다.

그리스도인이 하나님의 관점으로 자신의 육적인 자아를 바로 본 적이 없다면, 그는 의심할 여지없이 자신의 피조된 생명의 힘으로 하나님을 섬길 것이다. 이것은 그의 영적 생활에 커다란 해를 끼치며, 결국 참된 영적 열매를 거의 맺지 못하게 되는 결과를 낳는다. 신자들은 성령의 계시를 받아, 피조물로서의 능력에 의존하여 신령한 일을 행하는 것이 부끄러운 일임을 알아야 한다. 포부로 가득 찬 어린아이가 자화자찬하는 것을 보고 우리가 이를 부끄럽게 생각하는 것처럼, 하나님께서는 영적인 일에 관계된 우리의 "동물적 활동"을 수치로 여기시는 것이다. 우리는 사람들 앞에서 첫번째 자리를 차지하려고 노력하는 대신 깊이 뉘우치며 회개하는 경험을 많이 해야 한다.

신자들의 어리석음

세상에는 혼적 경험의 해로움에 대하여 눈이 멀어 있는 성도들이 너무나 많다. 이들은 육신의 두드러진 죄를 거부하고 대항하는 것은 옳은 것으로 생각한다. 이러한 죄의 행위는 영을 더럽히기 때문이다. 그런데 이들은 모든 인간과 동물이 같이 공유하고 있는 "혼의 힘"으로 행하는 것이 잘못인 줄은 모른다. 죄만 범하지 않으면 되지 우리의 타고난 힘을 따라 생활하는 것이 무엇이 잘못이란 말인가? 라고 반문한다. 혼적 생명에 관한 성경의 가르침이 그들의 마음을 감동시키지 않는 한, 그들은 그 생명을 부인해야 할 아무런 이유도 발견할 수 없을 것이다. 예를 들어, 그들이 하나님의 율법을 범하여 하나님의 마음을 상하게 했다고 하자. 그들은 확실히 이것이 잘못된 것임을 알고 있다. 그러나 똑같은 신자들이 최선을 다해 선을 행하고 타고난 미덕을 살려 나가는 데 무슨 반대할 이유가 있느냐고 반문한다. 하나님의 일을 하는 데 있어서 그들은 열심도 내지 않고 주님의 능력에 의존하지 않을 수도 있다. 그러나 적어도 "우리들이 하는 일이 하나님의 일이 아니냐!"고 그들은 반문할 것이다. 아마 이 가운데 많은 일은 하나님이 지시하신 일이 아닐 것이다. 그러나 이런 활동들은 죄된 것이 아니라, 오히려 훌륭한 일이라고 그들은 주장한다. 이러한 종류의 일이 무슨 해가 될 수 있단 말인가? 하나님께서 풍성한 은사와 재능을 부여해 주셨는데 어째서 이를 활용할 수 없는가? 우리의 재능을 사용하지 말란 말인가? 우리에게 재능이 없다면, 우리는 아무것도 할 수 없다. 재능만 있다면 우리는 기회가 있을 때마다 이를 최대한으로 활용해야 한다!

　이들의 생각은 또 다른 방향으로 계속된다. 하나님의 말씀을 소홀히 하는 것은 물론 잘못이다. 그러나 이제 우리가 우리의 이성으로 말씀의 의미를 부지런히 연구하는데 무엇이 잘못이란 말인가? 성경을 읽는 데 무슨 죄가 있을 수 있는가? 우리는 현재 알지 못하고 있는 진리가 많이 있다. 우리가 머리를 쓰지 않는다면 이 모르는 진리를 알게 될 때까지 얼마나 어처구니없이 긴 시간을 기다려야 되는가! 우리의 두뇌는 하나님께서 쓰라고 주신 것이 아닌가!

SPIRITUAL

우리가 하나님을 위해서 하는 것이지 죄된 목적을 위해서 하는 것이 아닌데, 하나님의 일을 구상하고 계획하는 데 왜 우리의 이성을 사용할 수 없단 말인가?

게다가 이들은 한 발짝 더 나아간다. 이들은 "우리가 하나님의 임재를 의식하기 원하는 것은 솔직하고 진실된 마음에서 나온 것이다"라고 우겨댄다. 우리가 우리의 생활과 일 가운데서 메마름과 무력함을 느낄 때, 주님께서 마치 우리의 마음속에 불을 부치기라도 한 것처럼 주 예수의 사랑을 의식하도록 만듦으로써, 아니면 우리가 주님을 만지기라도 한 것같이 주님의 임재와 기쁨을 느끼게 함으로써 우리의 감정을 고조시켜 주시는 것이 사실이지 않은가? 이것이 신령한 생활의 극치라는 것을 누가 부인할 수 있겠는가? 그러면 우리가 그러한 감정을 상실하고 우리의 생활이 다시 냉랭하고 평범해졌을 때, 이러한 기분의 회복을 위해서 열심히 기도하며 구하는 것을 왜 잘못이라고 판단하는가?

이러한 의문은 허다한 주의 성도들이 마음속에 품고 있는 생각들이다. 이들은 영적인 것과 혼적인 것을 구분하지 않는다. 이들은 그들의 혼적인 생활이 주님 앞에 얼마나 악한 것인가를 보여 주는 성령의 개인적 계시를 아직 받지 못하였다. 그들은 하나님의 가르침을 기꺼이 바라고 기다려야 하며, 육신의 선한 삶에 관련된 허다한 악에 대하여 성령의 계시를 간구하여야 한다. 이것은 솔직함과 겸손함으로 행해져야 하며, 성령께서 보여 주시는 것이 무엇이든 간에 기꺼이 버리겠다는 마음의 준비가 되어 있어야 한다. 적절한 시기에 성령께서는 이들의 육적 삶이 얼마나 부패했는가를 지적해 주실 것이다.

성령께서 이들의 모든 일과 행함이 주님께 중심을 두지 않고 자신에게 중심을 두고 있다는 것을 깨닫게 해주실 것이다. 이들의 선한 행위는 자신의 노력에 의한 것일 뿐만 아니라, 자신의 영광을 위해서 행해지는 것이다. 이들은 자기의 일을 하는 가운데 하나님의 뜻을 구하지 않았다. 이들은 하나님께 순종하려고 하지도 않고, 모든 일을 하나님의 인도하심을 따라 하나님의 힘으로 하려고 하지 않는다. 이들은 단순히 자기가 하고싶은 것을 할 뿐이다. 이들의 모든 기도와 하나님의 뜻을 따르려는 노력은 단순히 외적인 쇼에 불과하다. 이것은 전적으로 거짓이다.

비록 이들이 하나님께서 주신 재능을 사용한다고 해도, 이들은 그 재능을 주신 분은 망각하고 자신의 재능만을 생각한다. 이들은 하나님의 말씀을 간절히 사모한다. 그러나 사실은 자신의 지성의 욕구를 채우기 위해서 지식을 구할 뿐이다. 이들에게는 적절한 때에 임할 하나님의 계시를 바라고 기다릴 마음이 없다. 하나님의 임재를 구하는 것이나 주님의 자비와 친밀함을 깨닫기 원하는 것도 하나님을 위한 것이 아니고 자신의 행복을 위한 것이다. 그렇게 함으로써 이들은 하나님을 사랑하는 것이 아니라 오히려 자신을 유쾌하게 하고 셋째 하늘의 영광을 느끼게 하는 "감성"을 사랑하는 것이다. 이들의 모든 삶과 활동의 중심은 자기 자신에게 있다. 이들은 자신을 기쁘게 하기 원한다.

하나님의 자녀들은 성령의 계시에 의하여 혼적 생활의 추악함을 깨달은 후에야, 혼적 생명을 붙들고 늘어지는 것이 얼마나 어리석은 것인가를 깨닫는다. 이러한 계시와 깨달음은 단 한번에 오는 것이 아니다. 이것은 여러 차례에 걸쳐 서서히 진행된다. 신자가 처음으로 성령의 비침을 받을 때에 그는 하나님의 빛 아래서 회개하고 자발적으로 자신의 혼적 생명을 죽음에 넘긴다. 그러나 인간의 마음은 말할 수 없이 기만적이다. 얼마 후에 자기 신뢰와 자기 사랑과 자기 만족이 재등장한다. 이것은 며칠 후가 될 수도 있다. 따라서 신자들이 기꺼이 그들의 타고난 생명을 부인할 수 있도록 성령의 비췸은 주기적으로 계속되어야 한다. 참으로 가슴 아픈 것은, 주님의 마음에 사로잡혀 이러한 문제에 있어서 주님께 자발적으로 복종할 수 있는 신자들이 거의 없다는 것이다. 신자의 타고난 성향을 기꺼이 포기하도록 하는 데는 언제나 무수한 패배와 수치의 경험을 필요로 한다. 우리가 기꺼이 버린다는 것이 얼마나 불안전하며 우리의 상태는 얼마나 변하기 쉬운 것인가!

    그리스도인들은 자신의 어리석음을 제거하여야 한다. 우리는 우리의 혼적 삶이 절대로 하나님을 기쁘시게 할 수 없다는 하나님의 견해를 받아들여야 한다. 우리는 성령으로 하여금 우리의 혼적 생활의 갖가지 부패성을 지적하시도록 해야 한다. 우리의 혼적 생활에 대한 하나님의 평가를 받아들이는 데 믿음을 행사하고, 성경이 우리에 대하여 뭐라고 말하는지를 성령께서 계시해 주실 때까지 끈기 있게 기다려야 한다. 이러한 태도를 가짐으로써만 우리는 구속의 길로 인도될 수 있다.

혼적 생활에 따르는 위험

    하나님께서 정해 놓으신 것을 이루지 못하거나 그것을 꺼리는 신자들은 일종의 위험에 직면하게 된다. 주님의 자녀들에 대한 하나님의 뜻은 혼이나 몸을 따라 행하는 것이 아니고, 영을 따라 생활하는 것이다. 영 안에서 생활하지 못할 때 손실이 따른다. 여기에 따르는 위험은 적어도 세 가지로 나누어 볼 수 있다.

1. 영이 억압당할 위험

하나님이 하시는 일의 완벽한 순서는 먼저 인간의 영 안에 역사하고, 다음으로 혼의 마음을 깨우치고, 마지막으로 몸을 통하여 실행하는 것이다. 이와 같은 순서는 극히 중요한 것이다.

성령으로 거듭난 신자들은 이제 영을 따라 생활해야 한다. 이렇게 할 때만이 우리는 하나님의 뜻을 확인하고 성령과 협조하여 원수의 갖가지 간계를 물리칠 수 있는 것이다. 신자의 영은 성령의 움직임에 민감하여 성령의 활동을 소멸치 말고 다만 성령께서 인간의 영을 통해 자신의 뜻을 수행하실 수 있도록 잘 따라야 한다. 하나님의 영은 신자들의 일상 생활을 승리로 이끌고 하나님께서 그들에게 맡기신 선한 일을 위해 그들을 준비시키기 위해서 인간의 영의 협조를 요한다. (우리의 영의 이러한 면에 대해서는 다음에 좀더 다루겠다.)

그렇지만 하나님의 자녀들 가운데 많은 이들은 성령의 움직임을 인식하지 못한다. 이들은 영적인 것과 혼적인 것을 구분하지 못한다. 이들은 종종 혼적인 것을 영적인 것으로 오해하고, 영적인 것을 혼적인 것으로 오해하여, 결국 혼의 힘에 의존하여 생활함으로써 영을 억압하게 되는 것이다. 이들은 실상은 혼을 따라 행하고 있으면서, 영을 따라 행하고 있다고 생각한다. 이러한 어리석음은 이들의 영을 억압하여 하나님의 영과 협력하지 못하게 하며, 따라서 성령께서 이들의 생활에 역사하고자 하시는 일도 방해한다.

그리스도인들이 혼에 거하는 한, 이들은 자신의 이성과 생각과 상상과 계획과 비전을 따라 움직인다. 이들은 즐거운 감각을 탐하며 기분에 지배를 받는다. 감각적인 경험을 가질 때는 의기양양하지만, 이러한 경험이 정지될 때는 손가락 하나도 까닥하기가 힘들다. 따라서 이들은 영의 세계 안에서 생활할 힘이 없는 것이다. 이들의 감정은 이들의 생활이 된다. 그리고 이 기분이 바뀜에 따라 자신도 변한다. 다시 말해서 이들은 자신의 존재의 중심, 즉 영으로 사는 것이 아니고 바깥 혼과 몸의 감각에 따라 행하는 것이다. 이들의 영적 감각은, 몸과 혼의 힘에 압도당하여 둔감하게 된다. 이러한 신자들은 다만 혼과 몸 안의 문제만 감각할 수 있을 뿐이다. 이들은 영적인 감각을 상실한 것이다. 이들의 영은 하나님과 협조하는 기능을 잃고, 이들의 영적 성장은 정지된다. 이들은 더 이상 싸움과 예배를 위해서 자신의 영에 힘과 교훈을 받을 수 없다. 사람이 자신의 존재에 대한 완전한 지배권을 영에게 주기를 거부하거나 영의 힘에 의존하여 생활하지 못할 때, 그는 결코 성숙할 수 없다. 영적인 감각은 극히 미묘한 것이다. 영감을 따라 생활하는 법을 배운 사람에게도 영적 감각을 의식한다는 것은 쉬운 일이 아니다. 하물며 외부에서부터 오는 혼적인 감각으로 영이 계속 혼탁해지고 있는 경우라면, 영적인 감각을 분별하는 것이 얼마나 더 어려운 일이겠는가! 혼적인 감각은 혼돈시키는 역할을 할 뿐만 아니라 영적 감각을 억누를 수도 있다.

2. 몸의 세계로 후퇴할 위험

갈라디아서 5장에 열거되어 있는 많은 육신적인 일은 자연히 몸의 정욕에 그 원천을 두고 있다. 그러나 이외에도 많은 일이 혼의 활동을 보여 주고 있다. "시기와 당짓는 것과 분리함"은 분명히 인간의 "자아" 또는 "인격"에서 흘러나오는 것이다. 이런 현상은 성도들 가운데 있는 여러 가지 다양한 생각과 의견의 결과이다. 여기서 우리가 주목해야 할 중요한 사실은 혼의 일이 "음행과 더러운 것과 호색과 술 취함과 방탕함"과 같은 몸의 죄들과 함께 열거되어 있다는 점이다. 이에서 우리는 혼과 몸이 얼마나 긴밀히 얽혀 있는가를 다시 한번 생각하게 된다. 이 둘은 실제로 서로 분리될 수 없다. 왜냐하면 현재 우리가 가지고 있는 몸은 "혼적인 몸"(고전 15:44, 육의 몸을 원어 그대로 번역하면 혼적인 몸)이기 때문이다. 따라서 신자가 단지 그의 죄된 성품만을 억누르려 하고 혼의 생명은 넘겨주지 않을 때, 그는 얼마 동안은 죄에 대한 승리를 경험할지 몰라도 다시 죄의 몸으로 돌아가게 된다. 비록 그런 추잡스런 형태의 죄로는 돌아가지 않는다 할지라도, 그는 죄에 매인 채로 남아 있는 것이다.

  하나님께서 우리의 "옛 사람"을 처리하시는 곳이 십자가라는 것을 알아야 한다. 십자가에서는 옛 사람을 부분적으로 처리한다는 것이 있을 수 없다. 왜냐하면 십자가는 옛 사람을 한꺼번에 처리해 버리기 때문이다. 따라서 우리는 십자가 앞에 나가 동일시를 통한 구원을 받아들임이 없이, 대속에 의한 구원만을 받아들일 수는 없는 것이다. 일단 믿음으로 주 예수를 "나의 개인적인 구주"로 받아들였다면, 우리는 동일시의 원리를 얼마만큼 이해하든 간에 관계없이, 내재하시는 성령의 인도에 따라 그리스도와 함께 죽는 경험을 갈구하게 될 것이다. 우리가 새 생명에 대한 내적인 욕망을 계속 저지한다면 새 생명을 상실하는 것은 아니지만 새 생명의 기쁨, 심지어 구원의 기쁨까지도 상실하게 될 것이다. 십자가는 그 역사함에 있어서 못 미치는 일이 없다. 십자가는 우리의 옛 사람이 완전히 체험적으로 십자가에 못 박힐 때까지 우리 안에서 점점 깊이 역사할 것이다. 십자가의 목표는 아담에게 속한 모든 것을 완전히 제거하는 데 있다.

이제 하나님의 자녀들이 죄에 대한 승리를 경험한 후에 더 나아가 혼의 생활을 정복하지 못하고 계속 혼의 세계에 거한다면, 몸과 혼이 점차적으로 재결합되어 과거에 내어버렸던 죄 속으로 자신을 다시 끌고 들어가는 것을 발견할 것이다. 그것은 물의 흐름을 거슬러 항해하는 것과 같다. 즉 전진하지 못하는 것은 곧 후퇴를 의미한다. 십자가가 철저하게 우리 안에 역사하지 않는다면, 무엇이든지 이루어진 것은 곧 무효화되고 말 것이다. 많은 사람들이 얼마 동안 죄에 대한 승리를 경험하고 나서도, 얼마 가지 않아 옛 상태로 돌아가 그 상태에서 허덕이는 이유가 바로 여기에 있는 것이다. 옛 사람의 생명(혼의 생명)을 계속 살아 움직이게 놓아 두면, 그 생명은 즉시 옛 사람의 성품(죄)과 재결합할 것이다.

3. 어두움의 권세가 득세할 위험

성도들에게 보내졌던 야고보의 편지는 혼의 생명과 사탄의 일의 관계를 분명히 설명해 주고 있다.

"너희 중에 지혜와 총명이 있는 자가 누구뇨 그는 선행으로 말미암아 지혜의 온유함으로 그 행함을 보일지니라 그러나 너희 마음 속에 독한 시기와 다툼이 있으면 자랑하지 말라 진리를 거스려 거짓하지 말라 이러한 지혜는 위로부터 내려온 것이 아니요 세상적이요 정욕적이요(원어대로는 혼적이요) 마귀적이니 시기와 다툼이 있는 곳에는 요란과 모든 악한 일이 있음이니라"(3:13-16).

지혜 가운데는 사탄에게서 나오는 지혜가 있다. 그런데 이것은 때때로 인간의 혼에서 나오는 지혜와 같다. "육"은 마귀의 공장이다. 마귀는 육신 가운데 혼적인 부분에서, 육신의 신체적인 부분에서만큼 활발하게 역사한다. 이상의 몇 절에서 우리는 혼적인 지혜를 추구하는 데서 얼마나 지독한 시기와 질투가 발생하는가를 알 수 있다. 시기는 인간의 혼 속에 마귀가 활동함으로써 일어난다. 그리스도인들은 마귀가 사람을 유혹하여 죄를 범하게 할 수 있다는 것을 알고 있다. 그러나 이와 마찬가지로 마귀가 우리의 마음속에 사상을 투입시킬 수도 있다는 사실을 깨닫고 있는가? 인간의 타락은 지식을 사랑하고 지혜를 사랑한 데서 기인한다. 사탄은 오늘날도 신자의 혼을 그의 활동 본부로 존속시키기 위하여 옛날과 똑같은 전술을 쓰고 있다.

사탄의 계책은 될 수 있는 대로 많은 우리의 옛 사람을 잃지 않고 자신을 위해서 보존하자는 것이다. 사탄은 신자를 죄에 빠뜨리지 못할 경우, 다른 수단으로 마귀의 올무에 대한 신자의 무지를 이용하거나 신자가 성령께 굽히기를 꺼리는 것을 이용하여 그의 "혼적인 생명"을 그대로 간직하도록 유인한다. 왜냐하면 그가 성공하지 못하면, 지옥의 모든 군대가 곧 전적으로 무용하게 되기 때문이다. 신자들이 영 안에서 주님과 연합할수록 성령의 생명은 그들의 영 안에 더 많이 흘러 들어갈 것이며, 십자가는 더욱더 그들의 일상생활 가운데 역사할 것이다. 이렇게 되면 그들은 옛 사람에서 점점 벗어날 것이며, 사탄의 활동 기반은 날로 줄어들 것이다. 사탄은 유혹이 아니면 공격에 의해서, 우리의 옛 사람 안에 갖가지 전략을 펴고 있다는 사실을 알라. 사탄은 우리의 "새 사람"에 대해서는 감히 에너지를 소모할 생각을 않는다. 새 사람, 즉 새로운 피

혼적인 생활의 위험

SPIRITUAL

조물은 하나님 자신의 생명이기 때문이다. 그래서 사탄은 자기가 계속 활동할 수 있도록, 그것이 죄이든 아름다운 혼적 생명이든 간에 옛 사람을 좀 남겨 두도록 하나님의 자녀들을 설득시키기에 바쁜 것이다. 신자들이 죄를 미워한다는 사실에도 불구하고, 사탄은 신자들에 대하여 음모를 꾀하고 있으며, 그들이 자아의 생명을 사랑하도록 부채질을 하고 있다.

우리 그리스도인들이 아직 죄인으로 있었을 때는 "우리 육체의 욕심을 따라 지내며(특별히 몸에 관련된 죄들을 가리킴) 육체와 마음의 원하는 것을 하였다(혼적 생명을 가리킴)"(엡 2:3). 바로 앞 절에서 이 두 가지 일은 모두 악한 영에 의하여 이루어진다고 밝히고 있다. 우리가 이 문제를 논하는 목적은 하나님의 자녀들로 하여금 몸만이 사탄의 악랄한 활동 범주에 드는 것이 아니라, 혼도 원수의 활동 분야가 된다는 것을 이해시키는 데 있다. "신자는 죄에서뿐만 아니라, 혼의 세계로부터도 해방되어야 한다"고 다시 한번 강조해 두고 싶다. 성령께서 우리의 눈을 열어 주셔서, 이러한 단계가 얼마나 중요한가를 볼 수 있게 해주시기를 바란다. 성도들이 죄의 권세에서 뿐 아니라 혼의 생명에서도 한 걸음씩 점진적으로 벗어날 수 있다면, 사탄은 사방에서 온갖 패배의 고배를 마실 것이다.

육적인 신자들은 그들의 마음을 지키는 법을 모르기 때문에, 악령들은 쉽게 사람의 타고난 지혜를 이용하여 그들의 계획을 실현시킨다. 악령들은 아주 부드럽고 간교하게 사람의 마음속에 오해나 편견을 주입시켜, 하나님의 진리에 대하여 의문을 일으키도록 하거나 다른 사람들의 진실한 말을 의심하도록 만든다. 악령에 사로잡힌 마음이 사람 안에서 성령의 역사를 얼마나 방해했는지는 이루 말로 표현할 수 없을 정도다. 우리가 좋은 의도를 가졌다고 하더라도, 우리의 의도는 악령에 사로잡힌 마음에 속고 만다.

인간의 어리석음이 성령의 활동을 방해하는 것과 똑같이 아름다운 이상도 성령의 활동을 방해하는 것이다. 악한 영들은 심지어 신자들에게 환상과 고상한 생각을 주입시킬 수도 있다. 그러면 신자들은 으레 이것이 초자연적인 것이므로 하나님께 속한 것이 틀림없다고 생각하게 된다. 이와 같은 경로를 통하여 신자는 점점 더 깊은 기만 속으로 빠져 들어간다. 자아의 생명이 죽음에 넘겨지기 전에는, 신자의 마음은 호기심이 강하고 탐색하기를 원하며 파악하여 "나의 것"으로 만들기를 원하게 되어 있다. 이 모든 것이 악한 영들에게 좋은 기회를 제공한다.

혼의 감정적인 부분도 적에 의하여 쉽게 자극을 받을 수 있다. 많은 신자들이 기쁜 감정과 성령을 소유하고 있다는 느낌과 주 예수의 사랑스러움과 하나님의 임재하심을 느끼기를 갈망한다. 이를 잘 알고 있는 악한 영들은 신자들의 감각에 여러 가지 이상한 경험을 제공한다. 이렇게 함으로써 우리의 육적 능력이 자극을 받아 살아나고, 사람의 영 속에 있는 미묘한 직관적 기능에 의해서만 탐지될 수 있는 성령의 세미한 음성은 혼의 활동 아래 눌리게 된다. 하나님께서 허락하신다면 나중에 이러한 문제를 상세히 논하기로 하겠다.

자기의 자아를 처리하지 못했을 때, 그리스도인은 영적 전투에서 커다란 손실을 초래할 것이다. 요한계시록 12:11은 마귀를 정복하는 요건 중 하나를 말해 주고 있다. 즉 "하나님의 백성이 죽기까지 자기 생명(혼적 생명)을 아끼지 아니하는" 것이다. 자기 사랑과 자기 연민을 십자가에 넘겨주지 않는다면 그리스도인은 틀림없이 마귀에게 패배를 당할 것이다. 자기의 생명을 사랑하는 그리스도의 군사는 승리를 박탈당할 것이다. 적은 그 마음이 자기에 대한 생각으로 가득 차 있는 사람은 누구나 정복할 것이다.

어떤 사물에 대한 애착도 원수에게 약점을 드러낼 수 있다. 원수를 이기는 유일한 가능성은 타고난 생명을 죽음에 넘겨버리는 데 있다. 사탄은 단련되지 않은 우리의 혼을 통하여 작전을 편다. 그는 또한 십자가에 대하여 전혀 알지도 못하는 사람을 직접 공격할 수도 있다. 혼적 생명은 우리 안에서 적의 제 5열을 구축하고 있는 셈이다(5열이란 전시에 후방을 교란시키고 간첩 행위 등으로 자국의 진격을 돕는 자를 말함-역자 주). 이것이 원수에게 활동 기지를 제공한다. 우리가 아무리 많은 진리를 알고, 또 그것을 위해 아무리 열심히 투쟁한다 해도, 혼은 영원히 우리의 약점이다. 가슴이 아프도록 안타까운 것은 신자가 신령하게 될수록, 그만큼 혼적 생명은 탐지하기가 힘들다는 것이다. 혼적인 요소가 적으면 적을수록, 그것을 처리하기는 더욱 어렵다. 신령한 생활에 극히 적은 육적 요소가 혼합되어 있을 수도 있다. 그러나 이것은 혼적인 것과 영적인 것을 구분하는 일을 더욱 어렵게 만든다. 그리스도인들이 마귀를 대적하는 일에 있어서 예리하고 철저한 비상태세를 취하고 있지 않다면 자아의 생명을 통하여 커다란 패배를 맛볼 것이다.

그리스도인의 혼적 생명이 기만을 당할 수도 있고 마귀에게 이용당할 수도 있다는 사실은, 참으로 우리의 일반적인 생각을 초월하는 것이다. 따라서 경종을 울려야 한다. 하나님께서는 우리가 아담에게서 물려받은 것 일체를-우리의 생명과 성품까지도-부인하기를 원하신다. 하나님에 대한 불순종은 언제나 위험을 내포하고 있다.

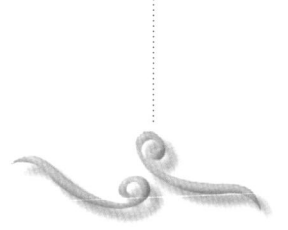

제4장
십자가와 혼

십자가의 부름

 4복음서의 기록에 의하면, 주 예수께서는 적어도 네 번의 각기 다른 상황에서 제자들을 불러놓고 그들의 "혼적 생명"을 부인하고 그것을 죽음에 넘기고 자기를 따르라고 말씀하셨다. 주님께서는 자기를 따르기 원하고, 사람을 섬기고 주님께 순종하는 일에 주님처럼 완전하게 되기를 원하는 모든 신자에게 이것이 필수조건이라는 사실을 주지시키신다. 주 예수께서는 네 번 모두 혼적 생명을 언급하신다. 그러나 그 때마다 강조점을 다른 데 두신다. 혼적 생명은 갖가지 방법으로 자신을 나타낼 수 있기 때문에, 주님께서는 매번 다른 면을 강조하신 것이다.
 주님의 제자가 되기 원하는 사람은 누구든지 주님께서 하신 말씀에 각별한 주의를 기울여야 한다. 주님께서는 우리의 육적 생명을 십자가에 넘겨줄 것을 권고하고 계신다.

십자가와 혼적인 애착심

"자기 십자가를 지고 나를 좇지 않는 자도 내게 합당치 아니하니라 자기 목숨(혼적 생명)을 얻는 자는 잃을 것이요 나를 위하여 자기 목숨(혼적 생명)을 잃는 자는 얻으리라"(마 10:38, 39).

이 말씀에서 주님께서는 우리의 "혼적 생명"을 버리고, 이를 주님을 위하여 십자가에 넘겨주라고 권고하신다. 주 예수께서는 어떻게 아들이 주님을 인하여 아버지에게서 멀어지고, 딸이 어머니와, 며느리가 시어머니와 불화하게 되는가, 즉 사람의 원수가 어떻게 자기 집안식구가 될 수 있는가를 설명하신다. 이것이 십자가를 구성하는 것이며, 십자가는 "십자가에 못 박히는" 것을 의미하는 것이다. 사랑하는 사람들을 아껴주는 것은 우리의 타고난 성향이다. 우리는 이들의 말을 기쁘게 들어주며, 이들이 원하는 바에 기꺼이 응해 준다. 그러나 주님께서는 우리의 사랑하는 사람들 때문에 하나님을 배반하지 말 것을 요구하신다.

하나님의 요구와 사람의 요구가 상충될 때, 우리는 주님을 위하여 우리의 혼적인 애착심을 십자가에 넘김으로써 우리의 십자가를 져야 한다. 비록 우리가 사랑하는 그 사람이 우리에게 매우 귀하고, 또 일반적인 상황에서는 가장 마음을 아프게 하고 싶지 않은 사람이라 할지라도 마찬가지다. 주 예수께서는 우리가 혼적 사랑에서 벗어나도록 이런 식으로 우리를 부르시는 것이다. 그래서 주님께서는 37절에서 "아비나 어미를 나보다 더 사랑하는 자는 내게 합당치 아니하고 아들이나 딸을 나보다 더 사랑하는 자도 내게 합당치 아니하다"고 선언하신 것이다.
 "무릇 내게 오는 자가 자기 부모와 처자와 형제와 자매와 및 자기 목숨까지 미워하지 아니하면 능히 나의 제자가 되지 못하고 누구든지 자기 십자가를 지고 나를 좇지 않는 자도 능히 나의 제자가 되지 못하리라"(눅 14:26, 27).
 마태는 애정의 문제에 있어서 신자가 어떻게 가족보다도 주님을 더 사랑해야 하는가를 보여 주고 있다. 반면에 누가는 우리의 혼적 생명에서 일어나는 사랑에 대하여 어떠한 태도를 견지해야 하는가를 밝히고 있다. 즉 우리가 그런 사랑을 미워해야 한다고 말하고 있다. 좀더 정확히 말해서, 우리의 애정의 대상이 우리가 당연히 사랑할 만한 사람들이기 때문에 사랑해서는 안 된다는 말이다. 부모나 형제나 자매나 아내나 자식이 가깝고 귀한 존재이긴 하지만, 이들은 "금지된 사람들"의 목록 가운데 들어 있다. 이러한 인간적인 사랑은 혼적 생명에서 나오는 것으로, 마음의 욕망에 예속되어 있고, 답례로 상대방의 사랑을 요구한다. 이러한 혼적 생명은 죽음에 넘겨주어야 한다는 것이 주님의 지론이다.
 우리가 지금은 주를 볼 수 없지만, 주님께서는 우리가 자기를 사랑해 주기를 원하신다. 주님께서는 우리가 자연적인 사랑을 부인하기를 원하신다. 주님께서는 다른 사람에 대한 우리의 자연적인 사랑을 제거함으로써 우리가 우리 자신의 사랑으로 사랑하지 않게 되기를 원하신다. 물론 우리가 남을 사랑하는 것은 주님의 뜻이다. 그러나 우리 자신의 혼적인 애착심으로 사랑하는 것은 주님의 뜻이 아니다. 우리가 사랑을 한다면, 그들을 위해서가 아니라 주님을 위해서 해야 한다. 주 안에서 우리에게 새로운 관계가 이루어진다. 우리는 남을 사랑하기 위해 주님으로부터 주님의 사랑을 받아야 한다. 바꾸어 말해서, 우리의 사랑은 주님에 의하여 지배되어야 한다. 주님께서 원하신다면, 우리는 원수까지도 사랑해야 한다. 또 주님께서 원치 않으신다면, 우리는 우리 식구 가운데 제일 사랑스러운 사람도 사랑해서는 안 된다. 주님께서는 우리의 마음이 어느 한 곳에 고착되는 것을 원치 않으신다. 왜냐하면 주님께서는 우리가 자유롭게 주님을 섬기기를 바라시기 때문이다.

이 새로운 사랑의 관계가 맺어지려면, 혼적 생명이 부인되어야 한다. 이것이 십자가다. 이와 같이 주님께 순종하는 가운데 자신의 자연적인 애정을 무시하려면, 신자의 타고난 혼적 사랑은 극심한 고통을 당한다. 이러한 슬픔과 고통은 신자에게 실제적인 십자가가 된다. 사람이 자기가 사랑하는 사람을 잃어야 할 때는 깊은 마음의 상처와 많은 눈물이 따른다. 이것은 우리의 생활에 격심한 고통을 안겨준다. 혼은 주님을 위해 우리의 사랑하는 자를 포기하기를 얼마나 싫어하는가! 그러나 바로 이러한 행동을 통해서 혼은 죽음에 넘겨지게 되며, 심지어는 기꺼이 죽게 된다. 이와 같이 해서 신자는 혼의 세력에서 해방되는 것이다. 혼은 그 자연적인 애정을 십자가에서 상실하자마자 성령께 자리를 양보한다. 성령께서는 하나님의 사랑을 신자의 마음에 부어 주심으로, 신자로 하여금 하나님 안에서 사랑하고 하나님의 사랑으로 사랑하도록 만드신다.

인간적으로 말해서 혼의 이와 같은 표현은 극히 정당한 것임을 알아야 한다. 왜냐하면 그것은 아주 자연스러운 것이며 죄만큼 더러운 것도 아니기 때문이다. 위에서 언급한 사랑은 모든 사람이 가지고 있는 사랑이 아닌가? 자기 가족을 사랑하는 데 무슨 부당성이 있을 수 있겠는가? 여기서 우리는 주님께서 우리를 부르셔서, 하나님을 위해 인간의 합법적인 권리를 부인하면서까지 육적인 것을 극복하라고 요구하시는 것을 알 수 있다. 하나님께서는 우리가 우리의 이삭보다도 하나님을 더 사랑하기를 원하신다.

혼적 생명이 창조자 하나님에 의하여 우리에게 주어진 것은 분명하다. 그럼에도 불구하고 하나님께서는 우리가 그 생명의 원칙에 의하여 지배당하는 것을 원치 않으신다. 세상 사람들은 그 이유를 이해할 수 없다. 오직 자신에게서 벗어나 점차 하나님의 생명 안으로 들어가고 있는 신자만이 그 의미를 이해할 수 있다. 하나님께서 아브라함에게 친히 주신 이삭을 제물로 바치라고 요구하시는 것을 누가 좋게 생각할 수 있겠는가? 하나님의 마음을 깨달은 사람들은 하나님께서 주신 재능에 집착하려 하지 않는다. 오히려 이들은 모든 재능과 은사를 주시는 하나님을 의지하기 원한다. 하나님께서는 우리가 하나님 외에는 그 어느 것도 - 그것이 사람이건, 물건이건, 하나님께서 우리에게 친히 주신 것일지라도 - 의지하지 않기를 원하신다.

많은 그리스도인들이 갈대아 우르를 떠날 마음이 있다. 그러나 모리아 산에 올라가서 하나님께서 친히 주신 것을 제물로 바쳐야 할 필요를 깨닫는 사람은 별로 없다. 이것은 아주 심오한 믿음의 교훈으로, 우리가 하나님과 연합되는 것에 관계되는 것이다. 하나님께서는 자기 자녀들이 모든 것을 버리고 온전히 하나님의 소유가 될 것을 요구하신다. 우리는 우리가 해롭게 여기는 것을 제거할 뿐 아니라 애정과 같이 인간적으로 정당한 것까지 십자가에 넘겨야 한다. 이렇게 할 때에만 우리는 완전히 성령의 권세하에 놓이게 되는 것이다.

이상과 같은 주님의 요구에는 아주 깊은 의미가 내포되어 있다. 인간의 애정이란 사실 굉장히 통제하기가 힘든 것이 아닌가? 이 인간적인 애정을 십자가에 못 박아 처리하지 않는다면 신자의 영적 생활에 얕잡아 볼 수 없는 장애물이 될 수 있다. 세상이 변하는 것과 같이 인간의 감정도 변화한다. 감정의 간단한 흥분이 성도의 영적인 균형을 상실하게 할 수 있다. 감정의 계속되는 불안은 신자의 영적 평안에 영향을 미칠 수 있다. 우리의 슬픔과 탄식과 한탄과 눈물은 대개가 상한 감정 때문에 오는 것이 아닌가? 만일 주님께서 우리의 애정에 있어서 첫 번째 자리를 차지하지 못한다면 다른 방면에서도 우리의 주님이 되기는 힘든 것이다.

이것은 우리의 영적 상태에 대한 시험이며 척도이다. 따라서 우리는 자유를 누리기 위해서 혼적 생명을 미워해야 하며, 거기서 나오는 애정도 거부해야 한다. 주님의 요구는 우리의 육적인 욕망과는 완전히 다르다. 이전에는 사랑을 받던 것이 이제 증오를 받아야 한다. 사랑을 발산하는 기관이라고 할 수 있는 우리의 혼적 생명까지도 증오를 받아야 한다. 이것이 신령한 길이다. 우리가 진실로 십자가를 진다면 혼적인 애정의 통제를 받지 않고 영향도 받지 않을 것이다. 다만 우리는 성령의 권능 안에서 사랑할 수 있게 될 것이다. 우리 주님께서도 지상에 계실 때 이와 같이 자기 가족을 사랑하지 아니하셨던가!

십자가와 자아

"이에 예수께서 제자들에게 이르시되 아무든지 나를 따라오려거든 자기를 부인하고 자기 십자가를 지고 나를 좇을 것이니라 누구든지 제 목숨을 구원코자 하면 잃을 것이요 누구든지 나를 위하여 제 목숨을 잃으면 찾으리라"(마 16:24, 25).

다시 주님께서는 제자들에게 그들의 "혼적 생명"을 죽음에 넘김으로써 십자가를 지라고 분부하신다. 마태복음 10장에서의 강조점은 혼의 애정에 있었지만, 여기 마태복음 16장에서는 혼의 자아가 주목된다. 우리는 앞의 몇 구절에서 주님께서 그 당시 제자들에게 앞으로 다가올 십자가에 관해서 말씀하고 계셨던 것을 알 수 있다. 주님에 대한 강렬한 사랑에서 베드로는 불쑥 "주여 그리하지 마옵소서"라고 말했다. 베드로는 인간적인 생각에서, 주님이 육신적으로 십자가의 고통을 면할 것을 간구하였다. 베드로는 사람이 십자가의 죽음과 같은 문제에서도 하나님의 일을 생각하여야 한다는 것을 깨닫지 못하고 있었다. 베드로는 하나님의 뜻에 대한 관심이 자기 자신에 대한 관심을 훨씬 능가해야 한다는 것을 인식하지 못하고 있었다. 그의 태도는 다음과 같은 것이었다.

"비록 십자가 상에서 죽음으로써 하나님의 뜻에 순종하고 하나님의 목적을 이룬다고 하더라도, 사람이 자신도 생각해야 하지 않겠습니까? 자기가 감당해야 할 고통을 생각해야 하지 않겠습니까? 주여, 그리하지 마옵소서!"

베드로에 대한 주님의 응답은 어떠했는가? 주님께서는 그를 엄히 꾸짖으시고 "자기 연민" 같은 생각은 사탄에게서만 일어날 수 있다고 선언하셨다. 그러고 나서 주님은 제자들에게 계속 말씀하셨다.

"십자가로 가는 것은 나 혼자만이 아니다. 나를 따르고 나의 제자가 되기 원하는 너희들도 모두 십자가로 가야 한다. 내가 가는 길을 너희들도 따라야 한다. 나 혼자서만 하나님의 뜻을 행해야 한다고 생각하지 말아라. 너희들도 모두 하나님의 뜻을 행해야 한다. 내가 나 자신을 생각지 않고 십자가의 죽음에 이르기까지 무조건

하나님의 뜻을 순종하는 것처럼, 너희들도 자기의 생명을 부인하고 하나님께 순종하는 가운데 자기 생명을 기꺼이 버려야 한다."

베드로는 "주여, 주님 자신을 불쌍히 여겨야 합니다. 그리하지 마옵소서"라고 말했다. 주님께서는 "너 자신을 부인해야 한다"고 응수하셨다.

하나님의 뜻을 따르는 데는 마땅히 치러야 할 대가가 있다. 육신은 그러한 것을 예상하고 두려워 떤다. 혼적 생명이 우리 안에 최고의 위치를 차지하고 있기 때문에 우리는 하나님의 명령을 받기에 합당치 못하다. 혼은 자기의 뜻을 따르기 원하고 하나님의 뜻을 따르기 원치 않기 때문이다. 주님께서 십자가를 통하여 자신을 부인하고 주님을 위하여 모든 것을 버리라고 우리를 부르실 때 우리의 혼적 생명은 본능적으로 자기 연민의 반응을 보인다. 이것은 우리로 하여금 하나님을 위하여 어떠한 대가도 치를 마음이 없도록 만든다. 따라서 우리가 십자가의 좁은 길을 택하여 그리스도를 위하여 이를 참을 때마다 우리의 혼적 생명은 손실의 고통을 당한다. 이렇게 하여 우리는 그 생명을 잃는 것이다. 오직 이러한 방법을 통해서만 그리스도의 신령한 생명이 우리 안에서 순전하고 가장 높은 왕좌를 차지하게 되며, 우리 안에서 무엇이든 하나님을 기쁘시게 하고 사람들에게 덕이 되는 일을 행하게 되는 것이다.

만일 우리가 주님과 베드로 사이에 있었던 사건을 유의한다면, 이 혼의 생명이 얼마나 악한 기능을 할 수 있는가를 쉽게 알 수 있을 것이다. 베드로는 하나님으로부터 그 때까지 사람에게 알려져 있지 않았던 진귀한 비밀을 알려주는 계시를 받자마자 즉시 자신의 육신적인 말을 털어놓았다. 그 비밀은 그들이 따르고 있던 외로운 예수가 과연 살아 계신 하나님의 아들 그리스도라는 사실이었다. 이와 같은 굉장한 계시를 받자마자 즉시 베드로는 자신의 생명에 사로잡혀 자기의 선생에게 스스로를 불쌍히 여기도록 설득시키려 했다.

여기서 우리는 어떠한 신령한 계시나 고상한 지식도 우리에게 혼의 권세로부터의 자유를 보장해 줄 수 없다는 사실을 마음에 깊이 새겨 놓아야 한다. 오히려 우리의 지식이 늘어가고 경험이 깊어질수록 혼적 생명은 더욱 깊이 숨겨지기 때문에 이를 탐지해 내고 제거하는 것은 더욱 어려운 일이다. 자연계가 전폭적으로 십자가에 의해 처리되지 않는 한, 혼적 생명은 계속 사람 속에 보존될 것이다.

베드로의 경험으로부터 배울 수 있는 또 하나의 교훈은 우리의 타고난 생명이 전혀 쓸데가 없다는 것이다. 특별히 이 경우에 베드로의 혼적 생명이 발동된 것은 자기를 위한 것이 아니고 주 예수를 위한 것이었다. 베드로는 주님을 사랑한다. 그리고 주님을 불쌍히 여긴다. 그는 주님이 행복하기를 바란다. 그는 주님께서 그와 같은 고통을 당하는 것을 원치 않는다. 그의 마음은 정당하고 그의 의도도 선한 것이다. 그렇지만 그것은 혼적 생명으로부터 나온 인간적인 생각에 기초를 두고 있다. 이와 같은 생각을 주님께서는 모두 거부하신다.

주님을 사모하는 것조차도 육신에 의한 것이면 허용되지 않는다. 이것은 의심할 여지없이 우리가 주님을 갈망하고 섬기는 일에 있어서도 참으로 혼적일 수 있다는 사실을 증명해 주지 않는가? 주님 자신이 하나님을 섬기는 가운데 자신의 혼적 생명을 부인했을진대, 주님께서 우리가 혼적 생명을 가지고 자기를 섬기기를 바라시겠는가? 주님께서는 신자들에게 타고난 자아를 죽음에 넘기

십자가와 혼

라고 부탁하고 있다. 단지 그 자아가 세상을 사랑하기 때문만이 아니라 나아가서 주님을 갈망하기도 하기 때문이다. 우리 주님께서는 얼마나 많은 일을 했는가를 묻지 않고, 다만 우리가 하는 일이 어디에 근원을 두고 있는가를 물으신다.

베드로는 주님을 향한 자신의 애정을 표현함과 동시에 또한 자기 자신에 대한 태도를 무의식중에 드러내고 있다. 그는 하나님의 뜻보다도 예수님의 몸을 더 중요시한다. 그는 주님을 설득시켜 주님 자신을 생각하고 염려하게 만들려고 노력한다. 따라서 베드로의 인격은 완전히 드러난다. 자아는 언제나 하나님의 뜻과 관계없이 독립적으로 활동한다. 자아는 자신이 좋게 여기는 것에 따라 하나님을 섬기기를 좋아하기 때문이다. 하나님의 뜻을 따르는 것은 혼의 껍질을 벗기는 것을 의미한다. 우리가 주님의 뜻에 순종할 때마다, 혼의 생각은 무너지는 것이다.

마태복음 16장의 경우, 베드로가 자기의 혼으로부터 말했기 때문에, 주 예수께서는 제자들을 불러 육적 생명을 버리라고 당부하셨다. 그러나 주님께서는 베드로가 한 말이 사탄에게서 나온 것이라고 덧붙이고 있다. 우리는 여기서 사탄이 인간 자아의 생명을 어떻게 이용하는가를 깨달을 수 있다. 이것이 죽음에 넘겨지지 않는 한, 사탄은 효과적인 도구를 소유하고 있는 것이다. 베드로는 주님을 사랑하기 때문에 말한 것이지만, 그는 사탄에게 이용당하고 있었다. 베드로는 주님께 주님 자신을 불쌍히 여기라고 간청했지만, 그는 이 간구가 원수에게서 나온 것인 줄 몰랐다.

사탄은 사람들에게 주님을 사랑하라고 권유할 수도 있고, 심지어 사람들에게 기도를 가르칠 수도 있다. 사탄은 사람들이 주님께 기도를 드리거나 주님을 사랑한다고 해서 두려워하지 않는다. 사탄이 두려워하는 것은 사람들이 자신의 타고난 힘에 의지하여 주님을 사랑하거나 주님께 기도하지 않는 바로 그것이다. 혼적 생명이 지속되는 한, 사탄의 사업은 번창한다. 하나님께서 이 생명이 얼마나 위험한 것인가를 우리에게 보여주시기를 바란다! 신자들은 단순히 자기가 주님을 사랑하고 하늘의 일들을 사모한다는 이유로 너무 빨리 자기가 신령하다는 결론을 내리기 때문이다. 사탄이 십자가의 죽음에 넘겨지지 않은 혼적 생명을 통하여 계속 역사할 기회를 발견하는 한, 우리 안에 있는 하나님의 목적은 이루어질 수 없을 것이다.

혼적 생명은 대개 자기 연민, 자기 사랑, 고통에 대한 두려움, 십자가로부터의 후퇴 같은 현상으로 나타난다. 혼적 생명의 주요 동기는 자기 보존에 있기 때문이다. 이 생명은 어떠한 손해도 원치 않는다. 바로 이러한 이유 때문에 주님께서는 우리를 부르셔서 우리의 육적인 생명을 멸하도록 자신을 부인하고 자기 십자가를 지라고 당부하는 것이다. 우리 앞을 통과하는 십자가는 모두 우리의 자아를 버리라는 신호이다. 우리는 어떠한 자기 사랑도 품어서는 안 되며, 다만 하나님의 능력에 의하여 우리의 생명을 버려야 한다.

주님께서 이 십자가가 우리의 것이라고 말씀하신다. 우리는 각자 하나님으로부터 "나 자신의 특별한 십자가"를 받기 때문이다. 그것이 바로 우리가 져야 할 십자가다. 비록 그것은 우리의 십자가이지만, 주님의 십자가와 밀접한 관계를 맺고 있다. 그리스도께서 자신의 십자가와 관련해서 나타내신 뜻대로 우리가 기꺼이 우리의 십자가를 지려 한다면, 우리는 주님의 십자가의 능력이 우리 안에 거하여 우리의 타고난 생명을 버릴 수 있는 능력을 주는 것을 발견하게 될 것이다. 우리가 십자가를 짊어질 때마다 혼의 생명은 손실을 입는다. 그리고 십자가를 회피할 때마다 혼의 생명은 기운을 더하게 된다.

주님께서는 우리의 타고난 성향을 처리하는 것이 "단번에 이루어지는 문제"라고 가르치지 않으셨다. 누가복음에서 주님이 우리에게 십자가를 지라고 당부하실 때 "날마다"라는 말을 덧붙이신 것을 볼 수 있다. 십자가를 지는 일은 계속적인 것이다. 죄를 죽음에 언도한 십자가는 이미 이루어진 사실이다. 이제 우리가 할 일은 그것을 인정하고 받아들이는 것이다. 그러나 십자가를 통하여 우리의 혼적 생명을 포기할 때의 그 "십자가"는 다른 것이다. 자기 부인은 이미 완전히 이루어진 일이 아니다! 자기 부인은 우리가 매일 경험해야 한다. 그러나 이 말은, 혼적 생명이 결코 상실될 수 없는 것임을 의미하는 것도 아니고, 서서히 해결될 수 있는 것이라는 뜻도 아니다. 이것은 단순히 "혼적 생명을 처리하는 십자가"와 "죄를 처리하는 십자가"가 서로 다르다는 사실을 나타내는 말이다. 그 이유는 무엇인가? 죄에 대한 죽음은 우리를 위해, 그리스도에 의하여 이미 이루어졌기 때문이다. 즉 주님이 죽으실 때 우리도 함께 죽었다. 그러나 혼적 생명을 부인하는 것은 이미 이루어진 문제가 아니다. 우리는 그리스도의 십자가의 능력으로 날마다 우리 십자가를 져야 한다. 그리고 혼적 생명이 상실될 때까지 매일 자아를 부인하기로 결단해야 한다.

혼적 생명을 포기하는 것은 영단번에 이루어지는 그런 문제가 아니다. 죄에 대해서는 십자가의 기초를 붙잡기만 하면 된다(롬 6:6). 그러면 즉시 우리는 죄의 능력과 죄에게 종노릇하는 데서 벗어난다. 이것은 순간적으로 성공리에 경험될 수 있는 것이다. 그러나 자아의 생명은 단계적으로 정복하여야 한다. 하나님의 말씀이 깊이 스며들수록(히 4:12) 십자가는 더욱 깊이 역사하며 성령은 주 예수와 우리의 영의 생명과의 연합을 더욱 완전하게 만든다. 우리가 자아를 알지 못하는데 어떻게 자아를 부인할 수 있겠는가? 우리는 혼적 생명 가운데서 우리가 이미 알고 있는 부분만을 부인할 수 있을 뿐이다. 십자가의 역사를 더 깊이 알기 위해서는 하나님의 말씀이 우리의 육적 생명을 점점 더 많이 드러내 주어야 한다. 그래서 십자가는 매일 져야 하는 것이다. 하나님의 뜻을 좀더 깊이 알고 자아를 좀더 알아 갈 때, 십자가는 역사할 수 있는 근거를 확보하게 된다.

십자가와 혼의 세상 사랑

주님께서는 다시 한번 말씀하신다. "롯의 처를 생각하라 무릇 자기 목숨을 보존하고자 하는 자는 잃을 것이요 잃는 자는 살리리라" (눅 17:32-33). 이 말씀은 지금 우리가 잘 알고 있는 말씀이긴 하지만, 여기서 우리는 주님께서 이 세상의 것들과 관련된 자기 부인을 강조하고 계신 것을 유의해야 한다. 신자들이 세상의 소유로부터 마음을 뗀다는 것은 얼마나 어려운 일처럼 보이는가? 우리는 롯의 아내를 기억하라는 주님의 권고를 따를 필요가 있다. 롯의 아내는 가장 위급한 상황에 처해 있을 때에도 자기의 소유를 잊지 못했던 여자였다. 우리는 이 여자가 소돔을 향하여 한 발짝이라도 뒷걸음질쳤다는 말을 들어보지 못했다. 그에게 잘못이 있다면 뒤를 돌아본 것뿐이다. 그러나 한 번 뒤를 돌아본 그 시선 속에 얼마나 많은 것이 내포되어 있는가? 그 시선 하나가 그녀의 심적 상태에 대해 얼마나 많은 것을 말해 주고 있는가?

우리는 외적으로 세상을 포기하고 모든 것을 뒤로했다고 하면서도 속으로는 주님을 위해서 포기한 바로 그 요소들에 집착해 있을 수가 있다. 헌신한 그리스도인이 세상으로 되돌아가거나 세상에서 포기한 것을 다시 소유해야만 혼적 생명이 아직 살아 있다는 것이 증명되는 게 아니다. 그가 단지 한 번의 "동경의 눈길"을 보낸다면, 그것은 세상이 십자가와 어떤 관계에 있는지를 참으로 인식하지 못하고 있음을 보여 주기에 충분한 것이다.

혼적 생명이 참으로 부서졌을 때 이 세상의 그 어느 것도 다시 신자의 마음을 움직일 수 없다. 혼적 생명은 세상에 속한 것이다. 따라서 그것은 세상의 것들을 사랑한다. 실제로 우리가 기꺼이 혼적 생명을 죽음에 넘겨주어야만, 그 다음에 주저함 없이 "산상수훈"을 따를 수 있다. 비록 주님께서는 그 "설교" 가운데 십자가의 역사에 대해서는 언급하고 있지 않지만, 우리가 한 가지 확실히 아는 것은, 우리가 죽음 안에서 그리스도와 하나 되는 것을—즉 죄에 대하여 죽을 뿐만 아니라 자아의 생명에 대해서도 죽는 것을—경험하지 못한다면 주님께서 산 위에서 말씀하신 가르침을 지키려고 시도해 봐야 소용이 없다는 것이다. 우리는 이 가르침을 따르는 것처럼 보일 수도 있다. 그러나 우리의 마음은 외모와 일치하지 않는다. 자기의 혼적 생명을 포기한 그리스도인만이 겉옷을 벗어달라는 청을 받았을 때 자발적이고 가식 없는 마음으로 속옷까지 내어 줄 수 있는 것이다. 자신의 생명을 제물로 바친 사람은 세상의 것들과 단절된다.

영적 생활의 진보는 손실을 겪는다는 조건하에서만 이루어진다. 우리는 "이득"에 비추어서 우리의 생활을 측정할 수 없다. 우리의 생활은 "손실"에 의하여 측정되어야 한다. 우리의 진짜 역량은 우리가 얼마나 많이 간직하고 있는가에 있지 않고 얼마만큼 쏟아버렸는가에 달려 있다. 가장 많이 잃어버릴 수 있는 사람이 가장 많이 줄 것을 가지고 있는 사람이다. 사랑의 힘은 사랑의 희생에 의하여 증명된다. 우리의 마음이 세상을 사랑하는 데서 떠나지 못하고 있다면, 우리의 혼적 생명이 아직 십자가를 통과하지 않은 것이다.

"너희가 너희 산업을 빼앗기는 것도 기쁘게 당한 것은"(히 10:34). 여기에 언급된 신자들은 그저 견디는 것에서 그치지 않고 그들의 소유를 빼앗기는 것도 기쁨으로 당하였다. 이것이 십자가의 역사이다. 자기 소유에 대한 성도들의 태도는 그들이 자기 생명을 계속 보존하고 있는지, 아니면 그 생명을 죽음에 넘겨 버렸는지를 무엇보다도 확실하게 보여 주는 것이다.

우리가 티없는 영적 노정을 걷기 원한다면 세상에 연관된 모든 것에서 우리 마음이 단절되고 롯의 아내의 의도에서 완전히 해방될 수 있도록 하나님께서 우리 안에 역사하시도록 해야 한다. 이것이 그리스도 안에서 완전한 생활을 경험하는 데 필요한 전세 조건이다. 우리는 성령께서 하늘의 실재와 완전한 생활을 보여 주신 후에라야 세상에 있는 모든 것을 멸시할 수 있다.

땅의 일과 하늘의 일은 서로 비교할 수가 없다. 빌립보서 3장에 기록된 사도 바울의 경험은 모든 것을 해로 여기고 나아가 모든 것을 잃어버리는 고통을 감수하는 데서 비롯된다. 이렇게 하는 가운데, 사도 바울은 그리스도와 그리스도의 부활의 능력을 알게 된다. 이것이 완전한 길이다. 우리는 물질적인 문제와 관련해서 시험을 당하기 전에는 자아가 얼마나 강력한 것인지를 의식하지 못할 때

십자가와 혼

가 종종 있다. 생명을 잃는 것보다 재산을 잃는 데 더 많은 은혜가 필요한 것같이 보일 때가 얼마나 많은가! 세상의 물질은 참으로 우리의 혼적 생명을 엄밀하게 시험하는 시금석이다.

먹고 마시는 것과 편하고 안락한 것에 빠져 있는 하나님의 자녀들은 그들의 영을 혼의 속박과 영향권에서 해방시켜 하나님 안에서 자유롭게 살게 하려면, 더 깊은 십자가의 치료를 받아야 한다. 아직도 그 마음이 세상의 물질을 갈망하고 있는 사람은 십자가의 깊은 관철을 통하여 혼적 생명을 잃는 법을 배워야 한다.

십자가와 혼의 능력

주 예수께서는 요한복음에서 혼적 생명에 대하여 다시 한번 언급하신다.

"내가 진실로 진실로 너희에게 이르노니 한 알의 밀이 땅에 떨어져 죽지 아니하면 한 알 그대로 있고 죽으면 많은 열매를 맺느니라 자기 생명을 사랑하는 자는 잃어버릴 것이요 이 세상에서 자기 생명을 미워하는 자는 영생하도록 보존하리라"(요 12:24, 25).

이어서 주님께서는 "내가 땅에서 들리면 모든 사람을 내게로 이끌겠노라"(32절)고 설명을 덧붙이고 있다. 요한복음 12장은 우리 주님의 생애 가운데 가장 흥왕했던 순간을 기록하고 있다. 나사로가 죽은 자 가운데서 살리움을 받았고 많은 유대인들이 주를 믿었다. 주님은 영광 중에 예루살렘에 입성하셨으며 사람들의 환영을 받으셨다. 심지어 이방인들까지도 그를 만나려고 찾아왔다. 인간적인 관점에서 볼 때는, 갈보리가 전혀 불필요한 것처럼 보였다. 십자가를 지지 않고도 모든 사람을 쉽게 자기에게로 이끌 수 있지 않았는가? 그러나 주님께서는 모든 것을 더 잘 알고 계셨다. 비록 자기 일이 흥왕하는 것처럼 보였지만 주님께서는 자신의 죽음이 없이는 사람들에게 생명을 줄 수 없다는 사실을 알고 계셨다. 갈보리는 유일한 구원의 길이었다. 그가 죽으면 모든 사람을 자기에게로 이끌고, 참으로 모든 사람에게 생명을 줄 수 있었다.

요한복음 12장에서 주님은 십자가의 역사를 직설적으로 묘사하고 있다. 주님께서는 자기 자신을 하나의 밀알에 비유하셨다. 밀알은 땅에 떨어져 죽지 않으면 한 알 그대로 남는다. 그러나 십자가에 달려 죽는다면 그는 많은 사람들에게 생명을 줄 수 있다. 단 한 가지 조건은 죽음이다. 죽음이 없으면 열매도 없다. 죽음을 통하지 않고는 달리 열매를 맺는 방법이 없다.

그러나 우리의 목적은 단순히 주 예수에 대하여 배우는 데 있는 것이 아니다. 우리는 한 걸음 더 나아가 그것과 **우리의 혼적 생명과의 관계**에 특별한 관심을 기울이기 원한다. 주님께서는 24절에서 한 알의 밀을 자기 자신에게 적용시키신다. 그러나 25절에서는 그의 제자들이 모두 자기의 발자취를 따라야 된다는 것을 암시하신다. 주님은 밀알을 제자들의 자기 생명을 상징하는 것으로 묘사하신다. 밀알이 죽지 않으면 열매를 맺을 수 없는 것과 마찬가지로 우리의 타고난 생명이 죽음을 통하여 부서지지 않는다면 영적인 열매를 기대할 수 없는 것이다.

주님은 여기서 "열매 맺는 문제"를 강조하신다. 혼의 생명이 굉장한 힘을 가지고 있는 것은 사실이지만, 이 힘도 열매 맺는 일은 하지 못한다. 혼에서 나오는 "에너지"는 재능이든, 은사든, 지식이든, 지혜든……무엇이든 간에 신자로 하여금 영적 열매를 맺게 할 수 없다. 주 예수께서 열매를 맺기 위해 죽어야 한다면, 제자

십자가와 혼

들도 열매를 맺기 위해서 죽지 않으면 안 된다. 주님은 열매 맺는 일에 있어서 혼적 능력을 하나님께 전혀 무익한 것으로 간주하신다.

그리스도인의 일을 하는 데 있어서 제일 위험한 것은 우리 자신을 의지하고, 우리의 혼의 능력, 즉 우리의 재능이나 은사나 지식이나 웅변이나 재치나 매력에 너무 의존하는 것이다. 우리의 혼적인 성격이 완전히 죽음에 넘겨지고 그 생명의 활동이 계속 제지되지 않는다면, 혼적 생명은 다시 극성을 떨게 된다. 수많은 신령한 신도들의 경험이 이를 확증해 주지 않는가! 이것이 신령한 그리스도인들에게 사실이라면 혼의 생명을 양도하기를 꺼리고 또 자기 생명을 부인하는 데 소홀한 사람들은 그 생명의 침투를 어떻게 막을 수 있겠는가? 타고난 생명에 관련된 것은 모두 죽음에 넘겨주어야 한다. 그래서 우리는 그 생명에 조금도 의존하지 않고, 오히려 아무 도움도 받을 수 없고 감각할 수도 없고 볼 수도 없고 이해할 수도 없는 죽음의 암흑을 통하여 기꺼이 인도를 받으며 조용히 하나님 자신이 역사하실 것을 믿어야 한다. 그렇게 할 때 우리는 마침내 부활 저편에 등장하며 더욱 영광스러운 삶을 소유하게 된다.

"이 세상에서 자기 생명을 미워하는 자는 영생하도록 보존하리라." 우리의 혼은 멸절되는 것이 아니다. 오히려 혼은 죽음을 통과함으로써 하나님께 그의 생명을 우리에게 전해 주실 수 있는 기회를 제공한다. 죽음 가운데서 혼의 생명을 상실하지 않는 것은 신자에게 커다란 손실을 의미한다. 그러나 이 생명을 잃는다면 그는 그것을 영원히 보존하게 된다.

이 구절을 우리의 이성과 재능의 무기력을 의미하는 것으로 오해하지 말라. 주님께서는 우리가 혼적 생명을 잃는다면 그것을 영생하도록 보존하게 되리라고 분명히 밝히셨다. 로마서 6:6의 "죄의 몸이 멸하여"라는 말이 우리 몸의 손과 발과 눈을 파괴시킨다는 의미가 아니듯이, 우리의 혼적 생명을 죽음에 넘긴다는 말을 혼의 기능 가운데 어떤 것을 부정하거나 파괴시킨다는 의미로 이해해서는 안 된다. 비록 죄의 몸이 멸한 바 되었다 해도 우리는 여전히 우리의 "지체를 의의 병기로 하나님께 드리는"(롬 6:13) 것처럼, 마찬가지로 우리의 타고난 생명이 죽음에 넘겨졌다고 해도 우리는 혼의 모든 기능 가운데서 성령의 "새롭게 함"과 "회복"과 "제지"를 발견할 것이다.

그러므로 이제 우리는 혼의 어떠한 부분도 사용해서는 안 되고 사용할 수도 없기 때문에, 감정이나 생각이나 의지도 없는 목석이 되는 것이라고 오해해서는 안 된다. 혼의 모든 기관은 물론 몸의 각 부분도 아직 존재하고 있으며 충분히 활용되어야 한다. 다만 이제는 그것들이 성령에 의하여 새로워지고 회복되고 제어를 당하는 것이다. 문제의 핵심은 혼의 기능이 우리의 타고난 생명에 의하여 규제되느냐 아니면 우리의 영에 내재히는 "초자연석인 생명"에 의하여 규제되느냐 하는 것이다. 이들 기능은 그대로 남아 있다. 이제 좀 색다른 것이 있다면 전에 이 기능들을 활성화하던 힘이 죽음에 넘겨지고, 대신에 성령께서 하나님의 초자연적인 힘을 우리의 생명으로 만드셨다는 점이다.

이 점에 대해서 좀더 상세히 설명하겠다. 우리의 타고난 생명이 죽음 가운데 버려진 후에도 우리 혼의 여러 기관들은 계속 존재한다. 우리의 혼적 생명을 십자가에 못박는다는 것은, 그 이후로 우리의 생각이나 감정이나 의지가 완전히 없어지는 것을 의미하는 것이 절대 아니다. 우리는 성경에서 하나님의 생각과 의도와 욕망과 만족과 사랑과 기쁨을 읽을 수 있다. 또 성경은 종종 우리 주님께서 "기뻐하시고", "사랑하시고", "슬퍼하셨다"고 기록하고 있다. 심지어는 예수께서 "우시고", 겟세마네 동산에서 "심한 통곡과 눈물로 간구와 소원을 올렸다"는 것까지 기록하고 있다. 주님의 혼의 기능은 멸절되었던가? 그리고 우리는 차갑고 냉랭한 죽은 사람이 되는가?

사람의 혼은 사람의 자아이다. 혼은 우리의 인격이 거하는 곳이고, 우리의 인격이 표현되는 곳이다. 만일 혼이 영적 생명으로부터 힘을 받지 못한다면, 생활에 필요한 힘을 타고난 혼적 생명에서 끌어 낼 것이다. 여러 기관의 복합체로서의 혼은 존속하지만, 생명 원리로서의 혼은 부인되어야 한다. 그 힘은 죽음에 넘겨져야 한다. 그래야 성령의 힘만이 타고난 생명의 간섭을 받지 않고 혼의 모든 부분을 움직일 수 있다.

여기에서 우리는 부활의 생명을 본다. 하나님의 초자연적인 생명이 없이는 죽음 후에 부활이란 있을 수 없는 것이다. 주 예수께서도 자기 안에 하나님의 생명이 거하고 있었기 때문에 죽음을 통과하고도 부활하실 수 있었다. 이 생명은 파괴될 수 없다. 오히려 이것은 언제나 부활의 충만함과 영광 가운데 나타날 것이다. 예수께서는 죽기까지 쏟아 부으셨다. 그리고 (하나님의 생명이 거하는) 자신의 영을 도로 하나님의 손에 위탁하셨다. 주 예수의 죽음은 하나님의 영적 생명을 더 위대한 빛 가운데 드러내었다.

하나님께서 자신의 생명을 우리에게 주시고, 우리가 그리스도와 함께 죽는 경험을 함으로써 하나님의 생명이 우리 안에 부활되기를 원하시는 이유를 이해하기란 참으로 힘든 일이다. 그러나 이것이 하나님의 생명의 법칙이다. 그리고 일단 하나님의 생명을 소유하게 되면, 우리는 주기적으로 죽음을 통과하여 계속 살아나는 능력을 부여받게 된다. 죽음으로 말미암아 우리의 혼적 생명을 계속 상실함으로써 우리는 계속해서 부활로 말미암아 더욱 풍성하고 영광스러운 하나님의 생명을 얻게 된다.

하나님의 목적은 우리 안에 있는 하나님 자신의 생명과 함께 죽음을 통하여 우리의 혼적 생명을 취하는 것이다. 우리 안에 있는 주님의 생명이 우리의 일상 생활 가운데서 매일 부활될 때, 우리의 혼도 역시 주님과 함께 살아나 영원에 이르는 열매를 맺게 된다. 이것은 우리의 영적 생활에서 경험할 수 있는 가장 심오한 교훈의 하나다. 성령만이 우리들에게 죽음의 필요성과 부활의 필요성을 계시해 주신다. 우리가 우리의 타고난 생명을 미워하여 죽음에 넘기지 않을 때 우리의 영적 경험이 얼마나 큰 손해를 입게 되는지를 계시의 성령께서 깨닫게 해주시기를 바란다. 오직 내재하는 하나님의 생명과 더불어 우리의 혼이 죽음과 부활을 통과할 때에만, 우리가 영적 열매를 맺고 영생에 이르도록 그것을 보존할 수 있는 것이다.

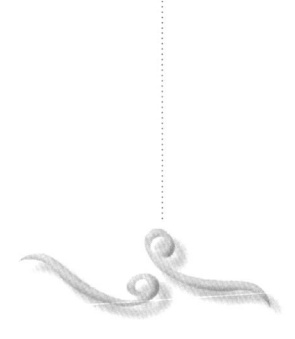

제5장
영적 신자들과 혼

영과 혼의 분리

영과 혼의 차이점과 그들 각각의 작용에 대한 우리의 장황한 논의는 우리를 현재의 위치까지 오도록 인도하기 위한 것이었다. 하나님의 뒤를 좇는 신자가 두려워해야 할 요소는, 혼이 하나님께서 정해 주신 한도를 넘어 무질서하게 활동하는 것이다. 혼은 그처럼 긴 기간 동안 지배권을 쥐고 있었기 때문에, 헌신하는 문제에 있어서도 혼은 하나님께서 만족하실 만큼 헌신할 수 있다고 자처한다.

많은 그리스도인들이 생활을 위한 자아의 힘을 궁극적으로 부인하기 위해 십자가가 얼마나 전폭적으로 역사해야 하는지를 모르고 있다. 이들은 내재하시는 성령의 실재를 알지 못하고, 성령의 권세가 우리의 모든 생각과 욕망과 감정을 통제하는 데까지 미쳐야 한다는 것을 모르고 있다. 이들이 내심으로 이를 수긍하지 않는다면,

SPIRITUAL

　성령께서 하고자 하시는 일을 모두 이행할 수가 없다. 열심 있는 성도들에게 가장 큰 유혹은, 성령께서 원하시는 일을 행하시도록 겸손히 기다리기보다는 하나님의 일에 자신의 힘을 활용하는 것이다.
　주 예수의 십자가가 우리에게 요구하는 것은, 우리의 타고난 생명을 미워하고, 생명을 보존할 기회를 찾지 말고 대신 잃어버릴 기회를 찾으라는 것이다. 우리 주님께서는 우리가 자아를 제물로 바치고 성령의 역사에 온전히 순종하기를 원하신다. 우리가 성령의 인도와 능력 안에서 주님의 참된 생명을 새로이 경험하기 원한다면, 혼적 생명에 속한 우리의 모든 의견과 노력과 생각을 기꺼이 죽음에 내어 줄 수 있어야 한다. 게다가 주님께서는 우리가 자아의 생명을 미워하고 사랑하는 문제에 대하여 언급하셨다. 혼은 언제나 "자기를 사랑한다." 우리가 마음속 깊은 곳으로부터 우리의 타고난 생명을 증오하지 않는다면 참으로 성령을 따라 행할 수 없을 것이다. 영적 삶을 위한 기본 조건은 우리의 자아와 지혜를 경계하고 전적으로 성령께 의존하는 것임을 우리는 깨닫지 못하고 있는가?
　이 영과 혼 사이의 전쟁은 하나님의 자녀들 안에서 비밀리에 끊임없이 전개되고 있다. 혼은 자기의 권위를 유지하고 독립적으로 움직이기를 원한다. 반면에 영은 하나님의 권위를 유지하기 위해서 모든 것을 소유하고 주도하기를 원한다. 영이 지배권을 획득하기 전에는 혼이 모든 일을 주도하는 경향이 있었다. 만일 신자가 성령께서 자신을 도와주시고 축복해 주시기를 기대하면서, 자아로 하여금 주인 행세를 하도록 한다면, 그는 의심의 여지도 없이 영적인 열매를 맺을 수 없을 것이다. 그리스도인들이 자신의 혼의 권세를 계속 부인하고 무조건 잿더미 속에 던짐으로써 자신의 혼적 생명을 멸하지 않았다면 하나님을 기쁘게 하는 삶은 기대할 수 없을 것이다. 타고난 생명의 모든 능력과 갈망과 활동이 신중하게 하나씩 십자가에 넘겨지고 끝없는 경계 태세를 유지하지 않는다면, 혼은 다시 살아날 기회를 포착할 것이다.

영적인 세계에서 그와 같이 많은 패배가 따르는 이유는 혼의 이 영역이 전폭적으로 처리되지 않았기 때문이다. 만일 혼의 생명이 죽음을 통하여 제거되지 않고 영과 혼합된다면 신자는 패배의 생활을 계속할 것이다. 우리의 삶이 전적으로 하나님의 능력을 나타내지 않으면, 곧 사람의 지혜와 의견에 눌려 버리고 말 것이다.

우리의 타고난 혼적 생명은 영적 생활에 백해무익한 장애물이다. 하나님 한 분만으로 만족하지 못하는 혼의 생명은 언제나 하나님께 다른 것을 부가하기를 좋아한다. 따라서 혼의 생명은 평안할 때가 없다. 자아가 처리되기 전에 하나님의 자녀들은 매우 변덕이 심한 감정과 감각의 자극에 따라 생활한다. 그래서 이들은 파도와 같이 굴곡이 심한 생활을 하는 것이다. 이들은 혼적인 힘과 영적 경험을 혼합시키기 때문에 이들의 길은 불안정할 때가 많다. 따라서 이들은 다른 사람을 인도할 자격이 없다.

아직 양도되지 않은 혼의 힘이 계속해서 영이 중심을 차지하지 못하게 한다. 혼적인 감정의 흥분 속에서 영은 자유와 감각에 커다란 손실을 입게 된다. 기쁨과 슬픔의 감정이 신자의 자제력을 위협하고 자아 의식에 불을 붙인다. 지성이 지나치게 활동적이어서 영의 평온함을 깨뜨릴 수도 있다. 영적인 지식을 추구하는 것은 좋은 것이다. 그러나 이것이 영적인 한계를 넘어서면, 그 결과는 영이 아닌 문자에 지나지 않을 것이다. 그래서 많은 주님의 사역자들이 그와 같이 훌륭한 진리를 설교하는데도 냉랭하고 죽어 있는 상태를 벗어나지 못하는 것이다.

 영적인 삶을 추구하는 많은 성도들이 비슷한 경험, 즉 괴로워 어쩔줄 모르는 경험을 하고 있다. 이는 그들의 영과 혼이 일치하지 않기 때문이다. 그들의 혼의 생각과 의지와 감정은 종종 영에 대하여 반발을 일으키며 영의 지시를 거부하며 영에 반대되는 독립된 행동을 추구한다. 그들의 영 안에 있는 생명은 이러한 상황 속에서 고통을 당할 수밖에 없다.

 신자에게 이러한 상황이 주어질 때, 히브리서 4:12의 의미는 굉장한 중요성을 지니게 된다. 왜냐하면 이러한 상황 가운데서 성령은 우리에게 어떻게 영과 혼을 찔러 쪼개는지를 체험적으로 가르쳐 주시기 때문이다. 영과 혼을 분리시키는 것은 단순한 교리가 아니다. 그것은 실제이며, 신자의 생활에 반드시 필요한 것이다. 그것의 근본적인 의미는 무엇인가? 무엇보다도 하나님의 말씀과 내재하시는 성령으로 말미암아 그리스도인이 경험 가운데서 "영의 작용과 표현"과 "혼의 작용과 표현"의 차이점을 발견하는 것을 의미한다. 이와 같이 해서 신자는 혼에 속한 것과 영에 속한 것의 다른 점을 감지할 수 있게 되는 것이다.

 둘째로 이 두 요소의 분리는, 하나님의 자녀가 성령께 기꺼이 협조함으로써 혼의 방해를 받지 않고 순수한 영적 행로를 밟을 수 있다는 사실을 뜻한다. 히브리서 4장에서 성령은 대제사장으로서의 예수님을 제시하며 이와 우리와의 관계를 설명하고 있다. 12절은 "하나님의 말씀은 살았고 운동력이 있어 좌우에 날선 어떤 검보다도 예리하여 혼과 영과 및 관절과 골수를 찔러 쪼개기까지 하며 또 마음의 생각과 뜻을 감찰한다"고 선언한다. 13절에서는 "지으신 것이 하나라도 그 앞에 나타나지 않음이 없고 오직 만물이 우리를 상관하시는 자의 눈앞에 벌거벗은 것같이 드러나느니라"고 덧붙이고 있다. 이 구절에서 우리는 주 예수께서 우리의 영과 혼과 관련해서 대제사장으로서의 임무를 어떻게 수행하고 계시는지를 알 수 있다.

성령께서는 신자를 제단 위에 놓인 제물에 비유하고 있다. 구약시대에 사람들이 제물을 바칠 때는 제물을 제단에 묶어 놓았다. 그러면 제사장이 와서 예리한 칼로 제물을 잡아 관절과 골수를 찔러 쪼갠다. 이렇게 함으로써 전에 사람에게 가리워 있던 것을 모두 노출시키는 것이다. 나중에 이것을 불에 태워 하나님께 제물로 바친다. 성령께서는 신자들에 대한 주 예수님의 역사와 신자들이 주님 안에서 가지는 경험을 예증하기 위하여 이 제사 장면을 쓰신다. 옛날에 제물이 제사장의 칼에 의하여 관절과 골수가 노출되고 분리되었듯이, 오늘날 신자의 영과 혼은 제사장이신 우리 주 예수께서 쓰시는 하나님의 말씀에 의하여 나누어지는 것이다. 그래서 혼은 더 이상 영에 영향을 미칠 수 없으며 영도 더 이상 혼의 권세하에 놓여 있을 수 없다. 오히려 영과 혼은 혼동되거나 혼합됨이 없이, 각각 제자리를 찾게 될 것이다.

태초에 하나님의 말씀이 빛과 어둠을 분리시킴으로 역사하였듯이, 이제는 그 말씀이 영과 혼을 찔러 쪼개는 성령의 검으로서 우리 안에 역사한다. 따라서 하나님의 가장 고상한 처소-우리의 영-는 혼의 저속한 욕망으로부터 완전히 분리되는 것이다. 이에 따라 우리는 우리의 영이 어떻게 하나님의 성령이 거하시는 처소가 되며, 어떻게 우리의 혼이 자기의 모든 힘을 다하여 성령이 우리의 영에 계시하시는 대로 하나님의 뜻을 행하게 되는가를 알게 된다. 여기에는 독립적인 행동이 있을 수 없다.

옛날 제사장들이 제물을 쪼갰던 것처럼, 오늘날 우리의 대제사장은 우리의 영과 혼을 쪼개어 분리시킨다. 옛날 제사장의 칼이 제물의 관절과 골수를 찔러 쪼개어 둘로 가를 수 있을 정도로 날카로웠듯이, 주 예수님께서 오늘날 사용하고 있는 하나님의 말씀도 좌우에 날선 어떤 칼보다도 예리하여 아주 밀접하게 연결되어 있는 영과 혼을 정확하게 둘로 갈라내실 수 있다.

하나님의 말씀은 "살아 있다." 살아 있는 능력을 소유하고 있기 때문이다. 그것은 "운동력이 있다." 일하는 방법을 알고 있기 때문이다. 또 "좌우에 날선 검보다도 예리하다." 영까지 뚫고 들어가기 때문이다. 하나님의 말씀은 혼보다 훨씬 더 깊이 관통한다. 말씀은 가장 깊은 곳에 있는 영에까지 미치기 때문이다. 하나님의 말씀은 자기 백성을 단순한 감각의 세계보다 훨씬 더 심오한 세계로 인도한다. 즉 말씀은 우리를 영원한 영의 세계로 인도한다. 하나님 안에 굳게 서기를 원하는 사람은 영을 관통한다는 말의 의미를 알아야 한다. 성령만이 우리에게 무엇이 혼의 생명이며 무엇이 영의 생명인지를 가르쳐 준다. 우리가 경험적으로 이 두 종류의 생명을 구분하는 법을 배우고, 각각의 가치를 깨닫게 된 후에라야 우리는 천박하고 피상적이고 감정적인 생활에서 깊고 견고하고 신령한 생활로 옮겨 갈 수 있다. 이 때에 우리는 안식에 들어간다. 혼의 생명은 결코 우리에게 안식을 줄 수 없다. 그러나 이것은 반드시 **경험 안**에서 깨달아야 한다는 것을 주의하라. 그저 이성적으로 이해하는 것에서 그친다면 우리는 더욱 혼적인 사람이 될 뿐이다.

우리는 이 "찔러 쪼개는 것"에 특별히 유의할 필요가 있다. 하나님의 말씀은 이 두 가지를 가르기 위해서 영은 물론 혼 속에도 침투한다. 주 예수님께서는 십자가에 달리실 때, 손과 발과 옆구리가 찔리셨다. 우리는 십자가가 우리의 혼과 영 안에서 자유롭게 역사하기를 원하는가? 칼이 마리아의 혼을 찔렀다(눅 2:35). 비록 그의 "아들"은 하나님으로부터 주어진 것이었지만, 그녀는 아들을 보내야 했고 아들에 대한 자기의 모든 권한과 요구를 버려야 했다. 비록 마리아의 혼은 끈질기게 아들에게 매어 달리기를 원했지만 그녀는 자기의 타고난 사랑(모정)을 부인해야 했다.

혼과 영을 쪼갠다는 말은 단순히 혼과 영을 분리시키는 것만을 의미하는 것이 아니라, 혼 자체를 깨뜨려 드러내는 것 또한 의미한다. 영은 혼 속에 묻혀 있기 때문에 그 "껍질"이 깨어지지 않으면 생명의 말씀이 영에까지 미칠 수가 없다. 십자가에 관한 말씀은 혼을 쪼개어 영으로 들어가는 길을 열어서, 하나님의 생명이 내부에 있는 영에게까지 미치게 하고 혼의 굴레에서 영을 해방시키도록 한다.

십자가의 흔적을 가지고 있는 혼은 이제 자신의 위치를 찾아 영의 명령에 순종한다. 그러나 혼이 영에 이르는 "통로" 역할을 하지 못할 때, 혼은 영락없이 영을 얽어매게 된다. 영과 혼은 어떤 문제에 대해서도 서로 동의하는 법이 없다. 영이 자신의 정당한 자리를 찾아 탁월한 위치를 차지할 때까지는, 혼으로부터 계속적인 도전을 받는다. 영이 자유와 지배권을 얻기 위해 노력하는 동안, 혼은 온 힘을 다하여 영을 억압하는 작전에 나선다.

십자가가 혼적인 생명에 역사한 후에야 영은 자유를 얻을 수 있다. 우리가 이 혼과 영의 불화가 초래할 수 있는 피해를 모르고 있다든가, 감각적인 생활의 즐거움을 버리기 꺼려하고 있다면, 어떠한 영적인 진보도 할 수 없다. 혼에 의해 던져진 포위망이 걷히기

영적 신자들과 혼

전에는, 영은 해방될 길이 없다.

　지금까지 몇몇 성경 구절이 교훈하는 바를 주의 깊게 상고해 보았다. 우리는 여기서 "영과 혼의 분리"는 두 가지 요인, 즉 십자가와 하나님의 말씀에 의하여 좌우되는 것이라고 결론을 내릴 수 있겠다. 제사장이 칼을 쓸 수 있기 전에, 제물이 먼저 제단 위에 올려져야 했다. 구약시대의 제단은 신약시대의 십자가를 의미한다. 신자들 자신이 기꺼이 십자가로 나와 그 죽음을 받아들일 자세를 갖추기 전에는, 그들의 대제사장이 하나님의 예리한 검, 곧 말씀을 사용하여 자신의 영과 혼을 찔러 쪼개리라고 기대해서는 안 된다. 제단 위에 놓이는 것이 언제나 칼로 찌르는 것보다 선행해야 한다. 따라서 혼과 영의 분리를 경험하기 원하는 모든 성도들은 갈보리로 가라는 주님의 부르심에 응하여 거리낌없이 자신을 제단 위에 내어놓아야 한다. 이 때 우리의 대제사장께서 자기의 예리한 칼로 우리의 영과 혼을 찔러 쪼개 주시기를 기대할 수 있다. 우리가 제단 위에 놓이는 것은 하나님을 기쁘시게 하는 우리의 자발적인 제물이다. 칼로 쪼개는 것은 제사장의 일이다. 우리는 충실히 우리의 맡은 바 임무를 수행해야 한다. 그리고 나머지 일은 우리의 자비롭고 은혜로우신 대제사장에게 위임하라. 그러면 적절한 시간에 주님께서 우리를 완전한 영적 경험 가운데로 인도해 주실 것이다.

　우리는 주님의 발자취를 따라야 한다. 주님께서는 죽으실 때, 자기 혼을 버려 사망에 이르게 하셨다(사 53:12). 그러나 영은 하나님께 부탁하셨다(눅 23:46). 주님께서 전에 하셨던 것을 우리는 지금 해야 한다. 우리가 참으로 혼의 생명을 버리고 우리의 영을 하나님께 맡긴다면, 우리도 역시 부활의 능력을 알게 될 것이며 부활의 영광 가운데서 완전한 영의 길을 즐길 수 있을 것이다.

실제

우리는 방금, 우리가 십자가를 받아들일 때 대제사장이 어떤 작업을 하시는가를 보았다. 다음으로 우리는 실제적인 면, 즉 우리가 어떻게 하면 주 예수로 하여금 우리의 영과 혼을 찔러 쪼개게 하는 경험에 이를 수 있는가를 고찰해 보기로 하자.

1. 영과 혼을 분리시켜야 하는 필요성을 인식하라

이것을 알지 못한다면 영과 혼의 분리를 원하지 않을 것이다. 그리스도인은 영과 혼이 혼합된 생활의 가증스러움을 보여 달라고 주님께 간구해야 하며, 동시에 혼의 방해를 받지 않는 온전한 영적 생활의 깊은 실재를 보여 달라고 기도해야 한다. 우리는 혼합된 생활이 좌절과 불만의 생활임을 알아야겠다.

2. 영과 혼의 분리를 구하라

일단 안 후에는, 이 혼합된 영과 혼이 분리되기를 바라는 욕구, 즉 마음속에 순수하고 진실한 갈망이 있어야 한다. 문제는 인간의 의지에 달려 있다. 만일 신자들이 스스로 최선의 생활이라고 생각하는 생활을 즐기고 영과 혼의 분리를 원치 않는다면 하나님께서는 이들의 개인적 권리를 존중하셔서 이들에게 그러한 경험을 강요하지 않으실 것이다.

3. 구체적으로 자신을 바치라

영과 혼이 분리되는 것을 참으로 원한다면, 우리는 구체적인 방법으로 자신을 십자가의 제단에 바쳐야겠다. 우리는 기꺼이 십자가의 역사가 초래하는 모든 결과를 받아들일 자세가 되어 있어야 하며, 주의 죽음에 동참할 용의가 있어야 한다. 영과 혼의 분리를 직접 경험하기 전까지 우리는 끊임없이 하나님을 향하여 우리의 의지를 굽혀야 하며 적극적으로 영혼의 분리를 택해야 한다. 그리고 대제사장께서 이 분리 작업을 수행하고 계실 때, 우리의 마음은 주님께서 그의 손을 멈추지 말기를 바라야 한다.

4. 로마서 6:11 위에 서라

하나님의 자녀는 혼과 영이 분리되는 체험을 구하는 동안에 다시 죄에 빠지지 않도록 스스로 경계해야 한다. 영혼의 분리는 우리가 죄에 대하여 죽었다는 사실에 기초를 두고 있다는 것을 잊지 말라. 그러므로 우리는 자신을 죄에 대하여 참으로 죽은 자로 여기면서 매일 로마서 6:11의 태도를 견지하여야 한다. 나아가서 우리는 로마서 6:12 위에 서서, 죄로 우리의 죽을 몸 위에 왕 노릇하지 못하도록 만전을 기해야겠다. 이러한 태도를 견지할 때 우리의 타고난 생명은 몸을 통하여 죄를 범하는 기회를 발견할 수 없을 것이다.

5. 기도하고 성경을 공부하라

그리스도인은 기도와 묵상 가운데 성경을 상고해야 한다. 우리는 하나님의 말씀이 혼 속에 깊이 침투하게 함으로써 우리의 타고난 생명을 정화시켜야겠다. 우리가 하나님께서 말씀하시는 바를 실제로 행한다면, 혼적 생명은 활동을 지속할 수 없게 될 것이다. 이것이 베드로전서 1:22, "너희가 진리를 순종함으로 너희 영혼을 깨끗하게" 한다는 말의 의미이다.

6. 날마다 십자가를 지라

주님께서는 우리의 영과 혼이 분리되는 것을 원하시기 때문에 우리의 일상사 가운데 우리가 짊어져야 할 십자가를 제시하신다. 날마다 십자가를 지는 것, 항상 자아를 부인하는 것, 잠시라도 육신에 기회를 주지 않는 것, 우리의 생활 가운데 혼의 활동이 어떤 것인가를 성령께서 보여 주시는 것 — 이것이 신령한 생활이다. 우리는 충실한 순종의 생활을 통하여 혼과 영의 분리를 경험하도록 인도될 것이며, 그 결과 깨끗하고 순수한 영적 생활을 경험할 수 있을 것이다.

7. 영을 따라 생활하라

이것은 나의 생명을 보존하기 위한 것일 뿐만 아니라, 영과 혼을 정확하게 분리하는 데도 꼭 필요한 조건이다. 우리는 무엇이 영에 속한 것이고 무엇이 혼에 속한 것인지를 구분하면서, 또 영을 따라 행하고 혼을 거부할 것을 결의하면서, 영을 따라 행하는 삶을 추구해야 한다. 영이 하는 일을 인식하고 이를 따라 행하는 법을 배우라.

이상은 우리측에서 이행해야 할 조건들이다. 성령께서는 우리의 협조를 요구하신다. 우리가 우리의 임무를 다하지 못한다면 주님께서도 자신에게 분담된 일을 다 행하실 수 없을 것이다. 그러나 우리가 우리의 책임을 이행한다면 우리의 "대제사장"께서는 십자가의 능력 가운데 성령의 예리한 검으로 우리의 영과 혼을 찔러 쪼개실 것이다. 감정과 감각과 이성과 타고난 힘에 속한 모든 것은 하나씩 영에서 분리되어 혼합된 흔적을 찾아볼 수 없게 될 것이다. 제단 위에 놓이는 것이 우리의 할 일이다. 그러나 잘 드는 칼로 혼과 영을 갈라내는 것은 "우리의 대제사장"께서 하시는 일이다. 우리가 참으로 자신을 십자가에 맡긴다면, 우리의 대제사장께서는 영과 혼을 분리하는 작업을 결코 게을리 하지 않으실 것이다. 주님께서 하실 일에 대하여 걱정할 필요는 없다. 주님의 일에 필요한 조건을 우리가 다 이행했다는 것을 일단 확인하고 나면, 주님께서는 적당한 때에 우리의 영과 혼을 분리시켜 주실 것이다.

이 두 기관이 혼합될까봐 두려움을 느끼는 사람은 구원을 구하는 수밖에 없다. 구원에 이르는 길은 열려 있지만, 여기에도 어려움이 없지 않다. 신자는 자신의 비참한 상태를 명시하고 성령의 내재하심과 역사하심과 요구하시는 바를 깨달을 수 있도록 꾸준히 기도해야 한다. 우리는 내 안에 거하는 성령의 실재를 알 필요가 있다. 우리는 성령의 거룩한 임재를 귀하게 여겨야 하며 성령을 슬프시게 하지 않도록 주의해야 한다. 죄를 빼놓고 성령을 가장 슬프게 하는 것은, 그리고 우리 자신에게 가장 해로운 것은 우리 자신의 타고난 생명을 따라 행하는 것임을 알아야겠다.

인간이 제일 처음으로 범한 원죄는 자기 자신의 생각에 따라 지혜롭고 선하고 지적인 것을 구한 것이다. 오늘날 하나님의 자녀들은 종종 똑같은 실수를 범한다. 우리는 주님을 믿고 또 성령이 우리 안에 내재하시므로, 성령께 우리의 혼을 지배할 수 있는 완전한 권한을 드려야 한다는 것을 깨달아야 한다. 우리는 우리가 기도하고 성령의 뜻을 계시해 달라고 간구했기 때문에 모든 일이 그대로 이루어지리라고 생각하는가? 이러한 가정은 진실이 아니다. 왜냐하면 우리가 구체적으로 매일같이 우리의 타고난 생명을 그 힘과 지혜와 자아와 감각과 함께 죽음에 내어주지 않는다면, 또 우리 마음에 솔직히 성령께 순종하고 의지할 욕망이 없다면, 우리는 주님의 역사를 볼 수 없을 것이다.

그리스도의 사람들은 그들의 영과 혼을 분리시키는 것이 하나님의 말씀임을 알아야 한다. 주 예수님 자신이 살아있는 하나님의 말씀이시기에, 결국은 주님 자신이 분리 작업을 하시는 것이다. 주님의 생명과 주님께서 이루어 놓으신 일이 우리의 혼과 영 사이에 있기를 원하는가? 주님의 생명으로 우리의 영을 채움으로써 혼의 생명이 기력을 잃도록 만들 준비가 되어 있는가? 성경은 하나님의 기록된 말씀이다. 주님께서는 성경의 가르침을 이용하여 우리의 혼과 영을 분리시키신다. 기꺼이 주의 진리를 따를 용의가 있는가? 성경이 가르치는 바대로 행할 준비가 되어 있는가? 우리의 의견을 섞지 않고 성경의 가르침만을 따라서 주님께 순종할 수 있는가? 주님께 순종하기 위해 인간적인 도움을 구하지 않으며 성경의 가르침만으로 충분하다고 인정하는가? 참으로 신령한 생활에 들어가기를 원한다면 주님께 순종해야 하고, 주님께서 말씀 가운데 가르쳐 주시는 바를 모두 순종해야 한다. 이것이 바로 영과 혼을 찔러 쪼개는 칼이다.

영의 지배하에 있는 혼

 본서의 전반부에서 우리의 전 존재-영과 혼과 몸-를 옛날 하나님께서 거하시던 유대인의 성전에 비유한 적이 있다. 하나님은 지성소 안에 거하신다. 그리고 휘장이 성소와 지성소를 가로막고 있다. 이 휘장은 마치 하나님의 영광과 임재를 지성소 안에 가두어 성소로부터 격리하는 것처럼 보인다. 따라서 그 당시 사람들은 성소 안, 휘장 밖에 있는 것만을 알 수 있었다. 믿음이 없이는 외적인 생활 가운데서 하나님의 임재를 감지할 수 없다.
 그러나 이 휘장은 잠시 동안만 존재할 뿐이다. 하나님께서 정하신 시간에 우리 주 예수님의 육체-(히 10:20, 휘장의 실체)-가 십자가에 못 박혔을 때 휘장이 위에서 아래까지 찢어졌다. 지성소와 성소를 갈라놓고 있던 것이 제거되었다. 하나님의 목표는 지성소에만 영원히 거하시는 것이 아니었다. 오히려 그와는 반대로, 하나님께서는 자신의 임재를 성소에까지 확장시키기를 원하셨다. 하나님께서는 단지 십자가가 그 일을 마칠 때까지 기다리고 계셨다. 왜냐하면 십자가만이 휘장을 찢어 하나님의 영광이 지성소로부터 그 외곽으로 비치게 할 수 있기 때문이다.
 오늘날 하나님께서는 자기 백성들이 그들의 영과 혼 안에서 이와 같은 "성전의 경험"을 누리기를 원하신다. 이것은 물론 십자가가 우리 속에 역사할 때에만 가능한 것이다. 우리들이 아무 불평없이 성령께 순종할 때, 성소와 지성소 사이의 영교(靈交)는 날이 갈수록 깊어지게 되며 우리는 커다란 변화를 경험하게 된다. 휘장을 갈라지게 하는 것은 십자가다. 다시 말해서 십자가가 신자의 생활에 이러한 기능을 발휘함으로써 신자는 자기의 영과 혼 사이에 휘장이 찢어지는 것을 경험하게 되는 것이다. 우리의 타고난 생명은 스스로의 독립을 포기하고 영의 생명이 지시하고 명령하기만을 기다리게 된다.

휘장은 둘로 찢어졌다. "이에 성소 휘장이 위로부터 아래까지 찢어져 둘이 되니라"(막 15:38). 이것은 하나님께서 하실 일이지 사람이 할 일이 아니다. 십자가의 일이 끝날 때, 하나님께서는 휘장을 찢으신다. 이것은 우리의 노력으로 되는 것도 아니고 우리의 힘으로 되는 것도 아니며, 그렇다고 우리가 간청한다고 되는 것도 아니다. 십자가가 그 임무를 완수하는 순간, 휘장은 갈라지는 것이다. 그러므로 우리의 헌신을 새로이 하고, 우리 자신을 기탄 없이 하나님께 드리자. 우리의 혼적 생명을 기꺼이 죽음에 내어주어, 지성소 안에 거하시는 주님께서 그의 일을 마칠 수 있도록 해드리자! 우리 안에서 십자가의 역사가 철저하게 이루어지는 것을 보시면, 주님께서는 여러 세기 전에 자기 힘으로 휘장을 찢으신 것처럼 틀림없이 우리 안에서 성소와 지성소를 통합시키실 것이다. 이 때 주님의 영광스러운 몸으로부터 성령이 흘러나온다.

따라서 "대제사장"의 처소에 있는 영광은 우리의 감각적인 일상 생활을 압도할 것이다. 성소에서 행해지는 모든 일은 지성소의 영광 속에서 성화될 것이다. 우리의 영이 그렇듯이 우리의 혼도 역시 하나님의 성령에 의해 내재되고 규제될 것이다. 우리의 이성과 감정과 의지는 성령으로 충만해질 것이다. 우리가 영 안에서 믿음으로 지켜왔던 것을, 이제 혼 안에서 경험하고 확실히 알게 된다. 아무것도 모자라는 것이 없고, 아무것도 잃어버리는 것이 없다. 이것이 얼마나 축복된 생활인가! "여호와의 영광이 그 전에 가득하니 여호와의 영광이 여호와의 전에 가득하므로 제사장이 그 전에 능히 들어가지 못하였고"(대하 7:1, 2). 우리들이 성소에서 행하는 제사장적인 활동이 아무리 아름답고 사랑스럽게 보였을지라도, 이것은 모두 하나님의 영광스러운 빛 가운데 멈출 것이다. 이제부터는 주님의 영광이 모든 것을 지배한다. 동물적인 활동은 더 이상 존중을 받지 못한다.

  이것은 영과 혼의 분리에 있어서 똑같이 중요한 또 다른 면으로 우리를 안내한다. 영에 대한 혼의 영향력과 지배에 관한 한, 십자가의 일은 영과 혼을 이분하는 것이다. 그러나 영의 충만한 지배에 관한 한, 십자가는 혼이 독립권을 양도하고 영과 완전히 화해할 수 있도록 역사하는 것이다. 우리는 영과 혼의 일치를 경험해야 한다. 만일 십자가와 성령이 우리 안에 철저히 역사하도록 허락하기만 한다면, 우리는 혼이 양도한 것이 결국에 가서 우리가 얻게 되는 것에 비하면 극히 소량에 불과하다는 것을 알게 될 것이다. 죽었던 것이 이제 열매를 맺고, 잃었던 것이 영생을 위해 보전되는 것이다.

  우리의 혼은 일단 영의 지배하에 들어오면 굉장한 변화를 겪는다. 전에는 이 혼이 자아를 위해서만 사용되고 종종 독립적으로 움직였기 때문에 하나님께 쓸모 없고 헛된 것같이 보였다. 비록 이것이 사람이 보기엔 깨어져 못쓰게 된 것같이 보이지만 후에 하나님께서는 우리의 혼을 되찾으신다. 우리는 "영혼을 구원함에 이르는 믿음을 가진 자"(히 10:39)와 같이 된다. 이것은 우리가 보통 "구원받았다"고 말하는 것보다 훨씬 더 깊은 의미를 지닌다. 왜냐하면 이것은 특별히 생활을 지적하고 있기 때문이다.

  우리는 느끼고 보는 대로 행하지 않는 법을 배웠으므로, 이제는 하나님을 섬기고 하나님께 영광 돌리는 믿음으로 우리의 생명을 구원할 수 있게 되었다.

"너희 혼(영혼)을 구원할 바 마음에 심긴 도를 온유함으로 받으라"(약 1:21). 하나님의 말씀이 우리 마음에 심겨질 때 우리는 그 말씀이 주는 새 성품을 우리 안에 받아들이고, 따라서 열매를 맺을 수 있게 된다. 우리는 생명의 말씀으로부터 말씀의 생명을 얻는다. 비록 혼의 기관들이 아직 그대로 남아 있지만, 이들은 더 이상 혼의 힘으로 기능하지 않으며 오히려 하나님의 말씀의 능력으로 움직인다. 이것이 바로 "혼(영혼)의 구원"(벧전 1:9)이다.

인간의 신경은 예민하여, 외부 자극에 의해 쉽게 동요된다. 말과 행동과 환경과 느낌이 우리에게 커다란 영향을 미친다. 우리의 마음은 너무나 많은 생각과 계획과 상상에 바쁘기 때문에 혼돈의 세계가 되어 있다. 우리의 의지는 우리의 갖가지 기분에 따라 동요되어 여러 가지 행동을 실천에 옮길 마음을 먹는다. 우리 혼의 어떤 기관도 우리를 평안으로 인도하지 못한다. 이성과 감정과 의지-혼의 기관들-는 혼자서나 아니면 집합적으로 우리를 불안하게 하고, 혼동시키고, 뒤흔들어 놓는다. 그러나 우리의 혼이 영의 손 안에 있을 때, 우리는 이러한 혼란에서 벗어날 수 있다. 주 예수께서는 우리에게 권고하신다. "나는 마음이 온유하고 겸손하니 나의 멍에를 메고 내게 배우라 그러면 너희 마음이 쉼을 얻으리라"(마 11:29).

기쁜 마음으로 주님께 순종하고, 주의 멍에를 메고, 주님을 따른다면, 우리의 혼은 무질서하게 혼동을 일으키지 않을 것이다. 주님께서 사람들의 멸시를 받으셨을 때 자신의 뜻을 좇지 않고 끝까지 하나님의 뜻을 따른 것을 봄으로써 주님께 배울 수 있다면, 우리의 혼은 평안을 되찾을 것이다. 우리의 마음이 상하는 이유는 우리가 주님처럼 취급받는 데 익숙해 있지 않은 데다가 하나님의 뜻과 명령에 우리 자신을 굴복시키기를 싫어하는 데 있다. 우리가 우리의 타고난 힘을 죽음에 넘겨주고 완전히 주님께 항복한다면, 우리의 혼이 아무리 신경이 예민하다 하더라도 주 안에서 쉼을 얻을 것이며 주를 오해하지 않을 것이다.

성령의 권세하에 놓이는 혼은 쉼을 얻는다. 한때는 바쁘게 계획을 세웠으나 이제는 조용히 주님을 신뢰한다. 한때 근심 걱정으로 얼굴을 붉힌 적도 있었으나 이제는 어머니의 품에 안겨 있는 평온한 어린아이 같다. 한때는 많은 생각으로 분주했으며 여러 가지 포부를 품고 있었다. 그러나 이제는 하나님의 뜻을 최선의 것으로 믿고 주님 안에서 쉼을 얻는다. 주님께 온전히 순종하는 중에, 우리의 마음은 충만한 기쁨에 넘친다. 완전한 헌신에 완전한 평안이 따른다. "그리스도의 종들처럼 혼(마음)으로 하나님의 뜻을 행하여"(엡 6:6, Dardy).

우리는 하나님의 뜻을 이해하기 위하여 혼에 의존하지 않는다. 그보다 우리는 혼으로, 다시 말해서 마음을 다하여 주님의 뜻을 행한다. 한때 하나님의 소원에 대하여 반기를 들었던 혼이 이제는 십자가의 역사로 말미암아 완전히 주님께 드려졌다. 자신의 뜻을 이행하거나 자신의 생각대로 하나님의 뜻을 행하려고 노력하던 것이 이제는 모든 일에 하나님과 한마음이 되었다.

성령의 지배하에서 혼은 결코 자신에 대해 염려하지 않는다. "너희 목숨을 위하여 염려하지 말라"(마 6:25, 원어에는 목숨이 "혼"으로 되어 있음). 우리는 이제 먼저 하나님의 나라와 하나님의 의를 구한다. 하나님께서 우리가 매일 필요로 하는 것을 공급해 주실 줄 믿기 때문이다. 혼은 일단 성령을 통하여 십자가를 거치고 나면 더 이상 자신에 대해 염려할 수 없다. 자아의식이란 것이 혼의 일차적인 표현이라지만, 신자는 사실상 자신을 하나님 안에서 상실하였다. 따라서 이들은 이제 전적으로 하나님을 신뢰할 수 있다. 자기 사랑, 자기 본위, 자기 자랑을 포함하는 혼의 모든 일은 말끔히 제거되었기 때문에 신자들은 더 이상 자아 중심적이지 않다.

십자가가 자기 임무를 완수했기 때문에, 우리는 더 이상 스스로 분주하게 계획을 세우지 않는다. 걱정 근심 대신에, 평온한 마음으로 하나님의 나라와 그의 의를 구할 수 있다. 하나님의 관심사에 관심을 가지면, 하나님께서 우리의 관심사를 돌아보신다는 것을 우리는 알고 있다. 과거에는 기적을 이상하게 생각하던 우리가 이제는 "기적의 하나님"을 힘입어 살며, 하나님께서 어떻게 우리의 모든 필요를 채워 주시는지를 경험으로 안다. 하나님의 능력이 우리를 지지해 주기 때문에 이 모든 것이 자연스럽게 진행된다. 이제는 일상생활 중에 만나는 이 생의 염려들이 극히 작은 일처럼 여겨진다.

"그러므로 하나님의 뜻대로 고난을 받는 자들은 또한 선을 행하는 가운데 그 영혼을 미쁘신 조물주께 부탁할지어다"(벧전 4:19). 많은 사람들은 하나님을 창조주로는 알고 있지만 아버지로서는 알지 못하고 있다. 그러나 신자는 하나님을 아버지로뿐 아니라 조물주로서도 경험해야 한다. 하나님은 조물주로서 자신의 능력을 우리에게 나타내 보이신다. 이로 인해 우리는 온 우주가 주의 손 안에 있다는 사실을 깨닫고 인정하게 된다. 이전에는 세상의 모든 일이 주님의 뜻에 반해서 움직일 수 없다는 것을 믿기가 어려웠다. 그러나 이제는 우주 안의 모든 요소가 — 그것이 인간적이건, 자연적이건, 아니면 초자연적이건 간에 — 하나님의 세심한 통찰과 현명한 질서하에 놓여 있다는 것을 확실히 안다. 우리는 이제 모든 일이 하나님의 명령이나 하나님의 허락에 의해서 우리에게 일어난다는 것을 인정한다. 성령의 지배를 받는 혼은 주님을 신뢰한다.

우리의 혼은 주님을 신뢰할 뿐만 아니라 주님을 갈망해야 한다. "나의 혼(영혼)이 주를 가까이 따르니"(시 63:8). 이제는 감히 주님을 떠나 독립하거나 혼의 생각을 따라 주님을 섬기지 않는다. 이제 우리는 두려움과 떨림으로 주를 따르고 가까이 주님의 뒤를 밟는다. 우리의 혼은 진정으로 주님께 매어 달린다. 이제 독립된 행동이란 찾아볼 수 없고, 대신에 주님에 대한 순전한 복종이 있을 뿐이다. 그리고 이것은 강요에 의한 것이 아니다. 우리는 기꺼이 이를 행한다. 이제부터 우리가 증오하는 것은 우리의 생명이다. 우리가 순전히 사랑하는 것은 주님이다.

이러한 사람은 마리아와 같이 "내 영혼이 주를 찬양하나이다"(눅 1:46)라고 부르짖지 않을 수 없다. 공적으로나 사적으로나 이제 더 이상 자만하지 않는다. 이러한 신자들은 자신의 무기력함을 인정하고 마음의 겸손함으로 주님만을 높이기 원할 것이다. 이들은 더 이상 주님의 영광을 도적질하지 않을 것이며 자신의 혼으로 주님을 찬양할 것이다.

오직 이러한 성도들만이 자기의 생명(원어에는 혼)을 "조금도 귀한 것으로 여기지 않으며"(행 20:24) 형제들을 위하여 목숨(혼)을 버릴 수 있다(요일 3:16). 자기 사랑이 포기되지 않으면, 우리는 실제로 그리스도를 위하여 십자가를 지라는 부름을 받을 때 언제나 뒷걸음질을 칠 수밖에 없다. 순교자의 삶을 살며 자신을 기꺼이 십자가에 못박을 수 있는 사람은 필요에 따라서는 순교자처럼 죽음을 맞이할 수도 있다. 그는 필요할 경우 자기 형제를 위하여 생명을 바칠 수 있다. 왜냐하면 그는 평상시에 계속 자기를 부인하였으며, 자신의 안락이나 권리를 추구하지 않고 형제들을 위하여 자신의 혼을 쏟아 부었기 때문이다. 주님과 형제들에 대한 참된 사랑은 자신을 사랑하지 않는 데서 일어난다. 주님께서는 "나를 사랑하사 나를 위하여 자기 몸을 버리셨다"(갈 2:20). 사랑은 자기 생명을 부인하는 데서 나온다. 피흘리는 곳에 축복의 원천이 있다.

이러한 생활은 사실 요한이 "네 혼(영혼)이 잘됨 같이"(요삼 1:2, Darby)라고 썼듯이, 번영하는 생활이다. 이 번영은 자아를 얻은 것에서 기인하는 것이 아니라, 자아를 부인하는 것에서 비롯되는 것이다. 혼을 잃어버리는 것은 생명을 잃는 것이 아니다. 혼은 주님 안에서 잃어버린 것이기 때문이다. 혼의 생명은 이기적이다. 따라서 우리를 얽어맨다. 그러나 포기된 혼은 하나님의 생명의 무한함 속에 거한다. 이것이 자유이며, 번영이다. 많이 잃으면 잃을수록 더 많이 얻는다. 우리의 소유는 얼마나 많이 얻는가에 따라 측정되는 것이 아니라, 얼마나 많이 주느냐에 따라 평가되는 것이다. 이러한 생활을 한다면 그 열매가 얼마나 풍성하겠는가!

그러나 혼의 생명을 포기하는 것은 죄로부터 해방되는 것만큼 쉬운 일이 아니다. 그것은 **나의 생명**이기 때문에 하나님의 생명으로 살아야 할까, 아니면 **나의 생명**으로 살아야 할까를 매일 매일 선택해야 하는 것은 나 자신이다. 십자가는 충실하게, 더욱 더 충실하게 져야 한다. "십자가를 참으사 부끄러움을 개의치 아니하신" 주 예수를 바라보자. "너희가 피곤하여 낙심치 않기 위하여……참으신 자를 생각하라"(히 12:2, 3). 우리 앞에 놓여 있는 경주는 주님께서 부끄러움을 개의치 아니하시고 자기 십자가를 참으신 바로 그 경주이다.

"내 영혼아 여호와를 송축하라 내 속에 있는 것들아 다 그 성호를 송축하라"(시 103:1).

사명선언문

너희가 흠이 없고 순전하여……세상에서 그들 가운데 빛들로
나타내며 생명의 말씀을 밝혀 _ 빌 2:15-16

1. 생명을 담겠습니다
만드는 책에 주님 주신 생명을 담겠습니다.
그 책으로 복음을 선포하겠습니다.

2. 말씀을 밝히겠습니다
생명의 근본은 말씀입니다.
말씀을 밝혀 성도와 교회의 성장을 돕겠습니다.

3. 빛이 되겠습니다
시대와 영혼의 어두움을 밝혀 주님 앞으로 이끄는
빛이 되는 책을 만들겠습니다.

4. 순전히 행하겠습니다
책을 만들고 전하는 일과 경영하는 일에 부끄러움이 없는
정직함으로 행하겠습니다.

5. 끝까지 전파하겠습니다
모든 사람에게, 땅 끝까지, 주님 오시는 그날까지
복음을 전하는 사명을 다하겠습니다.

서점 안내

광화문점 서울시 종로구 새문안로 69 구세군회관 1층
02)737-2288 / 02)737-4623(F)

강남점 서울시 서초구 신반포로 177 반포쇼핑타운 3동 2층
02)595-1211 / 02)595-3549(F)

구로점 서울시 동작구 시흥대로 602, 3층 302호
02)858-8744 / 02)838-0653(F)

노원점 서울시 노원구 동일로 1366 삼봉빌딩 지하 1층
02)938-7979 / 02)3391-6169(F)

일산점 경기도 고양시 일산서구 중앙로 1391 레이크타운 지하 1층
031)916-8787 / 031)916-8788(F)

의정부점 경기도 의정부시 청사로47번길 12 성산타워 3층
031)845-0600 / 031)852-6930(F)

인터넷서점 www.lifebook.co.kr